COMUNICAÇÃO CINCO ESTRELAS

Carmine Gallo

COMUNICAÇÃO CINCO ESTRELAS

Como falar, **convencer** e emocionar em qualquer situação

tradução
Cristina Yamagami

Benvirá

Copyright da edição brasileira © 2022 de Carmine Gallo | Text Copyright © 2018 by Carmine Gallo
Traduzido de *Five stars*: *the communication secrets to get from good to great*, de Carmine Gallo.
Tradução autorizada da edição original em inglês publicada nos Estados Unidos pela St. Martin's
Publishing Group.
Published by arrangement with St. Martin's Publishing Group. All rights reserved.

Direção executiva Flávia Alves Bravin
Direção editorial Ana Paula Santos Matos
Gerência editorial e de projetos Fernando Penteado
Edição Clarissa Oliveira
Produção Daniela Nogueira Secondo

Tradução Cristina Yamagami
Revisão Augusto Iriarte
Diagramação Adriana Aguiar Santoro
Capa Tiago Dela Rosa
Imagem de capa ©iStock / Getty Images Plus / Elena Chelysheva
Impressão e acabamento A.R. Fernandez

Dados Internacionais de Catalogação na Publicação (CIP)
Vagner Rodolfo da Silva - CRB-8/9410

G172c   Gallo, Carmine

Comunicação cinco estrelas: como falar, convencer e
emocionar em qualquer situação / Carmine Gallo ; traduzido por Cristina Yamagami. – São Paulo : Benvirá,
2022.

312 p.

Tradução de: *Five stars*: *the communication secrets to get
from good to great*

ISBN 978-65-5810-037-9 (Impresso)

1. Comunicação. 2. Negócios. 3. Empreendedorismo. I. Yamagami, Cristina. II. Título.

	CDD 302.2
2022-1288	CDU 316.77

Índices para catálogo sistemático:
1. Comunicação   302.2
2. Comunicação   316.77

1ª edição, 2022 | 2ª tiragem, maio de 2023

Nenhuma parte desta publicação poderá ser reproduzida por qualquer meio ou forma sem a prévia
autorização da Saraiva Educação. A violação dos direitos autorais é crime estabelecido na Lei n. 9.610/98 e
punido pelo art. 184 do Código Penal.

Todos os direitos reservados à Benvirá, um selo da Saraiva Educação.
Av. Paulista, 901, 4º andar
Bela Vista - São Paulo - SP - CEP: 01311-100

SAC: sac.sets@saraivaeducacao.com.br

CÓDIGO DA OBRA   713283   CL   671035   CAE   799492

Para Josephine e Lela, as estrelas que iluminam o meu mundo.

SUMÁRIO

Introdução – Destaque-se da multidão 9

PARTE I • Por que os grandes comunicadores são insubstituíveis 27

1   Poesia, poder e viagens à lua 29
2   Vencendo a guerra de ideias 39
3   Aristóteles estava certo e a neurociência confirma 55
4   A capacidade humana de sonhar grande 67

PARTE II • Pessoas que conquistaram as cinco estrelas 87

5   Os cientistas 89
6   Os empreendedores 107
7   Os profissionais 125
8   Os líderes 153
9   As estrelas do TED 177

PARTE III • Como ir do bom ao excepcional 191

10   O princípio do *pathos* 193
11   A estrutura narrativa em três atos 217
12   Apresente o quadro geral 233

13 Faça bom uso das palavras. **239**
14 Como dar às suas ideias uma "beleza verbal". **251**
15 Leonardo, Picasso e você **263**
16 Vença o medo que o impede de agir **277**

Conclusão – Encontre a melodia que faz seu coração vibrar . . . **285**
Agradecimentos **291**
Notas **293**

Veja também o material exclusivo à edição brasileira disponível no Saraiva Conecta:

https://somos.in/CCE1

INTRODUÇÃO

DESTAQUE-SE DA MULTIDÃO!

Não vou jogar minha chance fora.

— LIN-MANUEL MIRANDA, Hamilton

ALEXA, QUEM FOI ALEXANDER HAMILTON?

"Alexander Hamilton foi um estadista americano e um dos fundadores dos Estados Unidos."[1]

LIN-MANUEL MIRANDA, QUEM FOI ALEXANDER HAMILTON?

"Um bastardo, órfão, filho de uma prostituta e de um escocês, jogado pelo destino no meio do nada no Caribe, pobre, na miséria..."

SIRI, QUEM FOI ALEXANDER HAMILTON?

"Alexander Hamilton foi um estadista americano e um dos fundadores dos Estados Unidos."

LIN-MANUEL MIRANDA, QUEM FOI ALEXANDER HAMILTON?

"O fundador sem pai e glorificado dos Estados Unidos. Foi muito mais longe porque se empenhou muito mais. Foi muito mais esperto. Teve iniciativa... jovem, determinado e ambicioso."

COMUNICAÇÃO CINCO ESTRELAS

A Siri e a Alexa são assistentes pessoais digitais que vivem na nuvem; Lin-Manuel Miranda é um compositor humano que vive em nosso coração.

A Siri e a Alexa usam a tecnologia de inteligência artificial para fazer um trabalho incrível. Em um piscar de olhos, elas buscaram, encontraram e deram a mesma resposta para a pergunta. Ao transformar a voz do usuário em bytes, codificar a fala em pacotes digitais, identificar palavras-chave e comparar essas palavras com uma montanha de dados, esses assistentes digitais chegaram à resposta que tinha a maior probabilidade de ser precisa. E as duas concordaram com a resposta.

A Alexa, a Siri e seu primo mais "cognitivo", o Watson da IBM, levam muito menos tempo do que qualquer ser humano para responder perguntas. Já o trabalho de Miranda é diferente; seu trabalho é nos fazer *sentir*.

Miranda combina palavras e ideias de maneiras que nenhuma outra pessoa combina e que nenhum computador é capaz de igualar. Por exemplo:

- De férias no México, Miranda entrou em uma livraria e escolheu por acaso a biografia, escrita por Ron Chernow, do herói de guerra revolucionário americano Alexander Hamilton. Miranda ficou pasmo. Ele visualizou uma linha direta entre Hamilton escrevendo para escapar da ilha caribenha de St. Croix, onde nasceu, e os pioneiros do rap compondo para escapar da pobreza.
- Miranda escolheu compor *Hamilton*, seu famoso musical da Broadway, como um hip-hop por ser a linguagem da ambição, da resistência e da rebelião. O hip-hop tem mais palavras por compasso do que qualquer outro gênero musical, o que o torna excepcionalmente adequado para refletir a densidade da escrita de Hamilton.

DESTAQUE-SE DA MULTIDÃO!

- Os fundadores da América foram homens brancos, mas Miranda escolheu deliberadamente atores negros e latinos para interpretá-los. *Hamilton* é a história da América *da época* contada por pessoas que vivem na América *agora*.

- Cada personagem canta em um estilo vocal distinto que reflete sua personalidade. O estilo de George Washington é deliberado e controlado, uma combinação do artista de hip-hop Common e do cantor e compositor John Legend. Hamilton é interpretado com o estilo de Rakim e Eminem, que Miranda considera verdadeiros heróis das rimas polissilábicas. O personagem de Lafayette (que deu as costas à aristocracia francesa aos 19 anos para se unir à Revolução Americana) é inseguro no início do musical. Quando vemos Lafayette pela primeira vez, ele canta em uma cadência de rap simples, do início dos anos 1980. À medida que vai ganhando confiança, o personagem de Lafayette se transforma em um "Deus do Rap", cantando rimas em tempo duplo e triplo. O personagem do rei George III não canta em rap. Ele não tem por que fazer isso. Ele não está se rebelando. O rei George entra no palco como se tivesse saído de outro musical. Ele canta sua balada "You'll Be Back" em um ritmo que lembra o pop britânico.

- Alexander Hamilton escrevia em parágrafos longos. Miranda escreveu o primeiro verso de *Hamilton* como uma "frase maluca e apressada" de 37 palavras.

- Miranda passou mais de um ano compondo a canção de Hamilton, "My Shot". Miranda diz que é a chave-mestra para decifrar a mente de Hamilton e, para provar que Hamilton era o intelecto mais temível da sala, Miranda decidiu que cada dístico, cada verso, tinha de corresponder à destreza verbal de Hamilton.

Hamilton é um salto de imaginação, um salto mortal para o mundo da criatividade. Miranda tem um dom. Ele tem o dom de mudar nossa perspectiva sobre nós mesmos e o mundo em que vivemos. Neste livro, argumentarei que todos nós temos esse dom: o potencial de tocar o coração e a mente das pessoas, empolgá-las e despertar sua imaginação. Você também aprenderá por que as pessoas mais bem-sucedidas do mundo dizem que acessar esse dom é indispensável para ter sucesso em uma economia global ultracompetitiva na qual os rápidos avanços tecnológicos estão revolucionando todos os setores, negócios e profissões. Os acadêmicos, neurocientistas, economistas, historiadores, empreendedores, investidores e líderes que você conhecerá neste livro concordam: *dominar a antiga arte da persuasão — combinando palavras e ideias para levar as pessoas a agir — não é mais uma habilidade "soft"*. É a habilidade *mais fundamental para se destacar na presente era das ideias*.

DOMINE A ANTIGA ARTE DA PERSUASÃO PARA TER SUCESSO NO MUNDO MODERNO

ESTE LIVRO SE originou de conversas com pessoas que são verdadeiras celebridades em seu campo de atuação e que acreditam que grande parte de seu sucesso se deve a habilidades de comunicação superiores. Elas lideram empresas como o Google, Airbnb e McKinsey. São investidores que financiaram as startups mais admiradas do mundo. São astronautas que olham para a Terra do espaço e cientistas na Terra que estudam as estrelas para explorar mundos além do nosso sistema solar. São pessoas que acabaram de se formar na faculdade e já estão avançando no primeiro emprego, profissionais de nível médio sendo promovidos antes dos colegas e pessoas largando o emprego estável para abrir empresas de sucesso ou organizações sem fins lucrativos. São Navy SEALs (integrantes da "tropa de elite" da Marinha dos Estados Unidos) e CEOs, acadêmicos, escritores, aventureiros, exploradores e pioneiros. Eles se destacam na multidão. Eles são fora de série.

DESTAQUE-SE DA MULTIDÃO!

Enquanto escrevia este livro, fui convidado para observar uma equipe de oficiais militares de elite dos Estados Unidos que fazia um treinamento secreto em uma base remota da Força Aérea no deserto. Selecionados a dedo dentre o 1% de oficiais de melhor desempenho da Força Aérea, Exército e Marinha, os alunos estavam sendo treinados para ajudar o país a evitar grandes conflitos. Dois dos meus livros tinham sido incluídos no currículo: *TED: falar, convencer, emocionar* e *Storytelling: aprenda a contar histórias com Steve Jobs, Papa Francisco, Churchill e outras lendas da liderança*. "Esses homens e mulheres deverão analisar, anotar e apresentar suas constatações a líderes políticos, generais, almirantes e ao presidente dos Estados Unidos", um instrutor me explicou. "Em muitos casos, eles terão dez minutos ou menos. Eles não raro serão as pessoas mais inteligentes da sala, mas precisarão saber argumentar com rapidez e concisão se quiserem evitar consequências catastróficas." Vale repetir: a antiga arte da persuasão não é uma habilidade soft. É absolutamente indispensável.

Por que "antiga?" Nos últimos vinte anos, o advento da ressonância magnética funcional (fMRI) deu aos pesquisadores a capacidade de ver a atividade cerebral em tempo real. Analisando o fluxo sanguíneo no cérebro. Cientistas descobriram os segredos da comunicação eficaz — as razões exatas pelas quais determinadas palavras, oradores e estilos conseguem criar uma conexão emocional com as pessoas. De acordo com os cientistas, embora as ferramentas que usamos para nos comunicar tenham evoluído, a maneira como o nosso cérebro é configurado para consumir informações não evoluiu. Torne-se um grande comunicador dominando a arte e a ciência da persuasão e você terá sucesso no mundo moderno.

Em nenhum outro momento da história, as habilidades de comunicação interpessoal foram tão importantes quanto hoje. Na Era Agrícola, um agricultor que arava o campo um pouco melhor do que seu vizinho não tinha como ser muito mais rico. Na Era Industrial, um operário que montasse produtos um pouco mais rápido do que o colega não tinha como ser muito mais rico. Hoje, qualquer pessoa, em qualquer lugar do mundo, que saiba expressar suas ideias *um pouco melhor* que as outras, pode ficar muito mais rica de repente, algo sem precedentes na história da humanidade.

Na economia do conhecimento do século 21, você só é tão valioso quanto as suas ideias. A capacidade de convencer as pessoas da importância de suas ideias lhe dará a maior vantagem competitiva em uma era na qual as forças combinadas da globalização, automação e inteligência artificial desencadeiam uma onda de ansiedade em pessoas que atuam em todas as profissões e em todos os países. Na próxima década, as suas ideias — e a sua capacidade de articular essas ideias — farão mais diferença do que nunca. Os persuasores são insubstituíveis.

OS PERSUASORES SÃO INSUBSTITUÍVEIS

NO MUNDO DOS negócios nos dias de hoje, uma performance mediana só garante resultados abaixo da média. "No passado, trabalhadores com habilidades medianas fazendo um trabalho mediano podiam ganhar o suficiente para ter um estilo de vida mediano. Mas, hoje em dia, o mediano está oficialmente morto",[2] de acordo com Thomas Friedman, colunista do *New York Times,* especialista em globalização e autor de best-sellers. "Todos nós precisamos encontrar nosso algo a mais — nossa contribuição especial que nos leva a nos destacar em qualquer profissão."

A frase *"o mediano está morto"* é muito mais do que um mero bordão, segundo o economista Tyler Cowen. Ele argumenta que as forças irreversíveis das máquinas inteligentes e da globalização econômica devem nos forçar a responder às seguintes perguntas: "Você sabe trabalhar com máquinas inteligentes? As suas habilidades complementam as habilidades do computador ou o computador trabalha melhor sem você? E, pior ainda, você está competindo com o computador?".[3] De acordo com Cowen, "Se você e suas habilidades forem complementares às do computador, você não precisa ter muito medo de perder o emprego ou a renda. Se as suas habilidades não complementam o computador, sugiro correr para fechar essa lacuna". Considere este livro a solução para fechar essa lacuna.

A própria natureza do trabalho está mudando, assim como as habilidades necessárias para se destacar, avançar e alcançar a grandeza em um dos momentos mais transformadores da história. Se souber persuadir, inspirar e despertar a imaginação das pessoas, você será irrefreável, irresistível e insubstituível.

Anthony Goldbloom é um especialista mundialmente famoso na utilização do big data para realizar grandes tarefas. Sua empresa, a Kaggle, usa a modelagem preditiva para resolver problemas complexos para a NASA, montadoras de automóveis, seguradoras e fabricantes de medicamentos e dispositivos médicos, entre outras. Nenhum problema é grande demais a ponto de desanimar a equipe de cientistas da Kaggle. Goldbloom, nomeado pelo MIT como um dos 35 maiores inovadores do mundo, acredita que o "aprendizado de máquina" é a área da inteligência artificial que tem o maior potencial disruptivo e será responsável por grande parte da transformação que podemos esperar no trabalho. O aprendizado de máquina é a tecnologia que permite que as máquinas aprendam com os dados e, em alguns casos, imitem habilidades humanas. A Kaggle atua na vanguarda do aprendizado de máquina, o que dá a Goldbloom uma perspectiva sem igual sobre o que as máquinas são e não são capazes de fazer.

"Devido à maneira como são projetadas, as máquinas são muito boas em aprender coisas que já foram feitas antes e repeti-las vez após vez",[4] Goldbloom me explicou. "Mas, para tocar o coração das pessoas, é preciso surpreender. As máquinas progrediram muito pouco em lidar com situações novas. Elas são incapazes de lidar com coisas que não viram muitas vezes antes."

COMUNICAÇÃO CINCO ESTRELAS

Um projeto realizado pela comunidade de cientistas de dados da Kaggle demonstrou a promessa — e as limitações — do aprendizado de máquina. Em um concurso patrocinado pela Kaggle e pela Hewlett Foundation, os cientistas foram solicitados a criar um software capaz de avaliar uma redação escrita por um aluno tão bem quanto um avaliador humano ou até melhor. Trata-se de uma área importante do desenvolvimento de software. A Hewlett Foundation é uma instituição filantrópica dedicada a ensinar a alunos de escolas públicas dos Estados Unidos as habilidades necessárias para eles se destacarem no século 21. Duas das habilidades mais importantes são o pensamento crítico e a comunicação eficaz. Uma maneira de melhorar a qualidade do ensino dessas áreas é passar de perguntas de múltipla escolha a perguntas discursivas, que exigem habilidades superiores de pensamento e escrita. O problema é que avaliar as redações uma a uma é um processo dispendioso e demorado. Foi por isso que a Hewlett desafiou a comunidade da Kaggle a dar o melhor de si para automatizar a tarefa de avaliar as redações.

Os resultados do desafio da Kaggle/Hewlett foram promissores.[5] O software vencedor avaliou 22.000 redações que também passaram por avaliadores humanos. Ao analisar a estrutura das frases, a ortografia e a pontuação, o software fez um trabalho razoavelmente bom em replicar as notas dadas pelos avaliadores humanos, especialmente no caso de redações medianas. Mas, de acordo com Goldbloom, o algoritmo deixou a desejar em uma área importantíssima. O software não identificou redações acima da média, ou seja, incomuns, originais e inovadoras. Pelo contrário, as redações criativas receberam notas mais baixas do que mereciam! As máquinas aprendem processando grandes volumes de dados existentes, enquanto nós, humanos, usamos nossa imaginação para propor e comunicar ideias originais que, por definição, nunca foram vistas antes. "Somos capazes de conectar ideias aparentemente discrepantes para resolver problemas",[6] diz Goldbloom. "Isso constitui uma importante

DESTAQUE-SE DA MULTIDÃO!

limitação às tarefas humanas que as máquinas serão capazes de automatizar." Se um computador é capaz de reconhecer o mediano, ele também é capaz de replicar o mediano. Só que o mediano simplesmente não é bom o suficiente para se destacar na era digital.

Em outro experimento com redações, dessa vez conduzido no Japão, a matemática Noriko Arai provocou uma onda de ansiedade ao criar um sistema de inteligência artificial que superou o desempenho de 80% dos alunos do ensino médio em um vestibular. O "Robô Todai" ficou entre o 1% melhor nas provas de matemática e ciências e foi capaz de escrever uma redação de 600 palavras melhor do que a maioria dos alunos. Apesar desses resultados, Arai está convencida de que os humanos têm como prosperar em um mundo saturado de inteligência artificial se, e somente se, reconsiderarem os tipos de habilidades que precisam dominar. No experimento de Arai, ela descobriu que a inteligência artificial se saiu melhor do que 80% dos alunos porque conseguiu acessar fatos com mais rapidez e precisão, que é o que a maioria dos alunos é ensinada a fazer: memorizar fatos e repeti-los. Mas Todai não conseguiu superar os 20% dos alunos que se destacaram por sua capacidade de pensar com criatividade e extrapolar o significado "além dos limites de uma pergunta".[7] Em outras palavras, a inteligência artificial não lê nem pensa como os humanos. O Robô Todai reconhece palavras-chave e combina textos e fatos acessados de informações existentes para fornecer uma resposta a uma pergunta. De acordo com Arai, se "conhecimento" significa memorizar e acessar fatos, a inteligência artificial é capaz de fazer o que os humanos fazem, só que melhor. Ela diz que nenhum robô ou máquina ainda é capaz de substituir as habilidades que dão uma vantagem aos humanos: pensamento crítico, criatividade e comunicação.

As máquinas são rápidas; os humanos são criativos. As máquinas obtêm insights dos dados; os humanos esclarecem o significado dos dados. As máquinas nos ensinam sobre o passado; os humanos vislumbram o futuro. As máquinas nos tornam mais produtivos; os humanos melhoram o mundo de maneiras imaginativas e inesperadas. Lin-Manuel Miranda não ganhou o Prêmio dos Gênios da MacArthur Foundation por compor uma canção com mais rapidez do que um computador. Ele ganhou o prêmio por despertar e inspirar o espírito humano.

ESTAMOS DIANTE DE UMA MUDANÇA TECTÔNICA

A CONEXÃO EMOCIONAL é o bilhete premiado em um mundo onde tecnologias como automação, big data, inteligência artificial e aprendizado de máquina estão eliminando milhões de empregos e desestabilizando setores, empresas e profissões. No mundo todo, as pessoas estão preocupadas — e com razão — com a velocidade da mudança e suas possíveis implicações para o futuro do trabalho. A boa notícia é que os temores de um "apocalipse robô" podem ser exagerados, pelo menos de acordo com as evidências dos últimos quinhentos anos.

Todas as mudanças tecnológicas destruíram empregos, mas também criaram mais empregos novos do que os disponíveis anteriormente. Economistas dedicados a estudar a história da inovação desde os anos 1500 na Europa descobriram que, nos casos em que novos produtos e serviços provocaram a maior ansiedade, o aumento de novos empregos também foi maior do que o esperado. Na década de 1970, esperava-se que os caixas automáticos reduzissem o número de agências bancárias e atendentes humanos nos bancos. Hoje, os bancos empregam mais caixas do que em 1980, mas suas funções mudaram. A gestão de relacionamento substituiu as transações simples. A disrupção desencadeada pela tecnologia é muito real e assustadora para muitas pessoas. Mas a cada mudança econômica — especialmente na atual revolução digital — as habilidades de comunicação se tornam mais valiosas, não menos.

DESTAQUE-SE DA MULTIDÃO!

O crescimento exponencial da tecnologia melhorou infinitamente a nossa vida. Vendo por praticamente qualquer ângulo, este é o melhor momento para viver neste planeta... de todos os tempos. Mas o progresso sem precedentes também desencadeou o que a consultoria Towers Watson chama de "mudança tectônica" no mundo dos negócios globais; uma mudança que requer novas habilidades da força de trabalho do século 21.

Em uma análise detalhada de mais de 700 profissões, pesquisadores da Universidade de Oxford concluíram que, na próxima década, a automação eliminará nada menos que *47%* dos empregos que os humanos executam hoje.[8] Essa é a extensão de um processo que começou com trabalhadores braçais, homens e mulheres que usavam as mãos e cujo trabalho passou a ser feito por máquinas. Em um futuro próximo, a automação poderá substituir 140 milhões de trabalhadores do conhecimento em tempo integral ao redor do mundo, cujo trabalho poderá ser feito com mais rapidez e eficiência por sistemas cognitivos "mais inteligentes". Pesquisas sugerem que o risco será o mesmo em diferentes países, regiões e em quase todos os campos de atuação, do transporte à tecnologia, da saúde ao varejo e do direito às finanças. "Penso que as pessoas ficarão surpresas com a rapidez na qual o aprendizado de máquina substituirá os trabalhos de rotina",[9] diz Neil Jacobstein, presidente do departamento de inteligência artificial e robótica da usina de ideias Singularity University no Vale do Silício. "Estamos falando de uma transição de enorme importância que ocorrerá nos próximos dez a quinze anos."

Não é fácil prever exatamente quais empregos deixarão de existir devido à automação e em quanto tempo, mas é possível prever quais papéis os humanos vão querer que sejam desempenhados por outros humanos. As pessoas que sabem falar — e falam bem — serão recompensadas, e aquelas capazes de inspirar os outros — de despertar a imaginação alheia — estarão em uma posição especialmente vantajosa. "As máquinas podem aprender a interpretar as emoções

COMUNICAÇÃO CINCO ESTRELAS

humanas, mas não *têm* emoções humanas. É uma distinção muito importante",[10] diz Jacobstein.

Dados quantitativos demonstram que a demanda por "habilidades sociais" é alta. Em um estudo que contou com a participação de 400 profissionais de recursos humanos e recrutamento, 94% disseram que um funcionário com melhores habilidades de comunicação tem mais chances de ser promovido a um cargo de liderança do que um funcionário com mais anos de experiência, porém com habilidades de comunicação mais fracas.

Líderes de empresas reclamam da dificuldade de encontrar candidatos capazes de se comunicar com clareza e precisão, inspirando e engajando colegas e clientes. "Essas características podem fazer a diferença entre um funcionário que se destaca e um que apenas sobrevive",[11] de acordo com o *The Wall Street Journal*. "Essas habilidades sempre foram valorizadas pelas empresas, mas as décadas de mudanças na economia as tornaram especialmente cruciais agora. As empresas automatizaram ou terceirizaram muitas tarefas de rotina, e os empregos que permaneceram muitas vezes requerem que os trabalhadores assumam responsabilidades mais amplas que exigem pensamento crítico, empatia ou outras habilidades que os computadores não têm como simular com facilidade [...] as habilidades mais fundamentais, como a comunicação, são as que parecem ser mais importantes."[12]

Um estudo da Burning Glass, uma empresa de software que ajuda pessoas a encontrar emprego, revelou que as empresas enfrentam uma grande lacuna de habilidades. A pesquisa analisou milhões de anúncios de vagas de emprego nas mídias sociais e descobriu que, nas carreiras mais técnicas (TI, saúde, engenharia, finanças), as habilidades de escrita e comunicação eram altamente valorizadas, "muito mais do que se esperaria com base em perfis de trabalho padrão". No entanto, a mesma pesquisa revelou que todas as empresas sabiam que pessoas com essas habilidades — que eles chamaram de "fator humano" — eram "muito difíceis de encontrar".[13]

DESTAQUE-SE DA MULTIDÃO!

Pesquisa após pesquisa, estudo após estudo, chega-se a conclusões semelhantes. Mesmo assim, de acordo com um estudo do Hay Group, "As dificuldades de comunicação estão prejudicando os millennials no trabalho. O estudo da Hay com 450 diretores de recursos humanos nos Estados Unidos, Índia e China concluiu que 80% dos profissionais de RH estão tendo dificuldade de encontrar recém-formados de nível júnior que tenham ao mesmo tempo qualificação técnica e habilidades de comunicação. "As competências sociais e emocionais são cruciais para o sucesso das empresas no futuro, mas os recém-formados de hoje podem não apresentar essas competências."[14] Além disso, 92% dos diretores de RH acreditam que as habilidades emocionais e sociais se tornam cada vez mais importantes à medida que a globalização se acelera e as estruturas organizacionais mudam, o que os leva a concluir que os recém-formados de nível júnior com boas habilidades de comunicação "valem seu peso em ouro". A grande maioria dos entrevistados diz que os recém-formados que não se mostram capazes de desenvolver rapidamente suas habilidades emocionais e sociais nunca terão uma boa performance, especialmente os que ocupam funções mais complexas. A lacuna das habilidades de comunicação é real, mas a sua capacidade de fechar essa lacuna também é.

"Se você for capaz de comunicar ideias que chamem a atenção das pessoas, não será substituído tão cedo",[15] diz o especialista em dados Anthony Goldbloom. "A pessoa incomum vai se destacar",[16] diz o bilionário Warren Buffett. "E não por ter um QI de 200 ou algo assim. Você vai se destacar, muito mais do que poderia imaginar, se conseguir ficar muito à vontade falando em público. É uma vantagem que vai lhe render frutos por cinquenta ou sessenta anos, e é uma desvantagem não gostar de fazê-lo."

No início de sua carreira, o próprio Buffett tinha tanto medo de falar em público que se matriculou em um curso de oratória. Ele abandonou o curso na primeira tentativa, aterrorizado diante da perspectiva de falar em público. Buffett criou coragem, se matriculou pela segunda vez e terminou o curso. Hoje, as paredes do escritório dele não ostentam diplomas emoldurados de seus cursos na faculdade ou MBAs, mas exibem com orgulho seu certificado de oratória.

Falando a uma turma de estudantes de administração da Universidade Columbia, Buffett disse: "Estou pagando, aqui e agora, 100 mil dólares por 10% dos ganhos futuros de qualquer um de vocês. Quem tiver interesse é só me procurar depois da palestra. E vocês podem aumentar em 50% o valor de vocês só aprendendo habilidades de comunicação — falar em público. Se for o caso, me procurem depois da palestra que eu pagarei 150 mil dólares".[17] Buffett estava reforçando o ponto de que dominar a arte de falar em público é a habilidade mais importante que uma pessoa pode desenvolver hoje para impulsionar sua carreira no futuro.

Empreendedores e proprietários de pequenas empresas, CEOs e gestores são tão valiosos quanto suas ideias. À medida que a automação substitui grande parte do trabalho que costumávamos fazer manualmente, as suas ideias nunca foram tão importantes. Se você não conseguir persuadir as pessoas a apoiar essas ideias e não conseguir empolgar as pessoas, motivá-las e inspirá-las, jamais atingirá seu potencial. Feche a lacuna de habilidades, e você vai brilhar no mercado de ideias.

A boa notícia é que usar a persuasão para se destacar requer desenvolver empatia para com seus ouvintes, uma habilidade que a inteligência "artificial" não tem como substituir. As máquinas não têm coração; os contadores de histórias têm.

COMUNICAÇÃO CINCO ESTRELAS É PARA AQUELES QUE ACREDITAM QUE SUAS IDEIAS FAZEM A DIFERENÇA

NESTE LIVRO, USO o termo "cinco estrelas" para descrever os líderes, empreendedores, profissionais, empresas e marcas inigualáveis que se destacam, que ocupam seu próprio universo. Em alguns casos, "cinco estrelas" refere-se aos líderes de empresas que literalmente atingem avaliações de cinco estrelas. Você conhecerá CEOs, líderes e empreendedores por trás de marcas cinco estrelas nos setores da hospitalidade, saúde e muitos outros. Também uso "cinco estrelas" como uma metáfora. Por exemplo, você verá como os profissionais de negócios que ocupam os mais altos cargos em suas áreas de atuação foram comunicadores medianos ou, no máximo, bons e se transformaram em comunicadores excepcionais. A capacidade dessas pessoas de convencer os outros de suas ideias é uma habilidade que as diferencia. Você conhecerá estrelas das vendas que já estiveram no meio da multidão e se catapultaram para o topo de sua profissão. Conhecerá pessoas que são promovidas antes dos colegas, vez após vez. Conhecerá gestores que chegam ao 1% superior em campos ultracompetitivos. Conhecerá CEOs que repensaram e reinventaram completamente categorias de negócios inteiras. Conhecerá empreendedores cujas empresas estão entre o 0,5% das startups que receberam financiamento de capital de risco (e terá a chance de ouvir relatos diretos dos investidores por trás das empresas mais admiradas do mundo). Também conhecerá palestrantes do TED, cientistas, especialistas e bilionários que atribuem seu sucesso profissional às suas habilidades de comunicação. E, o melhor de tudo, aprenderá as técnicas específicas que eles usam para vender suas ideias.

Este livro é dividido em três partes.

Parte 1 – Por que os grandes comunicadores são insubstituíveis

Nos quatro primeiros capítulos da Parte 1, veremos como as ideias moldaram o mundo moderno. Você terá a chance de conhecer a opinião de alguns dos cientistas, economistas, historiadores e líderes empresariais mais proeminentes do mundo que acreditam que, na presente era das ideias, a comunicação persuasiva é a habilidade mais importante para nos diferenciar na próxima década.

COMUNICAÇÃO CINCO ESTRELAS

Também começaremos a falar sobre o cérebro antigo. Mais de 2.300 anos atrás, o filósofo grego Aristóteles já argumentava que os seres humanos são animais caracterizados pela linguagem e que a "retórica" — ou seja, o poder de persuasão — é ao mesmo tempo uma arte e uma ciência. Por incrível que pareça, a maioria das pesquisas conduzidas hoje no campo da ciência da persuasão e no estudo do cérebro reforça a hipótese original de Aristóteles. Na Parte 1, você aprenderá por que o método de comunicação de Aristóteles continua sendo tão eficaz quanto foi milhares de anos atrás.

Parte 2 – Pessoas que conquistaram as cinco estrelas

Os cinco capítulos da Parte 2 estão divididos em categorias. Cada categoria apresenta indivíduos (e marcas) considerados comunicadores cinco estrelas. Essas pessoas e marcas de destaques incluem: cientistas, empreendedores, profissionais, líderes e estrelas do TED, sendo que todos inspiraram o público com suas técnicas de comunicação. Tenho certeza de que você vai aprender muito com essas pessoas e marcas. Ao longo do caminho, você começará a reconhecer as pessoas da sua empresa ou comunidade que alcançam um desempenho cinco estrelas. São pessoas que impõem respeito, inspiram o trabalho em equipe e chamam a atenção dos outros para suas ideias e projetos. São pessoas que criam um círculo virtuoso de bons resultados: (1) elas persuadem os outros a apoiar suas ideias, o que as ajuda (2) a lançar inovações criativas para promover os objetivos da organização e (3) a captar recursos, financiamento e apoio, o que, por sua vez, (4) melhora seu status e reputação. E o ciclo se repete de novo, e de novo, e de novo.

Parte 3 – Como ir do bom ao excepcional

Na Parte 3, você aprenderá métodos específicos e práticos para desenvolver a habilidade que faz com que sejamos humanos, a habilidade que o impulsionará mais adiante e com mais rapidez em sua carreira e em seu campo de atuação. A maioria dos leitores deste livro provavel-

DESTAQUE-SE DA MULTIDÃO!

mente tem habilidades de comunicação medianas ou acima da média. O problema é que, nos dias de hoje, não basta ser mediano nem ter habilidades que são somente um pouco acima da média. A maioria das pessoas se satisfaz com uma vida mediana. O mediano é confortável e complacente. Mas a Parte 3 é para os que se movimentam e fazem acontecer, os exploradores e aventureiros. É para os que desejam impelir suas carreiras — e o mundo — para frente. Essas pessoas não se contentam em assistir. Elas querem liderar. Se o seu objetivo for ganhar cinco estrelas, esta seção o ajudará a alcançá-lo.

Como vimos, na economia do conhecimento do século 21, nenhuma máquina, software ou robô é capaz de replicar as suas ideias. Mas, se você não sabe vender as suas ideias, isso não faz diferença.

Como argumenta Adam Grant, professor de psicologia da Faculdade de Administração Wharton da Universidade da Pensilvânia, a "originalidade" requer defender uma série de ideias inéditas que vão contra a corrente. As pessoas originais e criativas esbarram em um obstáculo muito comum: a tendência humana de manter as coisas como estão. "Ao tentar vender uma nova ideia ou uma sugestão de mudança, você provavelmente será recebido com ceticismo."[18] Se você não conseguir persuadir as pessoas a aderir à sua visão, a sua empresa, o seu setor ou o mundo podem nunca se beneficiar da sua ideia. Desenvolver ideias originais e comunicar essas ideias com eficácia é a maior habilidade que você pode desenvolver hoje para assumir o controle do seu futuro.

Em um mundo de incertezas, é importante não perder de vista quem somos. Mais de 3.000 anos atrás, aventureiros polinésios deixaram sua ilha natal em canoas para cruzar milhares de quilômetros de oceano. Eles povoaram os atuais Fiji, Havaí, Nova Zelândia e centenas de ilhas do Pacífico Sul. E o mais incrível foi que fizeram isso sem mapas, bússolas ou GPS. Eles usaram as estrelas para se localizar. Para encontrar seu caminho, o mais importante é se lembrar de onde você começou. Saber de onde você vem é saber para onde você está indo.

25

O que levou essas pessoas a arriscar a vida para se aventurar a milhares de quilômetros de casa? Uma viagem de avião de cinco horas equivale a passar um mês no mar em uma pequena canoa. Esses viajantes sem dúvida precisariam ter uma razão convincente para se arriscar assim. Será que foi a fome? A guerra? A superpopulação? Historiadores acreditam que o principal motivador pode ter sido o espírito de aventura. Somos exploradores naturais. O desejo de fazer descobertas está no nosso DNA. Sempre teremos esse desejo.

Em certo sentido, somos todos navegadores — encontrando nosso caminho em um novo mundo que está mudando com mais rapidez do que em qualquer outro momento da história humana. As inovações tecnológicas estão melhorando todos os aspectos de nossa vida e causando disrupções em áreas de atuação inteiras. Você pode ter a sensação de que está nadando em mar aberto sem uma canoa ou, na melhor das hipóteses, em uma canoa mas com um remo só. Mas, se puder manter um olho nas estrelas e o outro em suas origens — ou seja, nas qualidades que o tornam exclusivamente humano —, você terá mais chances de embarcar em uma aventura épica e levar o resto da humanidade consigo na jornada.

Este livro é para pessoas que acreditam que suas ideias podem fazer uma diferença. É para homens e mulheres, estudantes e empreendedores, professores, gestores e líderes que desejam conquistar uma vantagem competitiva na era das ideias. Você não será substituído por nenhum computador e nenhum concorrente venderá mais do que você. Dominar a antiga arte da persuasão fará de você ao mesmo tempo insubstituível e irresistível. Aumentará as suas chances de conseguir o emprego dos seus sonhos, avançar profissionalmente, abrir uma empresa, vender uma ideia, mobilizar uma equipe e apresentar uma solução inovadora para um problema difícil. Você vai despertar a alma das pessoas. Você vai prosperar, crescer e liderar com ousadia, abrindo novos caminhos para o futuro. Você se elevará na plenitude de seu potencial e alcançará a grandeza.

PARTE I

POR QUE OS GRANDES COMUNICADORES SÃO INSUBSTITUÍVEIS

POESIA, PODER E VIAGENS À LUA

Temos em nossas mãos o poder de recomeçar o mundo.

— THOMAS PAINE

Alexander era um homem esguio com um grande plano.

Parecia ter menos que seus 19 anos quando subiu na plataforma e olhou para a plateia composta de agricultores e comerciantes, muitos dos quais o viam com uma mistura de ceticismo e desprezo. Ele precisaria combinar sua paixão e suas habilidades para vender o argumento a um público claramente dividido. Naquele dia, um terço dos ouvintes concordou com sua opinião. Os outros dois terços discordaram fortemente ou ficaram em cima do muro. Alexander começou seu discurso com hesitação. Mas, à medida que ganhava confiança, sua retórica se elevava. Ele era um leitor ávido e amante de poesia. Quem o conhecia sabia que ele tinha uma "facilidade com as palavras" que o libertou de suas origens pobres e o colocou entre os gigantes da época. Naquele dia, seus poderes de persuasão lhe permitiram converter um público em grande parte hostil.

COMUNICAÇÃO CINCO ESTRELAS

Alexander Hamilton fez seu discurso em 6 de julho de 1774. Ele havia feito uma pausa em suas aulas na faculdade para defender um boicote aos produtos britânicos. "Ao fim de seu discurso, a multidão ficou em silêncio, petrificada, olhando fixamente para o jovem orador fascinante antes de explodir em uma prolongada ovação."[1] Hamilton, cujo espírito Lin-Manuel Miranda viria a ressuscitar na Broadway 240 anos depois, "prendia a atenção das pessoas com a força e o fervor de suas palavras". De acordo com o historiador Ron Chernow, "nenhum outro homem articulou uma visão tão clara e visionária do futuro da América".[2] Hamilton tinha o dom de combinar palavras e ideias para instigar a imaginação das pessoas.

Hamilton, ao lado de Thomas Jefferson, Thomas Paine, Samuel Adams e outros talentosos escritores e oradores da revolução da independência americana, foram influenciados pelos poetas e filósofos que deram origem ao Iluminismo. A "trindade" composta por Francis Bacon, Isaac Newton e John Locke ensinou os fundadores dos Estados Unidos a envolver suas ideias na retórica radical da rebelião. Com isso, eles desencadearam uma onda de ideias baseadas umas nas outras para inaugurar o período de maior progresso que a civilização já viu.

Em 1835, o sociólogo francês Alexis de Tocqueville observou que "Todo americano é devorado pelo desejo de crescer". Um desses americanos foi um jovem nascido em uma família pobre em uma cabana de madeira. Abraham Lincoln estudou as palavras dos fundadores, que ele mais tarde invocaria em seu Discurso de Gettysburg, um discurso que teve o poder de refazer o país. Segundo a historiadora Doris Kearns Goodwin, Lincoln foi um talentoso contador de histórias que articulou sua visão de uma sociedade livre com uma emoção contagiante. As habilidades de comunicação de Lincoln transformaram um autoproclamado "advogado rural" em um dos maiores presidentes da história dos Estados Unidos. As ideias que forjaram os Estados Unidos não se defenderam sozinhas.

POESIA, PODER E VIAGENS À LUA

As ideias criaram o mundo de hoje e o poder das ideias criará o mundo de amanhã. Mas, sem a eloquência de seus defensores, as sementes das ideias morrerão em terreno estéril.

Cento e oitenta e cinco anos depois que poetas e escritores, oradores e líderes acenderam a chama da liberdade nos Estados Unidos, outro filho de Boston inflamou o espírito de aventura. Robert Frost escreveu que a eleição de John F. Kennedy anunciou "Uma era dourada de poesia e poder". Frost estava certo. Nos discursos para inspirar o país a criar um programa lunar, Kennedy traduziu suas ideias em uma linguagem que impulsionou uma das maiores conquistas da história da humanidade. Recentemente, estudiosos identificaram algumas de suas técnicas retóricas mais eficazes.

NÃO ESTOU VARRENDO O CHÃO; ESTOU COLOCANDO UM HOMEM NA LUA

CHARLIE MARS MAL podia esperar para acordar e ir ao trabalho todo dia de manhã. Ele se formara em engenharia elétrica pela Universidade Vanderbilt. Cinco anos depois, foi trabalhar como engenheiro de projetos na NASA. Apesar de nunca ter pisado na Lua, nem ter viajado em um foguete, nem ter sido recebido de volta ao planeta com um enorme desfile em sua homenagem, anos depois Mars falou sobre a experiência de ter trabalhado na NASA com o encantamento de alguém que havia feito as três coisas. "Uma das coisas que tínhamos em comum era um objetivo. Nós vamos para a Lua. Estamos trabalhando para colocar um homem na Lua! Essa ideia mobilizava totalmente a nossa imaginação e a nossa emoção", conta Mars.[3]

Andrew Carton, professor de administração da Faculdade de Administração Wharton, encontrou a história de Mars ao analisar mais de 18.000 páginas de documentos, transcrições e memorandos internos da NASA sobre o programa Apollo, a ambiciosa iniciativa dos Estados Unidos, iniciada em 1961, para levar um homem à Lua.

COMUNICAÇÃO CINCO ESTRELAS

Carton identificou um ponto em comum entre os comentários de Mars e de outros funcionários da NASA que trabalharam nas mais diferentes áreas, como contadores e administradores, assistentes e engenheiros. Todos eles foram profundamente inspirados pelas palavras de um homem: John F. Kennedy.

O salto gigantesco para a humanidade dado por Neil Armstrong no dia 20 de junho de 1969 foi o último passo de um processo que teve início quando um líder com uma ideia ousada despertou a imaginação coletiva das 400.000 pessoas que poderiam transformá-la em realidade. Carton identificou a fórmula retórica por trás da comunicação de Kennedy e explicou como suas habilidades oratórias desencadearam uma enorme onda de ação.

Em primeiro lugar, "Kennedy reduziu o número de aspirações da NASA para apenas uma".[4] Quando foi criada, em 1958, a NASA tinha vários objetivos, entre eles criar uma tecnologia espacial superior, atingir a proeminência no espaço e impelir o avanço da ciência. Kennedy optou por se concentrar no único objetivo de enviar pessoas à Lua e garantir seu retorno seguro ao nosso planeta. É mais fácil mobilizar uma equipe em torno de um *único objetivo em comum do que dividir sua atenção.*

Em segundo lugar, "Kennedy transferiu a principal aspiração da NASA a um objetivo concreto". Em outras palavras, Kennedy pegou o abstrato (impelir o avanço da ciência explorando o sistema solar) e o tornou tangível. No dia 25 de maio de 1961, Kennedy disse ao Congresso dos Estados Unidos: "Esta nação deve se comprometer a atingir o objetivo, antes do fim desta década, de colocar um homem na Lua e garantir seu retorno seguro à Terra". Kennedy articulou um objetivo concreto e determinou um prazo específico para atingi-lo.

Em terceiro lugar, "Kennedy estabeleceu marcos que vinculavam o trabalho diário dos funcionários a objetivos concretos". Kennedy delineou três programas e três objetivos: o programa Mercury enviaria um astronauta em órbita; o Gemini revelaria o que a NASA

POESIA, PODER E VIAGENS À LUA

ainda não sabia sobre caminhadas espaciais e sobre conectar duas naves espaciais; e, por fim, o Apolo colocaria um homem na Lua. Como veremos mais adiante, a "regra dos três" é uma técnica de comunicação muito eficaz que os melhores persuasores usam para mobilizar seus ouvintes.

Em quarto lugar, "Kennedy enfatizou a escala impressionante do objetivo usando metáforas, analogias e figuras de linguagem originais". Kennedy empregou uma técnica raramente utilizada que os linguistas chamam de "conceito incorporado". Essa técnica vincula um evento concreto (pousar um homem na Lua) a uma aspiração abstrata (o avanço da ciência). O abstrato e o concreto se fundem em uma coisa só. Por exemplo, em um discurso na Universidade Rice em 1962, Kennedy disse: "O espaço está lá e vamos nos alçar até chegar a ele. A Lua e os planetas estão lá, e uma nova esperança de conhecimento e paz está lá". Kennedy deu a ideais abstratos como conhecimento, paz e exploração uma localização concreta.

Os quatro passos se provaram ser de uma persuasão irresistível. A habilidade "soft" de Kennedy levou a uma das maiores conquistas da história da humanidade. Suas palavras deram aos funcionários da NASA um vínculo mais forte entre seu trabalho no dia a dia e o objetivo final. Eles deixaram de ver seu trabalho como uma série isolada de tarefas, como varrer o chão ou montar placas de circuito. Pelo contrário, passaram a ver seu trabalho como um componente crucial para colocar um homem na Lua, promover o avanço da ciência e transformar completamente o mundo. "Com isso, Kennedy posicionou os funcionários de modo que extraíssem mais sentido do próprio trabalho, e o fez ressignificando o trabalho", diz Carton.

No início da década de 1960, a maioria das pessoas não acreditava que alguém poderia pisar na Lua antes do fim da década. Kennedy não se limitou a usar os fatos para persuadi-las; ele usou os *sentimentos*. Combinou o que Aristóteles chamou de *pathos* e *logos*: emoção e lógica. As palavras de Kennedy alcançaram a transcendência emocional, levando as pessoas a acreditar que o impossível era possível. Os céticos passaram a acreditar e os que já acreditavam se transformaram em fervorosos divulgadores da ideia.

"É importante lembrar o que caracterizou a missão lunar", diz Bill Gates.[5] "Uma missão lunar requer um objetivo claro e mensurável capaz de mobilizar o imaginário da nação e transformar o que consideramos ser possível... Quando fazemos isso, traçamos um curso para um futuro mais seguro, mais saudável e mais forte."

KENNEDY INSPIRA UM REBELDE DA TECNOLOGIA

UM ISRAELENSE DE 16 anos lê o "discurso da Lua" proferido por Kennedy na Universidade Rice em 1962. Sete anos depois, o menino, agora com 20 e poucos anos, assiste, com um bilhão de outros telespectadores, Neil Armstrong pisar na superfície lunar. O menino, Eli Harari, nunca mais se esqueceu da visão ousada de Kennedy, que o inspirou a ir atrás de sua paixão no campo da física.

Um mês depois de a visão de Kennedy ser concretizada, Harari chegou à Universidade de Princeton para começar seu doutorado em ciências e tecnologias aeroespaciais. Seus estudos o levariam a uma carreira no setor da tecnologia e mais tarde Harari fundaria a SanDisk, uma pioneira na tecnologia de dispositivos de armazenamento de fotos digitais. Os produtos de memória flash da SanDisk estão em seu smartphone, iPad, computador, notebook e na nuvem (para onde você envia arquivos e de onde os acessa).

Na época em que Harari fundou a SanDisk, em 1988, os telefones celulares eram do tamanho de tijolos. As câmeras digitais eram trambolhudas e caras. Os notebooks ainda estavam engatinhando e eram "tão portáteis quanto um bebê de 1 ano e quase tão cooperativos quanto", na descrição de Harari. Os tocadores de música digital, a internet, os apps de celular e os serviços em nuvem ainda não tinham sido inventados. Assim, quando Harari de-

POESIA, PODER E VIAGENS À LUA

senvolveu a SanDisk, seus potenciais investidores lhe disseram que ele havia encontrado a solução para um problema que não existia. O herói de Harari era John F. Kennedy e ele percebeu que, como Kennedy, precisava persuadir os céticos. Precisava fazer a ponte entre sua visão e o que seu público acreditava ser possível.

Conheci Harari em 2008. A SanDisk estava diante de uma crise com o potencial de levar à sua falência. O colapso financeiro global desencadeara a pior recessão desde a década de 1930. Com a demanda por produtos de consumo com tecnologia flash despencando, o setor enfrentava um enorme problema de excesso de oferta. Os preços entraram em queda livre, assim como as ações da SanDisk, que despencaram 90% em apenas um ano.

Em agosto de 2008, um concorrente, a Samsung, fez uma oferta não solicitada para comprar a SanDisk por um prêmio de 50%, ou US$ 10 bilhões. Os gestores de fundos mútuos que detinham uma grande parcela das ações da SanDisk pressionaram Harari a aceitar o acordo. Mas Harari acreditava que a oferta não beneficiaria os acionistas, parceiros e clientes da empresa. Quando Harari recusou a oferta de US$ 26 por ação, um guru dos negócios popular na TV colocou a foto de Harari em um "muro da vergonha" por ter rejeitado a venda. "Eles não conhecem a nossa história",[6] Harari me disse na ocasião. Juntos, eu e ele criamos uma narrativa que explicava com clareza a sua visão e o valor de longo prazo em lutar pela independência da SanDisk. A história de Harari se concentrou na experiência da equipe, que havia resistido a crises no passado; sua tecnologia espetacular; patentes exclusivas da SanDisk; e sua posição de caixa de US$ 2,5 bilhões, que a empresa havia acumulado nos bons tempos.

Embora as ações da SanDisk tenham caído vertiginosamente para US$ 6 por ação, nunca vi Harari entrar em pânico. O otimismo, disse ele, é uma arma fantástica em tempos de crise. Harari também conhecia o poder de uma narrativa simples. Em uma reunião da qual

35

participei, um grupo de executivos e engenheiros se preparava para uma importante apresentação a analistas financeiros. Embora eles tivessem muitos detalhes para cobrir, sugeri que articulassem um único tema abrangente e específico, como fez John F. Kennedy. Muitos participantes da reunião resistiram à ideia; argumentaram que a história que queriam contar era complexa demais para ser resumida em uma única frase. Mas Harari interveio: "Ninguém entende que o flash atingiu um ponto de inflexão. O flash será maior do que os nossos críticos podem imaginar". Sugeri que essa afirmação fosse usada como o grito de guerra da apresentação. O primeiro artigo financeiro publicado depois da conferência de analistas trazia a seguinte manchete: "O flash será maior do que você pensa".

Sete anos depois, no dia 21 de outubro de 2015, a Western Digital fez uma oferta para comprar a SanDisk. Dessa vez, a empresa aceitou. O preço foi de mais de US$ 86,50 por ação, ou mais que o triplo da oferta original da Samsung. A SanDisk foi vendida por US$ 19 bilhões. Eli Harari é um líder que dita tendências na tecnologia, que persegue ideias consideradas rebeldes ou disruptivas. Os rebeldes muitas vezes se destacam da maioria e é por isso que eles devem ser persuasivos *se* quiserem atingir seus objetivos visionários.

Voltemos ao período da Revolução Americana. A história dos Estados Unidos é a história da persuasão. Em janeiro de 1776, Thomas Paine publicou um manifesto intitulado *O bom senso* para persuadir os colonos a lutar pela independência dos Estados Unidos. Paine tinha um dom, a capacidade de pegar argumentos políticos sofisticados e torná-los acessíveis aos leitores da época — agricultores, comerciantes e artesãos.

Como muitos colonos não sabiam ler, ouviam o manifesto sendo lido em voz alta nas esquinas e em prédios públicos. George Washington chegou a mandar ler o manifesto para suas tropas para levantar o moral. Sabendo disso, Paine escreveu o texto para ser ouvido, tornando o argumento fácil de acompanhar e empolgante de

POESIA, PODER E VIAGENS À LUA

ouvir. Em *O bom senso*, Paine usou técnicas usadas pelos melhores persuasores para obter um ritmo empolgante. As técnicas incluem:

Antítese (justaposição de duas ideias contrastantes): "A sociedade em toda situação é uma bênção, mas o governo, mesmo em sua melhor situação, é um mal necessário".

Anáfora (repetição da mesma palavra ou palavras em frases sucessivas ou dentro de orações): "Não se trata de uma cidade, de um país, de uma província ou de um reino, mas de um continente. Não se trata..."

Aliteração (repetição de sons de letras semelhantes em duas ou mais palavras em um grupo): "Ao remeter o assunto da argumentação às armas, uma nova área é atingida na política; um novo método de pensamento aparece".

Paralelismo (várias partes de uma frase são expressas de maneira parecida para mostrar que as ideias são igualmente importantes, dando equilíbrio e ritmo ao discurso): "Ofereço nada mais que fatos simples, argumentos claros e bom senso".

Ao enquadrar o argumento em um propósito grandioso — "A causa da América é em grande medida a causa da humanidade como um todo" —, Paine elevou sua escrita de uma simples prosa a um grito de guerra pela liberdade. O domínio dos princípios da persuasão por parte de Paine ajudaria a desencadear a revolução e inspirar movimentos de independência ao redor do mundo nos anos que se seguiram. Quando Paine escreveu: "O sol nunca brilhou sobre uma causa mais valiosa", essas palavras mudaram o que as pessoas acreditavam ser possível. Pela primeira vez na história da humanidade, pessoas que não eram reis nem monarcas começaram a pensar que poderiam governar a si mesmas e garantir sua liberdade contra exércitos mais fortes, maiores e mais ricos. Da mesma forma, a retórica de Kennedy persuadiu as pessoas a fazer o que elas nunca imaginaram ser possível. E Harari, inspirado pela visão de

COMUNICAÇÃO CINCO ESTRELAS

Kennedy, criou a própria missão lunar e não deu o braço a torcer quando viu sua independência ameaçada.

O mundo no qual vivemos hoje não foi construído tijolo por tijolo, mas ideia sobre ideia. No próximo capítulo, veremos por que essas ideias levaram ao maior período de abundância que o mundo já conheceu e por que a capacidade de comunicar ideias de maneira persuasiva nunca foi tão valiosa.

"Um homem pode morrer, nações podem se erguer e cair, mas uma ideia vive para sempre", disse John F. Kennedy. As suas ideias também merecem viver para sempre. Vejamos como fazer isso.

2
VENCENDO A GUERRA DE IDEIAS

Nunca vimos uma época na qual tantas pessoas pudessem fazer história, registrar a história, divulgar a história e expandir a história, tudo ao mesmo tempo.

— DOV SIEDMAN

O Libratus não usa óculos escuros para esconder os olhos. Não observa a linguagem corporal do oponente em busca de sinais que entreguem seu jogo. Mas é um jogador de pôquer espetacular.

O Libratus é um algoritmo de computador que venceu quatro jogadores profissionais de pôquer em uma competição de vinte dias no início de 2017. A notícia provocou uma enxurrada de manchetes distópicas. Um jornal declarou que o evento representava "Uma derrota esmagadora para a humanidade, um marco importantíssimo para a inteligência artificial". A manchete tinha um quê de razão, mas foi, em grande parte, exagerada. É verdade que o programa de inteligência artificial venceu no pôquer, marcando a primeira vez que uma máquina realizava essa façanha. Mas sua vitória não significou uma derrota esmagadora para a humanidade. A questão é que o computador contou com uma vantagem injusta: a ajuda humana.

COMUNICAÇÃO CINCO ESTRELAS

Depois de 120.000 partidas de Heads-up No-Limit Texas Hold'em, uma das variações mais complexas do pôquer, o Libratus acabou se revelando um oponente muito mais formidável do que haviam esperado os jogadores de pôquer. O Libratus empregou uma forma de inteligência artificial chamada "aprendizado por reforço", que usa um processo extremo de tentativa e erro para tomar decisões estratégicas com base nas probabilidades de um resultado específico. Para se aproximar da inteligência dos jogadores humanos de pôquer, o Libratus precisou passar meses praticando, jogando trilhões de mãos de pôquer consigo mesmo e fazendo testes aleatórios com diferentes estratégias para descobrir quais funcionavam e quais não funcionavam em determinadas situações. E mesmo assim isso não foi suficiente. Os jogadores profissionais detectaram e exploraram padrões no jogo do computador. Ao fim de cada dia, os cientistas da computação por trás do programa precisaram criar outro algoritmo para identificar e remover esses padrões. Ponto para os humanos.

Noam Brown, um dos pesquisadores da Universidade Carnegie Mellon que ajudou a desenvolver o Libratus, também observou que o Libratus não conseguia "ler" a linguagem corporal dos jogadores para saber se eles estavam blefando. Uma máquina não tem intuição, sentimentos nem emoções. O Libratus se destacava em determinadas tarefas, como escanear as cartas e ponderar as probabilidades de um resultado específico. A inteligência artificial do Libratus se conecta a um enorme supercomputador que roda 30.000 vezes mais rápido do que um desktop padrão, a um custo de cerca de US$ 10 milhões. É verdade que o Libratus é incrivelmente rápido na tarefa de ponderar probabilidades matemáticas. Mas, sem empatia, o Libratus tem suas limitações. "Ainda vai demorar muito para um computador escrever um romance premiado", disse Brown.[1]

O Libratus é um adversário difícil, mas tem uma grave limitação. Por não ter empatia, ele não pode entender como as pessoas se sentem. Pode vencer um campeão de pôquer, mas nunca será um

VENCENDO A GUERRA DE IDEIAS

líder cinco estrelas nem construirá uma marca cinco estrelas. O Libratus nunca conseguirá vencer a guerra de ideias porque é incapaz de *ter* uma ideia original e defendê-la. Já um jogador de pôquer humano que domina a arte da persuasão tem um ás na manga, uma habilidade que nenhum algoritmo é capaz de replicar.

Vejamos o exemplo do texano Haseeb Qureshi, um ex-campeão de pôquer que começou a carreira nas cartas aos 16 anos. No primeiro ano, ele transformou US$ 50 em US$ 100.000. Dois anos depois, era um milionário. Aos 19, Qureshi já era considerado um dos melhores jogadores de No-Limit Texas Hold'em do mundo. Mas o pôquer já não fazia tanto sentido para ele. Qureshi se sentia isolado e infeliz. Assim, deixou o mundo do pôquer para trás e foi para São Francisco recomeçar a vida.

Em 2015, se inscreveu em um treinamento de codificação de elite no Vale do Silício. Aprendeu tudo rapidamente e, no segundo dos três meses de programa, já estava ministrando um dos cursos. Qureshi passava 80 horas por semana estudando, programando e lecionando. Mas seu valor no mercado de trabalho ainda era incerto. Ele tinha uma formação não convencional que não se encaixava com facilidade em uma descrição de cargo tradicional. Além disso, já tinha 26 anos e estava competindo com jovens de 20 anos que programavam desde os 10. Se fosse uma partida de pôquer, teria uma mão perdedora: um bacharelado em inglês, um tempo jogando pôquer profissional e menos de um ano de experiência em codificação. O Libratus teria lhe dado uma baixa probabilidade de sucesso.

E, como seria de esperar, o currículo de Qureshi não se destacou. Ele começou mandando o currículo para vinte empresas e recebeu vinte rejeições. No papel, era simplesmente menos impressionante que os concorrentes. Começou a duvidar de si mesmo. "Será que ninguém vai topar investir em mim?", perguntou-se. Até que, alavancando sua rede de contatos, Qureshi começou a receber convites para entrevistas. A primeira empresa não se impressionou. Em vez de ver a rejeição como um fracasso, Qureshi a usou como uma oportunidade de melhorar suas habilidades em entrevistas de emprego. Se ele conseguiu aprender a codificar em um ano, com certeza seria capaz de aprender a melhorar suas habilidades de comunicação. O tempo que passou praticando finalmente começou a se pagar. A Yelp foi a primeira empresa a lhe oferecer um emprego por US$ 105.000 anuais. Os dominós começaram a cair. Duas outras empresas lhe ofereceram US$ 115.000. Então veio uma oferta de sua empresa dos sonhos — o Google, onde ele tinha conseguido cavar uma entrevista. O pacote de salário e benefícios oferecido pelo Google totalizava US$ 162.000 por ano. A Uber e a Stripe fizeram ofertas parecidas. No Vale do Silício, os rumores sobre uma nova contratação se espalham muito rápido. O Airbnb ficou sabendo do engenheiro que se destacava nas entrevistas e abordou Qureshi com uma oferta de US$ 220.000. O Google aumentou o lance. Qureshi decidiu aceitar a oferta final de US$ 250.000 do Airbnb, incluindo salário, um bônus de contratação e ações pré-IPO.

O que fez desse candidato sem qualquer apelo no papel o objeto de um verdadeiro frenesi de lances no Vale do Silício? Seu diferencial estava na entrevista.

"Uma entrevista de emprego requer habilidade, e não tem mistério algum nisso", Haseeb me disse.[2] "A primeira pergunta é quase sempre uma versão de 'Qual é a sua história?'. A opinião que o entrevistador fará de você vai depender muito da sua resposta a essa primeira pergunta."

Qureshi diz que, se não conhecer os fundamentos do trabalho, nem todo o charme do mundo vai fazê-lo passar em uma entrevista para um cargo de engenharia de software. Mas os comunicadores que elaboram histórias convincentes conseguem se diferenciar da concorrência, inclusive em entrevistas para cargos altamente técnicos. "Veja-se como um personagem de uma história e estruture a história com começo, meio e fim. Você deve incluir pontos de inflexão, outros personagens e motivações fáceis de entender. A história deve

VENCENDO A GUERRA DE IDEIAS

ser curta, mas precisa mostrar o que faz de você um sujeito interessante. Quando eles perguntarem: 'Fale sobre um bug difícil que você teve de consertar e o que você fez para resolver o problema', conte uma história." Qureshi praticou as histórias que contaria incansavelmente. Gravou a si mesmo contando a narrativa e pediu a opinião dos amigos. Adaptou a Jornada do Herói, que veremos em mais detalhes a seguir, para enquadrar sua experiência em torno de um personagem (ele mesmo) que enfrentou um problema técnico e usou o desafio para melhorar. Seu objetivo era ficar tão bom nas entrevistas que "eles não teriam como me ignorar".

A persuasão é uma habilidade importantíssima para engenheiros de software porque eles fazem mais do que resolver problemas técnicos. Os melhores engenheiros atuam como "maestros de uma orquestra social", de acordo com Qureshi. Cada codificador trabalha em uma parte ligeiramente diferente do software, mas todos dependem muito uns dos outros. Um maestro mantém todos em harmonia e trabalhando em conjunto. Um engenheiro que é capaz de realizar bem uma tarefa pode ter uma boa carreira, mas um engenheiro capaz de manter os outros no mesmo barco se destacará como um líder. "Em uma entrevista de emprego, se você só conseguir mostrar que é capaz de resolver problemas técnicos e não tiver habilidades de comunicação, será um candidato muito mais fraco do que alguém com boas habilidades de comunicação e habilidades técnicas medianas. E é impossível se comunicar bem sem empatia. Se, em uma entrevista de emprego, você conseguir criar uma conexão, terá muito mais chances de conseguir o que quer e de fazer uma diferença no trabalho", diz Qureshi. "Até no campo da engenharia de software, as pessoas com fortes habilidades de comunicação e apresentação geralmente se destacam dentre as pessoas com as melhores habilidades técnicas."

Qureshi admite que enfrentou especialistas em codificação mais qualificados e experientes. Mas as empresas que fizeram ofertas a

Qureshi — muitas das empresas mais bem-sucedidas e lucrativas do Vale do Silício — estavam em busca de funcionários que tinham o potencial de subir a cargos de liderança no futuro. Os grandes líderes combinam grandes ideias *e* a capacidade de comunicar com eficácia essas ideias.

Além de seu enorme sucesso, as empresas que fazem fila para pagar salários diferenciados a funcionários como Qureshi estão na vanguarda da inteligência artificial, aprendizado de máquina, computação em nuvem e big data — as mesmas tendências que ameaçam substituir o emprego de milhões de trabalhadores. E todas elas abordaram Qureshi com ofertas. Elas o procuraram porque as ideias impelem o mundo a avançar e elas precisam de pessoas com boas ideias. Mas não basta ter ideias. A capacidade de vender essas ideias de maneira persuasiva é a principal habilidade que dá aos indivíduos uma vantagem competitiva.

A LACUNA DE HABILIDADES DE COMUNICAÇÃO

SAM É UM profissional de nível médio que trabalha na empresa que colocou o silício no Vale do Silício. Ele trabalha na Intel, famosa por equipar muitos computadores, servidores e dispositivos do mundo. O trabalho de Sam é concretizar a Lei de Moore, a famosa previsão feita em 1965 de que o poder de computação dobraria a cada 18 meses. O que Sam talvez não perceba é que, a cada avanço que faz no poder da computação, ele está reduzindo seu próprio valor no mercado de trabalho.

Durante uma de minhas visitas à sede global da Intel em Santa Clara, na Califórnia, um vice-presidente parou em um corredor, espiou por uma janela de vidro e apontou para Sam, que estava participando de uma reunião.

"Está vendo aquele cara? Ele é o mais inteligente da sala. Deveria estar liderando sua divisão, mas está congelado na mesma posição há anos."

"Por quê?", perguntei.

"Ele é um péssimo comunicador. Demora demais para chegar ao ponto. Não consegue fazer uma apresentação clara e convincente. Ele não é inspirador."

"Você acabou de dizer que ele é brilhante. Por que não lhe dar uma posição de liderança?"

"Hoje em dia, não dá para liderar sem seguidores inspirados."

Passei uma década ocupando um lugar na primeira fila da revolução tecnológica, trabalhando diretamente com os líderes seniores da Intel como principal consultor de habilidades de comunicação e treinamento de mídia da empresa. Pessoas como Sam nem sempre sabiam que era a incapacidade de se comunicar com eficácia o que as impedia de serem promovidas. Não obstante, muitos funcionários que eram informados não se importavam — seu trabalho era produzir algo e cabia a outras pessoas *vender* o que eles produziam. Achavam que os bons comunicadores davam mais valor ao estilo do que ao conteúdo. É uma pena, porque eles tiveram a chance de se destacar, mas seu ego obstruiu o caminho.

Foi durante meu trabalho com a Intel e com outras empresas famosas do Vale do Silício que comecei a notar uma lacuna — um abismo, na verdade — entre o valor que os profissionais achavam que estavam dando à organização e as habilidades que os líderes seniores esperavam. CEOs, engenheiros, profissionais e gestores que achavam que suas credenciais e experiência eram suficientes de repente se viram obrigados a *falar* sobre a marca e seus produtos. Uma onda de concorrentes começou a disputar os consumidores e os maiores talentos da empresa. Executivos, gestores e engenheiros viram uma revolução em seu trabalho. Agora eles precisavam ser capazes de esclarecer, empolgar e inspirar as pessoas. A qualidade de suas habilidades de apresentação começou a afetar seu valor na empresa e no setor.

Para os líderes de empresas, essas habilidades são especialmente importantes. Um estudo analisou cerca de 4.400 CEOs no decorrer de dez anos.[3] Os que apareciam com frequência em programas de

COMUNICAÇÃO CINCO ESTRELAS

negócios nos meios de comunicação ou que eram muito citados em artigos de jornal tiveram um grande aumento na remuneração — um aumento salarial de até US$ 210.000. A correlação foi maior para CEOs de empresas menores, que se beneficiavam mais do aumento da visibilidade. A capacidade de articular a estratégia de uma empresa e de fazê-lo em público passou a ser uma habilidade altamente valorizada — e altamente recompensada.

Em *Só os paranoicos sobrevivem*, o lendário CEO da Intel, Andy Grove — mentor de Steve Jobs, Larry Ellison e Mark Zuckerberg — cunhou a expressão "ponto de inflexão estratégica". É o ponto em que os fundamentos de um negócio ou carreira estão prestes a mudar. A mudança traz consigo uma oportunidade de subir a novas alturas ou "sinaliza o começo do fim". De acordo com Grove, esses pontos de inflexão "ganham força de maneira tão insidiosa que você pode ter dificuldade de identificar o que mudou, mas sabe que alguma coisa mudou. Eles podem ser fatais se passarem despercebidos".[4]

Grove escreveu essas palavras em 1996, mas poderia estar descrevendo o ambiente de trabalho de hoje. A tecnologia, previu, aumentará a taxa de mudança com tanta rapidez que todos serão impactados, em todos os campos e em todos os países.

Grove disse que você deve tratar a sua carreira como se fosse a sua empresa. Você é o CEO da sua carreira. A complacência, disse ele, leva ao fracasso. Como o CEO da sua carreira, você não pode se dar ao luxo de parar de melhorar as suas habilidades, especialmente a arte da comunicação.

Grove, nascido em Budapeste, na Hungria, sobreviveu à ocupação nazista. Ele não falava uma palavra de inglês quando imigrou para os Estados Unidos. Mas percebeu que o dom da persuasão o ajudaria a navegar pelos pontos de inflexão de sua própria carreira. Grove ficou famoso por ser um chefe que exigia apresentações claras, concisas e convincentes de seus subordinados. Acreditava que, como o CEO da Intel, era seu papel fornecer uma visão clara para a empresa

VENCENDO A GUERRA DE IDEIAS

em um contexto de grandes mudanças. De acordo com Grove, mudanças e guinadas nos direcionamentos podem deixar os funcionários confusos, desanimados, desmoralizados "ou simplesmente cansados". A primeira tarefa de um líder, ele dizia, é formar uma imagem mental do futuro desejado para a empresa ou divisão. Essa imagem deve ser acompanhada de uma comunicação nítida da visão.

A apenas dez minutos de carro da Intel, fica o amplo campus da Cisco. A empresa gigantesca de soluções para redes e comunicações abrange três cidades e emprega mais de 70.000 pessoas. A Cisco não é um nome popular como a Amazon ou o Facebook, mas, sem ela, você não poderia comprar produtos na Amazon nem postar seus vídeos favoritos no Facebook. A Cisco é uma das empresas mais importantes do mundo, responsável por grande parte da infraestrutura de TI do planeta.

A Cisco usa tecnologia própria para aumentar a produtividade e reduzir custos trabalhistas. Os funcionários poupam dinheiro em viagens usando a tecnologia de videoconferência de "telepresença" para fazer reuniões com clientes a milhares de quilômetros de distância. Eles entram em um dos dez lobbies da empresa, todos atendidos por uma recepcionista em uma tela digital. Nos prédios da Cisco, os produtos da empresa são usados para automatizar tarefas e substituir empregos, mas, de muitas maneiras, esses mesmos produtos fazem com que a interação humana seja uma habilidade muito mais valiosa e uma que — como vimos — está em falta entre os profissionais de hoje.

O CEO da Cisco, Chuck Robbins, quer que tudo seja feito com rapidez, e tem boas razões para isso. Levou cinquenta anos para a TV chegar a 50 milhões de pessoas. O Facebook levou 3,5 anos. O viciante game Angry Birds alcançou o mesmo número de pessoas em apenas 35 dias. Se uma equipe de engenheiros diz a Robbins que consegue ter um produto pronto em 30 dias, ele lhes dá três semanas. Na Cisco, os melhores líderes acreditam que as habilidades de comunicação são o "lubrificante da execução" que dá à empresa sua vantagem competitiva.

COMUNICAÇÃO CINCO ESTRELAS

Como uma empresa de tecnologia, a Cisco usa dados para medir tudo, incluindo as habilidades de comunicação. Só os persuasores acima da média são promovidos, literalmente.

Funciona assim: funcionários, gestores e executivos seniores da Cisco fazem apresentações com frequência para equipes internas e para clientes e parceiros. Colegas e clientes avaliam as apresentações nos critérios de conteúdo e comunicação. As notas variam de 1 a 5. Uma nota 4 ou superior é considerada boa. Uma nota entre 4,5 e 5 é considerada alta, mas é rara. John Chambers, o ex-CEO da Cisco que passou vinte anos no cargo, costumava receber uma nota de 4,5 ou mais. Quando Chambers se tornou o CEO, em 1996, a empresa tinha US$ 70 milhões em receita anual. Chambers foi o maior evangelista da empresa e também exigia habilidades de apresentação cinco estrelas dos líderes seniores da Cisco. Pouco mais de dez anos depois, a empresa já faturava US$ 40 bilhões por ano.

"As notas da apresentação fazem mesmo uma diferença?", perguntei a um líder sênior.

"Só se você quiser manter o emprego ou ser promovido", foi a resposta.

Mesmo em empresas mergulhadas em big data e inteligência artificial, como a Cisco, Google, Microsoft, Salesforce e IBM, alguns dos líderes mais influentes são considerados os melhores comunicadores. Em geral, a demanda por habilidades de comunicação é alta, enquanto a oferta de talentos é baixa. Essa lacuna de talentos dá às pessoas que dominam a antiga arte da persuasão uma vantagem considerável.

Antes de aprendermos mais sobre quem tem essa habilidade e como melhorá-la, precisamos rever como chegamos aqui e para onde estamos indo.

QUANDO AS IDEIAS FAZEM SEXO, TODOS NÓS GANHAMOS

GRAÇAS EM GRANDE parte à liberdade de ideias desencadeada no Iluminismo europeu e na Revolução Americana, boa parcela do mundo

VENCENDO A GUERRA DE IDEIAS

entrou em uma era dourada de inovação e prosperidade. Nos últimos duzentos anos, a civilização fez seus maiores avanços na medicina, na tecnologia e nos padrões de vida. E tudo isso porque as ideias — como disse o economista Matt Ridley — fizeram sexo. Quando qualquer pessoa se viu livre para expressar uma opinião, as ideias começaram a "se combinar e se recombinar, se encontrar e se acasalar", de acordo com Ridley em seu livro *O otimista racional*.[5]

O acasalamento das ideias impulsionou um período de inovação sem precedentes que começou por volta de 1800. A consequência é que não só estamos um pouco melhor do que os que viveram antes de nós, como estamos em uma situação incrivelmente melhor em quase todos os aspectos.

Deirdre McCloskey, professora emérita de história, economia, inglês e comunicação da Universidade de Illinois em Chicago, chama os últimos duzentos anos de "O Grande Enriquecimento". Estamos falando de um período no qual o número de bens e serviços disponíveis a todas as pessoas aumentou nada menos que 10.000%, algo sem precedentes na história da humanidade. Segundo McCloskey, trata-se do período mais importante desde a invenção da agricultura. Foi um "recomeço da história".

Muitos dos mais proeminentes historiadores econômicos concordam com McCloskey. Eles descobriram que — a partir do fim do século 18 — a vida em muitos lugares melhorou. No começo aos poucos, ganhando velocidade com o tempo até ficar irrefreável. "A vida material melhorou não apenas para os europeus, para as potências imperialistas ou para os mais endinheirados, mas para pessoas comuns desde o Brooklyn até Pequim", diz McCloskey.[6]

Ian Goldin, professor de globalização e diretor da Faculdade Oxford Martin da Universidade de Oxford, diz que o mundo contemporâneo está passando por um "Novo Renascimento". "De repente, o mundo passou a conter mais cérebros, mais saudáveis e mais instruídos, trocando um volume explosivo e uma variedade de ideias cada

COMUNICAÇÃO CINCO ESTRELAS

vez mais vívidas — globalmente, instantaneamente e a praticamente sem custo algum", escreve ele.[7] Goldin, ex-vice-presidente do Banco Mundial e conselheiro de Nelson Mandela, diz que vivemos em uma era dourada na qual as condições são perfeitas para grandes avanços criativos, desencadeando um progresso que superará em muito qualquer outro período da história humana.

O historiador sueco Johan Norberg concorda. "Estamos diante da maior melhoria nos padrões de vida globais que a humanidade já viu... Fizemos mais progressos nos últimos cem anos do que nos primeiros cem mil", disse-me Norberg.[8] "Pobreza, desnutrição, analfabetismo, trabalho infantil e mortalidade infantil estão caindo com mais rapidez do que em qualquer outro momento da história humana... um bebê nascido hoje tem mais chances de chegar à aposentadoria do que seus antepassados tinham de viver até o quinto aniversário."

Esses historiadores descrevem o progresso de maneiras diferentes, mas todos concordam com as bases desse progresso. Em uma sociedade livre, as ideias fazem sexo e, quando o fazem, se multiplicam.

Nos séculos que se seguiram à invenção da prensa tipográfica, as ideias viajaram mais rápido e mais longe porque os livros, que antes só eram disponíveis a algumas centenas de pessoas por ano, tornaram-se disponíveis para as massas. "O elo final entre o novo mundo no qual vivemos e os novos patamares de desenvolvimento humano que alcançamos é a disseminação de ideias",[9] escreve Goldin. "O conhecimento pode vir em vários formatos — como um dispositivo, em comprimidos ou em injeções, ou como um conjunto de medidas políticas —, mas, ao adotá-lo, as sociedades menos desenvolvidas podem pular o ano ou as décadas que levaram a seu desenvolvimento e colher seus benefícios imediatamente."

Johan Norberg nos lembra de Thomas Robert Malthus, que em 1780 argumentou, pessimista, que a humanidade sempre sofreria com a fome e a pobreza. Embora Malthus tenha descrito sua época com precisão, "Ele subestimou a capacidade [da humanidade] de inovar, resol-

50

VENCENDO A GUERRA DE IDEIAS

ver problemas e se adaptar quando as ideias do Iluminismo e a maior liberdade deram às pessoas a oportunidade de fazê-lo".[10] Com o tempo, a população mundial de fato cresceu, mas a oferta de alimentos cresceu ainda mais rapidamente. O resultado foi uma enorme diminuição de grandes ondas de fome e desnutrição. De acordo com Norberg, hoje a população é quatro vezes maior do que era cem anos atrás, mas o número de mortos devido à fome é apenas 2% do que era cem anos atrás. "A democracia é uma das nossas armas mais poderosas contra a fome", argumenta Norberg, porque uma imprensa livre e o livre fluxo de ideias informam as pessoas sobre os problemas e as pessoas ficam livres para usar as ideias para resolver os problemas.

Peter H. Diamandis é o fundador de mais de uma dúzia de empresas espaciais e de alta tecnologia. Ele é formado pela Faculdade de Medicina da Harvard e tem diplomas de biologia molecular e engenharia aeroespacial pelo MIT. "De acordo com praticamente qualquer métrica disponível nos dias de hoje, a qualidade de vida melhorou mais no século passado do que nunca", escreve Diamandis, presidente e CEO da X-Prize Foundation e cofundador da usina de ideias Singularity University, no Vale do Silício.[11] À medida que bilhões de pessoas entram na conversa global, diz Diamandis, "Suas ideias — ideias às quais nunca tivemos acesso — resultarão em novas descobertas, produtos e invenções que nos beneficiarão a todos".

McCloskey deu uma descrição ainda melhor: "Nossas riquezas não vieram de empilhar tijolo sobre tijolo, ou diploma sobre diploma, ou saldo bancário sobre saldo bancário, mas de empilhar ideia sobre ideia".[12]

O VALOR CADA VEZ MAIOR DE PERSUADIR AS PESSOAS A MUDAR DE IDEIA

AS IDEIAS NÃO podem ser construídas com base umas nas outras sem defensores para protegê-las e evangelistas para disseminá-las. Em um mundo construído sobre ideias, os persuasores — aqueles capazes de conquistar corações e mudar mentes — têm uma vantagem competitiva.

Deirdre McCloskey conduziu um projeto de pesquisa impressionante para provar que a antiga retórica — ou seja, a persuasão — é responsável por uma parcela cada vez maior da renda nacional dos Estados Unidos. Ela chama a persuasão de *"sweet talk"* — "fala mansa" ou, em tradução literal, "conversa doce". A palavra "sweet" (doce) tem a mesma raiz que a palavra latina "suadere", que significa "persuadir". Quem tem a conversa doce muda a opinião das pessoas para levá-las a mudar seu comportamento.

McCloskey começou explorando as categorias de emprego no Statistical Abstract of the United States, uma lista de 250 profissões que empregam mais de 140 milhões de civis. Ela eliminou os empregos nos quais o *"sweet talk"* tinha um papel apenas secundário nas atividades do dia a dia: avaliadores de imóveis, bombeiros, trabalhadores da construção civil. Não obstante os trabalhadores dessas ocupações possam ter tido a necessidade de ser persuasivos para conseguir o emprego ou, no caso dos bombeiros, precisem dar instruções urgentes para salvar vidas, seu salário não depende tanto da retórica.

Em seguida, McCloskey identificou as profissões nas quais pelo menos 90% do tempo é dedicado à persuasão: advogados, especialistas em relações públicas, terapeutas, assistentes sociais etc. Ela atribuiu um valor mais baixo, mas mesmo assim alto, de 75% aos gestores e supervisores. Em outras palavras, 75% da renda desses profissionais resulta de sua capacidade de persuadir as pessoas. "Em uma sociedade livre, os trabalhadores não podem ser abusados nem espancados caso se recusem a fazer o que os superiores querem. Eles precisam ser persuadidos."[13]

Na categoria de trabalhadores que passam 50% do tempo persuadindo, McCloskey incluiu analistas de crédito, profissionais de RH, escritores e autores, professores, professores universitários,

VENCENDO A GUERRA DE IDEIAS

entre outros. Patrulheiros e policiais, detetives e investigadores entram com 25%, assim como os 7,6 milhões de médicos, dentistas, enfermeiros, fonoaudiólogos e profissionais de saúde.

McCloskey contabilizou os trabalhadores e multiplicou o número de funcionários de cada categoria pela porcentagem de *"sweet talk"* que compunha a renda deles. Assim, ela chegou à seguinte conclusão: *a persuasão é responsável por gerar um quarto da renda nacional dos Estados Unidos*.

McCloskey fez o cálculo para três anos distintos e descobriu que a proporção permaneceu praticamente a mesma. É importante notar que, em quase todas as categorias, McCloskey entrevistou pessoas que disseram que a porcentagem de sua renda resultante da persuasão era maior do que o valor atribuído por ela. *Um quarto fica no segmento inferior.*

O economista Gerry Antioch, que trabalha no Ministério do Tesouro australiano, queria ver se conseguiria replicar as descobertas de McCloskey. Ele chegou a uma conclusão bem parecida. Na verdade, Antioch descobriu que a persuasão representava uma porcentagem ainda maior da renda do que indicava a pesquisa original de McCloskey. "Hoje, a persuasão constitui 30% da economia dos Estados Unidos", segundo Antioch.[14] "A persuasão é o ponto em comum em quase todas as transações voluntárias. Os vendedores persuadem os compradores, os políticos persuadem os eleitores e os lobistas persuadem os políticos. E as organizações não governamentais são cada vez mais persuasivas nas deliberações políticas. A influência da persuasão na economia moderna é substancial e crescente."

Embora os cálculos de McCloskey e Antioch tenham feito uso de dados dos Estados Unidos, os economistas concordam que a persuasão tem um papel igualmente importante na maioria das economias modernas. É crucial perceber que, conforme a automação continua substituindo o trabalho que antes fazíamos manualmente, a parcela da renda nacional resultante da persuasão só faz aumentar.

McCloskey espera que o *"sweet talk"* responda por 40% da renda da mão de obra nos Estados Unidos nos próximos vinte anos.

Períodos de grande enriquecimento vêm à custa de uma grande disrupção. Em 1840, quase 70% da força de trabalho dos Estados Unidos trabalhava no campo; hoje, menos de 2% dos americanos trabalham na agricultura. A participação da manufatura na força de trabalho caiu de 40% em 1950 para menos de 20% hoje. A receita do trabalho em fábricas continua a cair à medida que os robôs substituem os trabalhadores e a automação se encarrega de tarefas repetitivas, antes realizadas por humanos. A principal tarefa dos empregos que sobraram — e dos novos empregos que criamos — é mudar opiniões.

Como McCloskey explica, "Nada acontece voluntariamente em uma economia, ou em uma sociedade, a menos que alguém mude a mentalidade da economia ou da sociedade. É possível mudar comportamento pela coerção, mas não as opiniões".[15]

"Antigamente, as profissões que dependiam do '*sweet talk*' eram menos numerosas. No futuro, elas serão cada vez mais numerosas", afirma McCloskey. "Um programador que só domina as habilidades técnicas pode começar ganhando US$ 40.000 a US$ 80.000 anuais no Vale do Silício. Um programador capaz de interagir bem com o cliente pode ganhar facilmente US$ 120.000 ou mais." McCloskey não conheceu Qureshi, mas não se surpreenderia ao saber da história do engenheiro que usou o *"sweet talk"* para ganhar um quarto de milhão de dólares por ano.

A tecnologia pode assumir qualquer forma no futuro, mas o valor das habilidades de comunicação só aumentará. Como McCloskey diz: "Nas sociedades livres, o '*sweet talk*' é importantíssimo". Palavras e ideias criaram o mundo moderno. Palavras e ideias farão de você uma estrela em sua área de atuação. A persuasão — o *"sweet talk"* — oferece a maior oportunidade de dar um salto de onde você está hoje para onde você quer estar.

3

ARISTÓTELES ESTAVA CERTO E A NEUROCIÊNCIA CONFIRMA

Pelo menos até onde sou capaz de enxergar no futuro, o cérebro humano e o coração humano serão valorizados.

— AVINASH KAUSHIK, especialista em data analytics do Google

Avinash Kaushik encontrou o nirvana no trabalho. Seu caminho para a felicidade durou dez anos, passando por três países e meia dúzia de empregos. Ele estava em busca da felicidade, uma empresa que valorizasse sua paixão e suas habilidades. Kaushik encontrou essa empresa no Google e o Google encontrou sua voz em Kaushik.

Kaushik é um dos maiores especialistas do mundo na área de data analytics. Ele escreveu dois best-sellers internacionais e tem um blogue popular chamado *Occam's Razor*. Kaushik é uma celebridade no campo do analytics. Conseguiu um grande acordo no Google. Como o evangelista de marketing digital da empresa, Kaushik tem dois papéis importantes. Ele conversa com os líderes responsáveis pelas maiores marcas do mundo, ajudando-os a entender todo o poder dos dados do Google para que possam criar negócios de sucesso. Kaushik também tem outro trabalho importante. Ele ensina 4.000

gestores, líderes e profissionais de vendas e de marketing do Google a fazerem apresentações mais persuasivas. É apaixonado por técnicas de visualização de dados. Segundo ele, tem "algo de mágico" em dar sentido à complexidade escondida nos dados e mostrar suas implicações aos clientes do Google.

"Meu trabalho é mudar a maneira como os Googlers contam histórias", Kaushik me explicou em uma de minhas visitas ao complexo do Google em Mountain View, na Califórnia.[1] A equipe de 75 pessoas de Kaushik realiza workshops para espalhar o evangelho da visualização de dados e do storytelling a funcionários do Google que, juntos, são responsáveis por gerar bilhões de dólares em receita anual.

"Avinash, quando as pessoas pensam no Google, elas pensam em busca. Pensam em dados. Pensam em inteligência artificial e aprendizado de máquina. Qual é o papel do storytelling?", perguntei.

"O storytelling é uma excelente maneira de fazer com que nossos clientes mudem sua forma de pensar", Kaushik respondeu. "Se pudermos mostrar às pessoas como usar o poder dos dados para ganhar dinheiro, expandir um negócio ou aumentar seu sucesso, teremos alcançado o coração e a mente delas, o que as levará à ação."

O mundo está mergulhado em dados e em nenhum lugar os números são mais impressionantes do que no Google, uma empresa da Alphabet. A cada segundo de cada dia, as pessoas fazem 40.000 consultas no Google, ou 1,2 trilhão de buscas por ano. A cada minuto do dia, as pessoas assistem a quase três milhões de streamings de vídeo no YouTube, uma subsidiária do Google. O volume de dados que o Google coleta pode ajudar as marcas a avançarem com mais rapidez do que teria sido possível em qualquer outro momento da história. Mas, se as montanhas de dados sobrecarregarem os clientes do Google, os dados serão inúteis. É neste ponto que Kaushik e seus contadores de histórias entram em cena. "O tamanho e o escopo da mudança que promovemos são tão grandes que é melhor usar histórias", diz Kaushik.

ARISTÓTELES ESTAVA CERTO E A NEUROCIÊNCIA CONFIRMA

Enquanto a maioria dos vendedores e profissionais de marketing se orgulha de apresentar "insights", Kaushik prefere "sair da caixa". Um insight, por definição, é uma informação que o ouvinte já conhece. Por exemplo, não seria uma grande revelação se Kaushik dissesse aos varejistas que hoje em dia menos pessoas são expostas a seus anúncios em jornais impressos. Mas mostrar a eles que 70% das compras feitas nas lojas são influenciadas pelo que os compradores veem e leem em dispositivos móveis pode mudar profundamente a forma como esses varejistas conduzem seus negócios. Um "Googler" aprende a sempre abrir suas apresentações com uma ideia grande e transformadora que muda radicalmente a perspectiva de um cliente.

"Nos dois a três primeiros minutos de uma apresentação, quero que as pessoas fiquem instigadas", diz Kaushik. Gráficos, tabelas e gráficos em um slide de PowerPoint não atiçam a curiosidade das pessoas. As histórias têm esse efeito porque mobilizam as emoções. As histórias liberam uma onda de substâncias químicas no cérebro humano, o que torna as apresentações irresistíveis.

Os engenheiros do Google criam produtos que mudam a maneira como humanos e máquinas interagem. De ferramentas de busca que preveem o que você está procurando a carros que dirigem sozinhos, o Google está na vanguarda da inteligência artificial e do aprendizado de máquina. No entanto, um de seus funcionários mais influentes é um sujeito de big data cuja ferramenta mais poderosa tem mais de 2.000 anos de idade. A ferramenta é a *retórica* — a arte da persuasão — do filósofo Aristóteles.

No restante deste livro, você conhecerá e aplicará as ferramentas de persuasão para se destacar no mundo moderno. Mas vale a pena fazermos um pequeno desvio para explicar como Aristóteles — o pai da teoria da persuasão — também deve receber os créditos pela invenção do elemento básico da nossa era digital moderna: a lógica.

ARISTÓTELES, O PAI DA PERSUASÃO E DO COMPUTADOR MODERNO

A REVOLUÇÃO DIGITAL tem suas raízes em 1847, quando o matemático George Boole introduziu uma disciplina obscura chamada lógica matemática. Boole demonstrou que todas as variáveis são "verdadeiras" ou "falsas", "on" ou "off". Na época, o tema foi considerado abstrato demais para qualquer aplicação prática. Mas, como sabemos, as ideias geram outras ideias. e foi exatamente isso que aconteceu com as equações e fórmulas de Boole. Na década de 1930, o estudante de pós-graduação do MIT Claude Shannon aplicou a álgebra de Boole a circuitos elétricos, lançando as bases para os computadores modernos. Os cientistas atribuem à lógica booleana os créditos por inaugurar a era da informação, mas o próprio Boole deu a Aristóteles os créditos por inventar a lógica.

Aristóteles acreditava que nossa capacidade de falar, escrever, raciocinar e mudar o modo de pensar das pessoas poderia liberar o potencial humano. Por acreditar que uma pessoa instruída em uma sociedade livre era caracterizada por sua capacidade de persuadir os outros, Aristóteles desenvolveu ferramentas para ajudar as pessoas a serem mais eficazes ao falar em público. Para começar, segundo ele, um argumento persuasivo requer uma estrutura lógica. A fórmula que ele inventou ficou conhecida como silogismo:

Todos os homens são mortais.

Sócrates é um homem.

Portanto, Sócrates é mortal.

Se substituirmos o objeto do argumento — Sócrates — por qualquer outra pessoa, o argumento mantém sua validade. Boole baseou-se no conceito de Aristóteles, substituindo as palavras por uma fórmula matemática:

$x = x * y$ (tudo o que está no conjunto x também está no conjunto y).

ARISTÓTELES ESTAVA CERTO E A NEUROCIÊNCIA CONFIRMA

Chris Dixon, um sócio da empresa de capital de risco Andreessen Horowitz, escreveu um ensaio detalhado sobre a conexão de Boole com Aristóteles.[2] Em seu artigo — "Como Aristóteles criou o computador" —, Dixon diz que a lógica de Aristóteles preparou o terreno para "redes neurais artificiais" que raciocinam e aprendem. Se Aristóteles de fato foi o pai do computador moderno, ele foi um sujeito deveras inteligente já que também nos deu o segredo para competir contra a máquina. Aristóteles forneceu uma fórmula, um conjunto de ferramentas para distinguir humanos de computadores. A fórmula do filósofo nos permite desenvolver nossa inteligência emocional, exercitar nossa empatia e criar conexões significativas com outras pessoas. Aristóteles acreditava que, sem a conexão humana, é impossível ter uma comunidade. Sem uma comunidade, não pode haver felicidade. E, se não estivermos felizes, não conseguiremos prosperar.

PATHOS: A FERRAMENTA PARA SERMOS MAIS INTELIGENTES DO QUE AS MÁQUINAS INTELIGENTES

AO INVENTAR A lógica, Aristóteles deu aos humanos as ferramentas para construir máquinas inteligentes. Também deu aos humanos uma ferramenta para sermos mais inteligentes que essas máquinas. Ele chamou a ferramenta de *retórica*.

Aristóteles definiu a retórica como a arte de usar a linguagem escrita e oral para persuadir as pessoas a viverem melhor. Aristóteles acreditava que o sucesso em uma sociedade civilizada exigia ao mesmo tempo sabedoria e eloquência. E a eloquência, argumentou, se resumia a um sistema, uma fórmula para alcançar corações e mudar mentes. As técnicas de Aristóteles formam a base da atual oratória. Toda palestra inspiradora, toda boa apresentação de PowerPoint e todo discurso motivacional têm, em sua essência, a estratégia criada por Aristóteles mais de 2.000 anos atrás.

Aristóteles não considerava a persuasão uma técnica de manipulação. Pelo contrário, ele considerava vergonhoso *não* estudar a arte da persuasão. Scott F. Crider, um professor de inglês que passou 25 anos ensinando Aristóteles a estudantes universitários, sustenta que o filósofo grego era otimista quanto à capacidade humana de discernir a verdade nos argumentos porque a verdade é mais forte do que a falsidade. "Assim, se todas as outras circunstâncias forem iguais, mas a verdade, ou a justiça, for menos persuasiva do que a falsidade e a injustiça, a culpa deve estar no teatro, na plateia ou em ambos", diz Crider.[3]

"A retórica é, em última análise, a arte da felicidade", diz Crider.[4] Aristóteles chamou o público de "juíz" porque este está sempre ponderando argumentos e julgando qual deles lhe trará mais felicidade. O objetivo final da persuasão é usar a linguagem para encorajar os dois lados a prosperar, a encontrar a felicidade, e, segundo Aristóteles, há dois meios para alcançar esse objetivo. O primeiro passo da persuasão é articular o tema do argumento. O segundo passo é provar que o argumento é sólido e lógico.

O tema do seu argumento é o que você quer que a pessoa faça: o tema de um empreendedor pode ser um capitalista de risco investir em sua ideia; o tema de um gerente pode ser sua equipe priorizar uma linha de produtos a outra; e o tema de um vendedor pode ser os clientes adotarem um novo serviço.

Um tema direciona o argumento e define o objetivo de uma conversa, mas é o segundo passo de Aristóteles que dá ao tema seu poder de persuasão. Um orador deve sustentar o argumento usando três provas retóricas: lógica, credibilidade e emoção. A persuasão requer que meu argumento siga uma estrutura lógica (*logos*). Requer que você confie em mim com base no meu caráter e credibilidade (*ethos*). E requer que eu crie uma conexão emocional com você (*pathos*).

O raciocínio lógico é imprescindível, mas é apenas um terço da fórmula. A persuasão não tem como ocorrer na ausência do *ethos* e

ARISTÓTELES ESTAVA CERTO E A NEUROCIÊNCIA CONFIRMA

do *pathos*. O *ethos* refere-se à credibilidade do orador. Aristóteles acreditava que o público considerava um orador confiável se este tivesse três características: sabedoria, virtude e benevolência. Se um orador chegasse preparado com um argumento bem estruturado, seria visto como sábio. Se um orador fosse visto como uma pessoa moral e virtuosa, seria considerado confiável e crível. E, muito importante, quando ficava claro que um orador queria o melhor para seu público, acreditava-se que ele era benevolente. Um charlatão evoca o tipo de pessoa menos confiável de todas porque tudo o que ele quer é separar o público de seu dinheiro. Ele não quer beneficiar o público, só quer beneficiar a si mesmo. Ele é considerado antiético porque não tem *ethos*.

A obra de Aristóteles é considerada a primeira discussão sobre a psicologia humana porque o *pathos* — emoção — constitui uma parcela considerável de sua fórmula. Na ausência da emoção, nada mais importa, de acordo com Aristóteles. Tanto que ele via a falta de emoção como um sério defeito de personalidade. Afinal, quando você vê uma injustiça, é natural sentir raiva. Quando seu pai ou sua mãe falece, é natural sofrer. Aristóteles acreditava que a emoção *deve* guiar nossas decisões, desde que a emoção que sentimos seja a *apropriada*.

O discurso "Eu tenho um sonho" de Martin Luther King Jr. nos degraus do Lincoln Memorial em 1963 combina com maestria todas as três provas retóricas. Sem um apelo à emoção — tanto a indignação com o status quo quanto a esperança por um futuro melhor —, o discurso teria fracassado e certamente não seria considerado um dos maiores discursos do século 20. Como Thomas Paine, Alexander Hamilton e Thomas Jefferson fizeram com sucesso anos antes, King galvanizou um movimento, no caso o movimento pelos direitos civis. Os eventos históricos mais significativos foram desencadeados por escritores e oradores, pensadores e líderes que dominavam a arte da retórica — especificamente, o apelo à emoção — para tocar corações e convencer mentes de que algo precisava mudar.

COMUNICAÇÃO CINCO ESTRELAS

O documento mais persuasivo da história americana é a Declaração de Independência, que o país celebra todos os anos no dia 4 de julho. Thomas Jefferson, um advogado, foi escolhido para escrever o documento por sua habilidade em apresentar informações em uma estrutura lógica e, ao mesmo tempo, despertar as emoções certas para a causa. Ele foi um mestre das artes persuasivas, combinando as três provas retóricas de Aristóteles em um documento escrito para ser lido em voz alta nas esquinas.

A minissérie de televisão *John Adams* representa bem o poder do apelo de Jefferson. "É absolutamente inesperado", Adams (interpretado por Paul Giamatti) diz a Jefferson. "Não apenas uma declaração da *nossa* independência, mas dos direitos de *todos* os homens. Muito bem colocado, senhor. Muito, muito bem colocado."

Os melhores advogados de tribunal de hoje aprenderam com a retórica de Jefferson que a persuasão não é uma mera recitação de fatos. A persuasão requer vincular palavras *a um tema mais amplo* que inspire as pessoas a abraçar uma visão grandiosa e ousada, como Kennedy fez quando inspirou as pessoas a almejar a Lua. Vale lembrar que Jefferson deixou instruções explícitas de que apenas três de suas realizações deveriam ser inscritas em sua lápide "e nem uma palavra mais"; essas realizações eram: "Autor da Declaração da Independência Americana, do Estatuto da Virgínia para Liberdade Religiosa e pai da Universidade da Virgínia".

Na mente de Jefferson, duas das três maiores realizações de sua vida envolveram a escrita. Ele deixou de fora de sua lápide o fato de ter servido como o terceiro presidente dos Estados Unidos e, no cargo, ter adquirido o território da Louisiana, dobrando o tamanho da América da noite para o dia por menos de três centavos por acre.

As ideias fazem uma diferença enorme, e Jefferson sabia que comunicar ideias de forma persuasiva tem o poder de mudar o mundo.

O mundo mudou desde que Aristóteles nos ensinou a retórica pela primeira vez, mais de 2.000 anos atrás, e desde que Jefferson escreveu a Declaração de Independência, mais de 200 anos atrás, mas o cérebro humano não mudou. E é por isso que o que funcionou no passado continua funcionando agora.

Nós, seres humanos, fomos programados para buscar conexões emocionais uns com os outros. Ideias construídas sobre ideias levaram à era da automação que vivemos hoje. É bem verdade que a velocidade da mudança está aumentando exponencialmente, causando medo e ansiedade em muitas pessoas que veem seu mundo sendo transformado a cada dia que passa. Elas estão vendo categorias de trabalho inteiras sendo eliminadas e outras completamente novas sendo criadas. Como podemos competir? Como nos manter relevantes? Como ter sucesso em um ambiente como esse? É claro que todos nós precisamos dominar nosso trabalho e ser flexíveis para nos adaptar a esse cenário em rápida mudança. Mas isso não é suficiente. A resposta está na persuasão e, mais especificamente, no *pathos*. Os fatos *por si só* não acionam movimentos; mas as emoções sim. Os fatos não inspiram as pessoas a olhar para as estrelas; as emoções sim. Os fatos não empolgam; as emoções sim. Os fatos não encorajam as pessoas a buscar soluções inovadoras para problemas difíceis; as emoções sim. O *pathos* — as emoções — é a chave para conquistar o futuro. E a ciência está provando isso.

A EMOÇÃO É O CAMINHO MAIS RÁPIDO PARA O CÉREBRO

NA ÚLTIMA DÉCADA, aprendemos mais sobre a emoção e seu papel na persuasão do que sabíamos desde que nossos ancestrais começaram a desenhar histórias nas paredes das cavernas.

Por exemplo, os neurocientistas chamam de "estímulos emocionalmente competentes" palavras e imagens que evocam reações fortes. São palavras, imagens ou objetos que provocam medo, alegria, esperança e surpresa. "Eventos que despertam emoções tendem a ser lembrados com mais vividez e precisão do que eventos neutros", diz o biólogo molecular John Medina.[5] Na presença de um poderoso estímulo emocional, o cérebro libera uma onda de substâncias químicas que agem como um post-it mental, sinalizando uma informação como algo que é importante lembrar. Usando técnicas de imagem não invasivas como o fMRI, os cientistas descobriram como a emoção desencadeia esse processo, onde no cérebro as substâncias químicas são produzidas, para onde são enviadas no cérebro e como nos fazem sentir. Em um dos artigos científicos de Medina, ele escreve:

> Na presença de estímulos emocionalmente competentes, a norepinefrina é liberada de neurônios do tegmento do tronco cerebral lateral e do *locus caeruleus*. Trata-se de um processo importantíssimo. Neurônios originados dessas áreas se projetam para uma variedade surpreendentemente ampla de regiões do cérebro, incluindo o hipocampo e a amígdala. Depois que a norepinefrina chega às células-alvo, o hormônio se liga aos receptores adrenérgicos.[6]

Traduzindo em linguagem simples: a emoção prende a nossa atenção e as memórias emocionais são inesquecíveis.

Medina é apenas um dos muitos neurocientistas e pesquisadores que estudam o impacto da emoção na persuasão. Ao longo deste livro, você aprenderá com os mais proeminentes especialistas do mundo nas áreas da comunicação, memória e comportamento humano. Por exemplo, na Universidade de Pós-graduação da Claremont, o doutor Paul Zak estuda quais neurotransmissores são acionados quando uma pessoa conta uma história a outra. Ele descobriu que as histórias desencadeiam uma espécie de "barato", causado por substâncias químicas como oxitocina, dopamina e cortisol. Como se isso não bastasse, Zak também está identificando quais partes da história levam a esse "barato". "Uma história interessante com um gatilho emocional altera a química do nosso cérebro, tornando-nos mais confiantes, compreensivos e abertos a ideias", diz Zak.[7]

ARISTÓTELES ESTAVA CERTO E A NEUROCIÊNCIA CONFIRMA

Um neurocientista da Universidade de Princeton, Uri Hasson, está fazendo experimentos com técnicas de imagiologia que nos permitem observar os padrões cerebrais de pessoas durante uma conversa. Hasson descobriu que um tipo específico de diálogo resulta em "acoplamento neural", um processo no qual a imagiologia mostra padrões semelhantes de atividade nas mesmas regiões do cérebro de quem fala e de quem ouve. Hasson concluiu que uma história emocional é o único tipo de diálogo que aciona esse tipo de fusão mental entre dois cérebros.

De acordo com um estudo publicado no *Harvard Business Report*, o advento da inteligência artificial não reduz a importância da emoção. Pelo contrário, os pesquisadores concluem que, na era da automação, a emoção é mais importante do que nunca para manter uma carreira de sucesso. A pesquisa descobriu que trabalhadores altamente qualificados conseguem rendas mais altas devido a três capacidades: capacidade de executar rapidamente tarefas rotineiras, experiência na avaliação de dados para decidir um plano de ação e habilidade em ajudar os clientes a seguirem o plano. "A inteligência artificial e o aprendizado de máquina ultrapassarão rapidamente nossas habilidades nas duas primeiras áreas", de acordo com a pesquisa.[8] "Os que quiserem permanecer relevantes em sua área de atuação precisarão se concentrar em habilidades e competências que a inteligência artificial tem dificuldade em replicar: entender, motivar e interagir com seres humanos."

No capítulo 11, você aprenderá mais sobre o *pathos*. Especificamente, você aprenderá uma fórmula para evocar emoções que tem sido usada há séculos e que poderá usar para promover suas ideias. Por enquanto, mantenha em mente que o *pathos* é a ferramenta mais eficaz que nós, humanos, temos para sermos mais inteligentes do que as máquinas inteligentes. Sem ele, você simplesmente não tem como persuadir, motivar, inspirar e se relacionar com as pessoas.

A CAPACIDADE HUMANA DE SONHAR GRANDE

4

Se tem uma coisa que só os humanos podem fazer
é sonhar. Então vamos sonhar grande.

— GARRY KASPAROV, campeão de xadrez que perdeu uma
partida para o Deep Blue da IBM

Hell Week — a semana infernal. O nome está longe de transmitir toda
a dificuldade do evento. Cinco dias e meio de treinamento brutal
com apenas quatro horas de sono. É o maior teste de perseverança,
determinação e resistência mental. Só um em cada quatro candidatos chegará até o fim. A maioria desiste na primeira noite, tremendo
de frio até a cintura no oceano gelado de Coronado Beach, em San
Diego. Se eles conseguirem correr, nadar e remar até a linha de chegada, serão recompensados com mais 20 semanas de treinamento
extenuante. Os poucos que conseguem se tornam SEALs, a "tropa de
elite" da Marinha dos Estados Unidos, os guerreiros mais avançados
que o mundo já viu.

Apesar das exigências físicas, a Hell Week não é um teste de
condicionamento físico. Mesmo os melhores atletas muitas vezes
não conseguem chegar ao fim. O treinamento testa a força mental da

COMUNICAÇÃO CINCO ESTRELAS

pessoa. Também dá aos instrutores a oportunidade de identificar líderes capazes de inspirar, motivar e se comunicar com clareza enquanto estão cobertos de lama e areia e se aproximando da hipotermia. O trabalho em equipe é essencial. Criar confiança e cooperação entre os colegas de equipe é uma habilidade especial e desejável e explica por que muitos SEALs da Marinha conseguem fazer a transição do campo de batalha para a sala de conferência.

Nos negócios e em combate, os melhores líderes têm uma visão clara e a capacidade de mostrar às pessoas como as contribuições de cada uma ajudam a equipe a alcançar o sucesso. Nos SEALs, as habilidades de comunicação são muito importantes. Na verdade, elas são vitais. A punição pela má comunicação é deixar o bandido fugir. A punição é o fracasso de uma missão. A punição é a morte.

De oficial a comandante e de capitão a almirante, dominar a arte da persuasão é uma habilidade crucial que permite que os líderes subam pela hierarquia dos SEALs. Nas forças armadas modernas, um líder não pode simplesmente ordenar a uma pessoa que tome um território inimigo. A pessoa deve ser persuadida. Qualquer um — até o soldado mais leal — começará a questionar o que está fazendo ali, no calor escaldante de 50 graus no deserto, sem tomar banho e carregando 35 quilos de equipamento.

De acordo com os ex-SEALs da Marinha Leif Babin e Jocko Willink em seu livro *Responsabilidade extrema*, "A liderança em combate requer que uma equipe diversificada de pessoas de vários grupos execute missões altamente complexas para alcançar objetivos estratégicos".[1] Babin é um oficial condecorado que combateu em duas missões no Iraque. "Você não tem como *obrigar* as pessoas a obedecer. Você não tem como *obrigar* as pessoas a executar", ele escreve. "Para implementar uma verdadeira mudança, para levar as pessoas a realizar algo realmente complexo, difícil ou perigoso, você não pode *obrigá-las* a fazer as coisas. Você precisa *liderá-las*."[2]

A CAPACIDADE HUMANA DE SONHAR GRANDE

Depois de ter sobrevivido à Hell Week alguns anos antes, Babin voltou à Coronado Beach em San Diego, dessa vez como instrutor. Ele aprendeu uma valiosa lição de liderança com as tripulações de sete homens no treinamento. As equipes trabalhavam juntas para arrastar barcos de 90 quilos por trincheiras de areia naturais de 6 metros de extensão e por quilômetros de praia. Quando chegavam à água, eles precisavam apostar corrida com as outras equipes. A pessoa designada para liderar a tripulação era responsável por receber ordens, orientar a equipe e motivar os outros seis membros.

As tripulações tinham incentivos para vencer. Primeiro, queriam impressionar os instrutores. E quem chegasse primeiro também poderia ganhar alguns minutos de descanso. Nos exercícios, um barco ganhou quase todas as corridas. "A Tripulação do Barco Dois tinha um líder forte e todos os membros da tripulação pareciam altamente motivados e apresentavam um bom desempenho. Eles compensavam as fraquezas uns dos outros, se ajudavam e se orgulhavam de vencer", observou Babin.[3]

O moral estava alto e os sorrisos eram rasgados na Tripulação do Barco Dois. A Tripulação do Barco Seis chegou em último lugar em quase todas as corridas. Os membros da equipe estavam furiosos. Eles gritavam uns com os outros. Cada um fazia o que bem entendia sem levar o coletivo em conta. Os instrutores tiveram uma ideia. Eles trocaram os líderes, mas não as equipes. O líder do barco vencedor assumiu a equipe perdedora e o líder do barco perdedor foi para a equipe vencedora. Na corrida seguinte, a Tripulação do Barco Seis — que normalmente chegava em último lugar — foi a primeira a cruzar a linha de chegada. Não foi um acaso. O Barco Seis ganhou a maioria das próximas corridas. Babin concluiu: "Não há equipes ruins, apenas líderes ruins... a liderança é o fator mais importante do desempenho de qualquer equipe".[4]

Os líderes militares que apresentam briefings de missão claros e persuasivos — o quem, o quê, o quando, o onde, o porquê e o como de uma operação de combate — costumam ser promovidos a posições mais altas. Apesar de as unidades de assalto dos SEALs treinarem com tecnologia de ponta desenvolvida na DARPA, o centro de pesquisa secreto do Departamento de Defesa dos Estados Unidos, a tecnologia é inútil na ausência de um líder capaz de inspirar sua equipe a agir.

Os líderes militares de elite também têm a capacidade especial de convencer os subordinados de que são capazes de realizar vinte vezes mais do que imaginavam ser possível.

O STORYTELLING NÃO É UMA *SOFT SKILL*; É O EQUIVALENTE A DINHEIRO VIVO

OITOCENTOS QUILÔMETROS AO norte do campo de treinamento dos SEALs, equipes de empreendedores participam de outro tipo de treinamento. Eles têm mais horas de sono do que os candidatos a SEALs, mas não muito mais.

Duas vezes por ano, a famosa aceleradora de startups do Vale do Silício, a Y Combinator, investe US$ 120.000 em cada uma de cerca de cem startups. O simples fato de ser aceito para o evento já é uma conquista. A empresa seleciona apenas 3% dos fundadores que se candidatam. Em troca de cerca de 7% do patrimônio de uma empresa, a Y Combinator oferece aos empreendedores e fundadores conselhos, orientação e um bilhete de entrada para uma poderosa rede de apoio composta de outros empreendedores que participaram do programa. Desde 2005, a Y Combinator investiu em 1.500 startups com uma avaliação combinada de US$ 100 bilhões. Os integrantes mais famosos incluem o Airbnb, Reddit, Stripe e Dropbox. Mais de 50 das empresas valem mais de US$ 100 milhões cada.

Durante três meses, fundadores jovens, ambiciosos e motivados trabalham com consultores para aprimorar seus produtos e ideias. Eles se preparam para o grande evento: o Demo Day — ou o

A CAPACIDADE HUMANA DE SONHAR GRANDE

dia da demonstração. Muitas vezes, é o dia mais importante da vida dos empreendedores que participam do programa. É o dia em que eles exibem seus produtos e apresentam suas ideias a um grupo de investidores que têm o poder de levar sua empresa a novas alturas. A apresentação do Demo Day é uma história, uma narrativa da história do fundador e sua visão para o futuro. O storytelling ocupa o centro do Demo Day e é por isso que a Y Combinator procura fundadores com excelentes ideias e excelentes habilidades de storytelling.

"Sempre que você tenta vender algo a alguém, está vendendo um sonho. Você está pedindo que ele participe de sua história", diz Geoff Ralston.[5] Ralston criou um dos primeiros serviços de e-mail: o Yahoo Mail. Depois disso, criou o Lala, um site de distribuição de música que vendeu para a Apple. Ele também tem formação em ciência da computação pela Dartmouth e pela Stanford. Ralston é um cientista da computação que diz que as habilidades soft equivalem a dinheiro vivo. Na verdade, ele não gosta da expressão "habilidade soft" para descrever uma característica crucial que procura nos empreendedores. "O storytelling não é uma habilidade soft; o storytelling é absolutamente fundamental", disse-me Ralston.

Empresas e empreendedores de sucesso criam uma narrativa em torno de seus produtos, serviços e marca. Se eu quiser ter um impacto na sua vida, se eu quiser vender alguma coisa a você, se eu quiser que você use algo que criei, eu tenho que encaixar isso na *sua* narrativa. Eu tenho que contar uma história que seja interessante a ponto de você querer fazer parte da *minha* história porque eu criei uma mudança, algo novo e interessante. E eu quero que você faça parte dessa narrativa. Foi assim que nós, seres humanos, criamos a civilização. Contamos uma história compartilhada que nos mantém unidos.

Os empreendedores aceitos no programa da Y Combinator normalmente têm pouco mais do que um produto minimamente viável

COMUNICAÇÃO CINCO ESTRELAS

(MVP). No jargão das startups, um produto minimamente viável é um produto que só tem os recursos essenciais suficientes para ser funcional e provar que funciona. Com feedback e financiamento, o produto minimamente viável pode se tornar a próxima grande onda. Ao apresentar um produto minimamente viável, um empreendedor capaz de criar uma história convincente tem uma vantagem competitiva. Na Parte 3, você aprenderá dicas específicas para vender e apresentar suas ideias com investidores reais que prepararam os empreendedores mais famosos da Y Combinator para o Demo Day.

Um pitch é uma apresentação rápida para atrair investidores. Quando lhe perguntaram o que ele procura em uma apresentação para pedir um investimento, o fundador e presidente da Y Combinator, Sam Altman, respondeu sem pestanejar: "A pessoa se comunica bem?".[6] De acordo com Altman, uma pessoa que não consegue se comunicar com clareza "tem um grande problema".

O investimento de Altman será inútil se o empreendedor for incapaz de motivar, inspirar, contratar, vender, arrecadar fundos e falar com a imprensa. Um líder inspirador que articula uma missão empolgante terá mais facilidade em contratar os melhores e mais brilhantes talentos. Na ausência de um líder como esse, Altman diz: "Eu quase morro de tédio". Os grandes comunicadores não dão sono.

Depois de financiar mais de 3.200 fundadores, Altman chegou a uma série de perguntas que ele tanta responder sobre a oportunidade:[7]

- A empresa criará algo que muitas pessoas vão AMAR?
- A empresa será fácil de copiar?
- Os fundadores são carismáticos e têm uma personalidade forte?
- A empresa tem uma missão clara e importante?

Apenas a segunda das quatro perguntas de Altman trata diretamente de tecnologia proprietária, patentes ou barreiras à entrada.

A CAPACIDADE HUMANA DE SONHAR GRANDE

Três das quatro perguntas dizem respeito a conexões emocionais. As pessoas vão *amar* a empresa? As pessoas podem até gostar de um produto mediano ou considerá-lo útil, mas o amor é reservado às empresas cinco estrelas. As duas últimas perguntas envolvem habilidades de comunicação. Altman diz que encontrar um fundador carismático e com uma personalidade forte é o fator mais difícil de avaliar e ele precisa confiar nas habilidades de comunicação do fundador para decidir. Por fim, se o fundador não conseguir articular uma missão clara e importante, ele terá dificuldade em persuadir as pessoas a participar da jornada.

A Y Combinator não investe em empresas medianas. Ela investe nos sonhadores. Fazer as perguntas certas ajuda a identificá-los.

As perguntas certas levaram à criação da marca mais lucrativa e admirada do mundo, uma empresa que domina o apelo emocional: a Apple.

A EMPATIA GERA ENERGIA E ENSEJA LUCROS

QUANDO A APPLE abriu sua primeira loja, em 2001, muitos especialistas acharam que a empresa tinha enlouquecido. Um analista especializado no setor do varejo previu que a Apple "apagaria as luzes" de seu experimento fracassado em, no máximo, dois anos. Uma manchete da *Business Week* dizia: "Desculpe, Steve, vou explicar por que as Apple Stores não vão dar certo". Os especialistas não estavam um pouco errados: eles cometeram um erro colossal de julgamento. Quinze anos depois, as lojas da Apple ganhavam mais dinheiro por metro quadrado do que qualquer outro varejista do planeta, e a Apple desfrutava de um valor de mercado de US$ 750 bilhões, tornando-se a marca mais valiosa do mundo.

Os analistas não conseguiram prever o sucesso da Apple porque analisaram números em vez de considerar experiências. Os críticos estavam certos ao dizer que, em comparação com outros varejistas,

COMUNICAÇÃO CINCO ESTRELAS

as lojas da Apple teriam de gerar mais dinheiro para pagar pelos espaços caríssimos em shopping centers. O que eles não perceberam é que Steve Jobs e sua equipe não decidiram abrir espaços de varejo para vender computadores. A ideia era apresentar aos clientes ferramentas para dar vazão a sua criatividade. Eles sabiam que, se pudessem criar conexões emocionais com os consumidores, as vendas seriam uma consequência natural.

Jobs e a equipe das lojas da Apple começaram fazendo perguntas. Sobre os concorrentes: "Qual é a missão deles?". A resposta foi "Transformar matérias-primas em produtos e vender esses produtos". A equipe da Apple adotou uma abordagem diferente. Eles fizeram uma pergunta mais empoderadora: "Como enriquecemos vidas?". Veja como era a resposta em 2001:

Uma loja que enriquece vidas não tem vendedores comissionados. Em vez de balconistas ou vendedores, contratamos gênios e concierges.

Uma loja que enriquece vidas contrata pessoas com empatia e paixão.

Uma loja que enriquece vidas acolhe a pessoa assim que ela entra na loja.

Uma loja que enriquece vidas deixa as pessoas brincarem com os produtos.

Uma loja que enriquece vidas está localizada onde as pessoas vivem no dia a dia.[8]

Perguntas melhores levaram a inovações melhores. A visão de enriquecer vidas serviu como um farol para orientar as lojas da Apple por quinze anos. Em maio de 2017, enriquecer vidas continuava ocupando o centro da missão da empresa, que estava embarcando em sua reestruturação mais significativa desde a abertura das primeiras lojas.

Em entrevista à CBS News, a vice-presidente de varejo da Apple, Angela Ahrendts, disse que o novo design das lojas era uma celebração do legado da Apple. "Tudo o que fazemos na Apple é para conti-

A CAPACIDADE HUMANA DE SONHAR GRANDE

nuar o legado", disse ela.[9] "Nossa alma é o nosso pessoal, e nosso trabalho é enriquecer vidas."

O novo design das lojas da Apple incluiu "praças centrais" onde as pessoas poderiam se encontrar e aprender em comunidades. Ahrendts criou uma nova categoria de funcionários com o título de Creative Pros — profissionais criativos. Os Creative Pros eram o equivalente "artístico" dos Genius tecnológicos, organizando workshops sobre uma série de temas que incluem fotos, vídeos, música, programação, arte e design. Ahrendts explicou que o cargo do Creative Pro foi inspirado na filosofia de Jobs de que a Apple é "um casamento da tecnologia com as artes".

Na entrevista para a CBS, Ahrendts explicou que a empatia estava no centro do sucesso da Apple, servindo como inspiração para as mudanças no design da loja. "Quanto mais tecnologicamente avançada nossa sociedade se torna, mais importante é retornar aos fundamentos da conexão humana", ela disse.[10] "A tecnologia pode avançar o quanto for. Mas acho que nada substitui olhar a pessoa nos olhos, tocar sua mão, aquele sentimento... A empatia é um dos maiores criadores de energia."

Ahrendts era a CEO da empresa de moda Burberry quando recebeu uma ligação do CEO da Apple, Tim Cook. Na Burberry, Ahrendts tinha conseguido combinar as lojas tradicionais de varejo da empresa com um componente de vendas on-line. O resultado foi que o valor das ações da empresa triplicou. Cook estava em busca de um novo líder para o varejo da Apple e convidou Ahrendts para o cargo.

"Tim, eu não sou da tecnologia. Sou a pessoa errada para isso", ela disse.[11] Mas Cook não procurou Ahrendts por suas habilidades técnicas. "Já temos muitas pessoas com essas habilidades", ele disse. Cook estava em busca de alguém que tivesse o equivalente da fórmula secreta da Apple: o casamento da tecnologia com as artes. Cook escolheu Ahrendts por sua reputação como uma líder capaz de motivar suas equipes e que podia ter empatia com os clientes.

Ahrendts disse que aprendeu a ter empatia crescendo com cinco irmãos em uma cidadezinha do estado de Indiana. Ela e seus irmãos foram criados por uma mãe espiritual e um pai filósofo. "Meu pai sempre dizia: 'Eu posso ensinar qualquer coisa a vocês. Mas não posso ensiná-los a *sentir*. Não posso ensiná-los a *se importar*'."[12]

As marcas que se importam têm uma cultura saudável. Seus clientes são mais satisfeitos do que os clientes dos concorrentes e essas marcas desfrutam de taxas mais altas de crescimento, receita e lucros. A cultura leva ao sucesso das empresas mais admiradas do mundo: Apple, Google, Virgin, Microsoft, Southwest, Starbucks, Zappos e muitas outras. A liderança inspiradora é crucial para cada uma dessas marcas. Elas foram fundadas ou atualmente são lideradas por homens e mulheres que acreditam que a tecnologia por si só não basta. Elas acreditam que seu papel é cultivar uma comunidade e criar experiências. Ahrendts disse que a energia humana tem o poder de unir pessoas, construir empresas e transformar vidas. Os grandes líderes são mestres em dar vazão à energia humana.

PRINCÍPIOS CINCO ESTRELAS PARA TIRAR O SETOR DA SAÚDE DA UTI

A CAMISOLA HOSPITALAR passou oitenta anos entre as roupas mais feias, desconfortáveis e embaraçosas. Halee Fischer-Wright, CEO de uma associação médica que representa quase 50% de todos os profissionais da saúde dos Estados Unidos, diz que os funcionários de hospitais costumam brincar que as camisolas vêm em três tamanhos: curto, mais curto ainda e "se alguma coisa cair no chão, não se abaixe para pegar".

Em seu livro *Back to Balance*, Halee Fischer-Wright explica como a camisola hospitalar passou por uma transformação em 2010, quando a designer Diane von Furstenberg, em parceria com a Cleveland Clinic, criou uma nova camisola com um tecido confortável, estampas alegres e a praticidade da qual médicos e enfermeiros

A CAPACIDADE HUMANA DE SONHAR GRANDE

precisam. Dezenas de hospitais por todo o país começaram a seguir o exemplo da Cleveland Clinic, recriando o design das camisolas para oferecer mais dignidade aos pacientes. Mas por que tudo isso? Afinal, os hospitais passaram um século aparentemente sem se importar. As camisolas eram baratas e duráveis. O que estava por trás da motivação para mudar era o dinheiro — e o objetivo não era poupar dinheiro, mas ganhar mais com a mudança.

Em 2001, o Institute of Medicine publicou *Crossing the Quality Chasm* (algo como "Cruzando o abismo da qualidade"), um relatório exigindo uma ampla reforma no sistema de saúde dos Estados Unidos. O relatório concluiu que um importante problema de comunicação era um dos principais culpados de um sistema falho.

Em 2002, os Centers for Medicare & Medicaid Services (CMS — Centros para Serviços do Medicare e Medicaid) começaram a desenvolver os primeiros padrões nacionais para a experiência de pacientes, chamados de "Sistema de Classificação de Qualidade de Cinco Estrelas". Em 2006, os hospitais tiveram de divulgar suas pontuações de satisfação do paciente e os pacientes puderam comparar os hospitais com base nas notas de satisfação. Os hospitais que ficaram para trás acabaram prejudicados, mas o impacto não foi nada comparado ao que aconteceu em seguida. O CMS vinculou os reembolsos do Medicare às pontuações de satisfação do paciente. Com bilhões de dólares em jogo, os hospitais tiveram um incentivo muito concreto para melhorar a experiência do paciente.

Para facilitar a avaliação dos hospitais pelos pacientes, o CMS classifica os hospitais em um sistema de cinco estrelas. As pontuações abrangem 3.544 hospitais em todo o país. A maioria (77%) está na média, recebendo três ou quatro estrelas. Apenas 168, o que representa menos de 5% de todos os hospitais nos Estados Unidos, recebem as cobiçadas cinco estrelas. Os hospitais cinco estrelas se destacam por serem administrados por líderes que conhecem o valor de uma comunicação clara, empática e eficaz.

COMUNICAÇÃO CINCO ESTRELAS

As notas são baseadas em dados do levantamento Hospital Consumer Assessment of Healthcare Providers and Systems (HCAHPS — Avaliação de Prestadores e Sistemas de Saúde por Pacientes). O questionário é composto de 32 perguntas, respondidas por cerca de 8.700 pacientes por dia. Pelo menos um terço das perguntas diz respeito a habilidades de comunicação. Por exemplo:

- Durante o tempo que passou internado no hospital, com que frequência os médicos ou enfermeiros explicaram as coisas de uma maneira que você conseguiu entender?
- Durante a sua internação no hospital, os médicos, enfermeiros ou outros funcionários do hospital conversaram com você para verificar se você teria a ajuda necessária quando saísse do hospital?
- Antes de administrar qualquer novo medicamento, com que frequência o pessoal do hospital explicou para que servia o medicamento?[13]

Mais de 70% das pontuações negativas na HCAHPS se relacionam diretamente com uma falha de comunicação. Esse é um problema sério. Problemas de comunicação levam à diminuição da receita para os sistemas de saúde e mais problemas de saúde para os pacientes. A comunicação eficaz tem uma correlação direta com melhores desfechos de saúde. "Estudos confirmam o que sabíamos instintivamente desde o início", escreve Halee Fischer-Wright. "Quando os médicos dedicam um tempo para fazer o necessário para seus pacientes — olhar os pacientes nos olhos, ouvi-los, aprender com eles, tocá-los com gentileza, ter empatia, comunicar-se, dar confiança e conquistar confiança —, os pacientes têm muito mais chances de tomar as medidas necessárias para melhorar ou manter a saúde. Por outro lado, na ausência da arte da medicina, tudo fica mais difícil para o paciente."[14]

A CAPACIDADE HUMANA DE SONHAR GRANDE

O CEO da Cleveland Clinic, Toby Cosgrove, aprendeu essa lição quando deu uma palestra na Faculdade de Administração da Harvard em 2006. Uma aluna levantou a mão e disse a Cosgrove que recentemente seu pai havia sido submetido a uma cirurgia cardíaca. A família chegou a levar em consideração a Cleveland Clinic, que tinha excelentes resultados, mas acabou escolhendo outro hospital para o tratamento. "Nos disseram que vocês não tinham empatia", ela disse.

Cosgrove ficou alarmado com o comentário da estudante. Assim que voltou à clínica, se propôs a encarar e resolver o problema. Começou mudando o lema do hospital para "Pacientes em primeiro lugar". Parecia simples, mas, tal qual a visão da Apple de "enriquecer vidas", serviria como um farol para guiar o hospital nos próximos anos.

Em seguida, Cosgrove criou o cargo de diretor de experiência, encarregado de melhorar o engajamento do paciente combinando a tecnologia digital com o calor humano. Sob sua liderança, a Cleveland Clinic subiu do oitavo percentil em satisfação do paciente para um dos sistemas hospitalares mais admirados do país. Cosgrove não apenas melhorou a pontuação do hospital como mudou toda uma cultura.

"Na área da saúde, as habilidades de comunicação são cruciais", diz a doutora Adrienne Boissy, diretora de experiência da Cleveland Clinic. "Uma doença normalmente nos deixa muito vulneráveis e emotivos, sendo que os médicos geralmente se sentem mais à vontade no domínio do cognitivo."[15]

Os líderes da Cleveland Clinic perceberam que as habilidades de comunicação — como qualquer outra habilidade — melhoravam com a prática. Com o tempo, todos os 43.000 cuidadores (médicos, enfermeiros, administradores) fizeram workshops de treinamento. Nas sessões, a equipe aprendeu a seguir um modelo de comunicação de cinco passos que usa a sigla HEART ("coração" em inglês). O primeiro passo é "Ouvir a história". O objetivo desse passo é lembrar os cuidadores que todos têm uma história e devem ser tratados como um indivíduo único, não apenas como um paciente.

Para reforçar o tema de que "todo mundo tem uma história", a Cleveland Clinic criou um vídeo que rapidamente atraiu milhões de visualizações na internet. O título do vídeo é "Empatia: da conexão humana ao atendimento ao paciente".[16] Começa com um funcionário do hospital empurrando um homem em uma cadeira de rodas para entrar pelas portas do hospital. As palavras na tela dizem: "Ele está com muito medo desta consulta. Com medo de ter esperado demais". Eles passam por outro homem caminhando para sair do hospital. As palavras dizem: "A cirurgia da esposa foi um sucesso. Estou indo para casa descansar". Na cena seguinte, vemos uma mulher sentada em uma cadeira tomando soro. Ela tem um olhar vago. As palavras leem: "29º dia. Esperando por um novo coração". O vídeo mostra pessoas no elevador, salas de espera, em preparação para a cirurgia e quartos de hospital. Termina com o seguinte conselho para todos os profissionais da saúde: "Se você pudesse ficar na pele de outra pessoa. Ouvir o que ela ouve. Ver o que ela vê. Sentir o que ela sente. Você a trataria diferente?".

A Hospital Corporation of America (HCA — Corporação de Hospitais da América) é um dos maiores prestadores de assistência médica com fins lucrativos do mundo. Nos Estados Unidos, opera 170 hospitais e gera US$ 40 bilhões em receita anual. A qualquer dia, uma em cada 22 pessoas que vão a um pronto-socorro irá a um hospital afiliado da HCA. Quando me reuni com executivos da HCA, eles estavam explorando maneiras de usar a comunicação para aumentar os índices de satisfação do paciente. Um hospital da HCA que obtêve notas altas de apenas 6 em cada 10 pacientes se posicionaria perto da extremidade inferior das avaliações. Mas notas altas de 8 em cada 10 pacientes eram o suficiente para conquistar o primeiro lugar entre seus pares. Em outras palavras, além de melhorar drasticamente a vida de seus pacientes, conquistar só mais *2*

A CAPACIDADE HUMANA DE SONHAR GRANDE

pacientes em cada 10 poderia significar centenas de milhões de dólares em receita adicional.

No nível micro, uma comunicação mais eficaz entre o paciente e o profissional de saúde melhora a experiência do paciente, mantém mais pacientes mais saudáveis e felizes e gera mais receita. No nível macro, melhores habilidades de comunicação podem salvar o país de uma catástrofe financeira. Economistas apontam para o aumento do custo da saúde (US$ 3 trilhões anuais só nos Estados Unidos) como a maior ameaça à segurança financeira dos Estados Unidos em longo prazo. Uma comunicação direta, clara e empática é considerada crucial para reduzir custos e melhorar a qualidade do atendimento.

Equilibrar tecnologia com empatia — automação e comunicação — é o segredo para conquistar cinco estrelas em diversos setores, da saúde à hotelaria.

Em um mundo mergulhado em big data, é fácil perder de vista os pequenos detalhes que fazem uma grande diferença.

O INGREDIENTE SECRETO POR TRÁS DAS EXPERIÊNCIAS CINCO ESTRELAS

HARRISON É CAPAZ de escanear dezenas de hotéis em um piscar de olhos, recomendar um e fazer a reserva. O que Harrison não sabe é que seus filhos querem uma foto em frente ao Castelo da Cinderela na Disney. Eis um segredo que só os agentes de viagens experientes conhecem: para ter uma visão livre do castelo, reserve um café da manhã dentro do parque antes de os portões serem abertos ao público.

Harrison é inteligente, mas não é uma pessoa. Harrison é uma ferramenta de inteligência artificial, produto do *machine learning* (ou aprendizagem de máquina). Harrison é uma criação de Paul English, fundador da Kayak, uma popular ferramenta de busca de viagens. A nova empresa de English, a Lola, sediada em Boston, é uma agência que fornece serviços de viagem por meio de um app para smartphone.

A Lola se destaca porque combina ferramentas de aprendizagem de máquina como o Harrison com o atendimento personalizado de especialistas humanos. Harrison encontra hotéis e voos compatíveis com os critérios estabelecidos pelos clientes — e faz isso com uma rapidez incrível —, liberando os agentes de viagens humanos da Lola para se concentrar em fazer sugestões criativas. English descreve seu novo serviço como "viagens movidas a humanos".

Quando English lançou a Kayak, em 2004, a internet já havia reduzido a necessidade de agentes de viagens tradicionais. Mas eles não desapareceram completamente. English lançou a Lola com o objetivo de levar o contato humano de volta às viagens. English diz que o fator humano é o diferencial competitivo de uma empresa na era da automação.

No setor de hospitalidade e serviços, a ressonância emocional é o fator mais importante para se destacar, fato que fica mais do que claro nas avaliações pelo sistema de estrelas.

O Yelp tem acesso a um banco de dados gigantesco. O serviço conecta consumidores com comerciantes locais centenas de milhões de vezes todos os meses. Desde a sua criação, em 2004, o Yelp coletou mais de 120 milhões de avaliações de tudo, desde restaurantes e hotéis até salões de beleza e mecânicos.

A avaliação média no Yelp é de 3,8 de um máximo de 5 estrelas. Um hotel 3 estrelas é limpo, mas pode não oferecer algumas comodidades e pode ter longos tempos de espera. Os hotéis 4 estrelas têm camas mais confortáveis, funcionários prestativos e mais comodidades, como piscinas e banheiras de hidromassagem. Eles são limpos, confortáveis e práticos. São aceitáveis e um pouco acima da média. Mas o foco deste livro não é no mediano nem no acima da média. Ele é voltado para quem quer ser excepcional e fazer mudanças transformadoras em sua vida pessoal e profissional. Para essas pessoas, menos de cinco estrelas é inaceitável.

Um analista de dados teve a brilhante ideia de processar as montanhas de informações que o Yelp compila — dados disponíveis

A CAPACIDADE HUMANA DE SONHAR GRANDE

ao público — para entender melhor o sistema de avaliação. Ele descobriu que as avaliações de cinco estrelas costumavam vir acompanhadas de comentários descrevendo emoções positivas no Yelp, emoções que faltavam nas avaliações mais baixas. Por exemplo, clientes que deram cinco estrelas a hotéis disseram coisas como: "Mal posso esperar para voltar", "Amei este lugar", "Foi uma grande felicidade", "Me senti acolhido" ou "Excelente atendimento". O analista de dados encontrou uma tendência que os líderes de hospitais estão começando a descobrir e que os hotéis mais famosos do mundo conhecem há muito tempo: a comunicação humana constrói conexões emocionais, e a emoção é o segredo para conquistar a cobiçada quinta estrela.

Dentre as dezenas de milhares de hotéis dos Estados Unidos, menos de 1% recebe o prêmio Five Diamond da AAA. Os hotéis que conquistam não apenas cinco diamantes como também cinco estrelas no prestigiado guia de viagens *Forbes Travel Guide* são excepcionalmente raros, constituindo menos de 0,5% de todas as propriedades.

A Forbes é famosa por suas listas. Todos os anos, a revista nomeia as pessoas mais ricas da América ou os bilionários do mundo. Entrar em uma lista da Forbes dá um enorme prestígio às pessoas, e a Forbes preserva cuidadosamente sua metodologia. O mesmo vale para as cobiçadas avaliações de cinco estrelas da Forbes atribuídas a hotéis e restaurantes. Mas, por meio de entrevistas com líderes do setor da hospitalidade e informações disponíveis ao público, sabemos muito mais sobre a qualidade mais importante que uma marca deve mostrar para conquistar as cobiçadas cinco estrelas no *Forbes Travel Guide*.

Para dar notas, inspetores anônimos passam duas noites em um hotel e avaliam a propriedade em 800 critérios objetivos. Hotéis quatro estrelas na lista da Forbes são considerados excepcionais. Os hotéis quatro estrelas oferecem um alto nível de atendimento e qualidade. Os colchões são confortáveis, os lençóis, macios, e o atendimento, "profissional". Os funcionários dos hotéis cinco estrelas vão mais longe. Eles fazem de tudo para oferecer a melhor experiência ao hóspede. São atenciosos, gentis e prestativos. Mostram um interesse autêntico pelos hóspedes e se adiantam às necessidades destes. Eles surpreendem e encantam. É o atendimento o que diferencia os hotéis quatro estrelas dos cinco estrelas, e um atendimento de destaque requer ressonância emocional.

O Sanctuary Hotel na Ilha Kiawah, na Carolina do Sul, é um dos 154 hotéis do mundo a receber as cinco estrelas da Forbes. O resort contrata e treina funcionários para fazer conexões emocionais com cada hóspede em cada interação. Os funcionários são ensinados a:

> *Acertar o nome do cliente.*[17] Referir-se ao cliente pelo nome personaliza a interação. Os funcionários aprendem a usar técnicas de memorização para lembrar o nome dos hóspedes. Um hóspede não é um número de quarto. Um hóspede é o "senhor e a senhora Johnson e a Veronica, a filha de 4 anos deles".
>
> *Ser os primeiros a cumprimentar.* Os primeiros segundos de uma interação com o cliente estabelecem as bases para a experiência toda. Os funcionários do Sanctuary são ensinados a serem os primeiros a cumprimentar. Eles são os primeiros a dizer "oi", iniciar uma conversa, sair de trás do balcão ou dizer "boa tarde".
>
> *Adiantar-se às necessidades.* Os funcionários são treinados para identificar as necessidades de um hóspede antes que ele mesmo perceba que pode ter essa necessidade. Por exemplo, um funcionário da recepção pode se adiantar às necessidades de uma família com base no clima: "A previsão para amanhã é de chuva. Preparamos algumas atividades indoor que seus filhos podem gostar". Um viajante a negócios terá necessidades totalmente diferentes de uma família em férias. Ele pode precisar saber onde fica o business center do hotel ou onde as reuniões serão realizadas no dia seguinte de manhã. Um funcionário três estrelas atende às necessidades; um funcionário cinco estrelas se adianta a elas.

A CAPACIDADE HUMANA DE SONHAR GRANDE

Storytelling diário. Funcionários de todos os departamentos do Sanctuary se reúnem para breves reuniões todos os dias. Além de informações básicas sobre os hóspedes ou os eventos do dia, eles contam histórias. Essas histórias reforçam a missão e os valores da empresa e oferecem exemplos vívidos de um atendimento cinco estrelas. Por exemplo, os funcionários ouviram a história de um hóspede cujo carro não estava pegando. Vendo que o problema era na bateria, um segurança tentou dar uma recarga, mas constatou que a bateria precisaria ser substituída. O hóspede ficou frustrado, achando que perderia um dia inteiro de férias esperando por um guincho e pelo conserto do carro. Percebendo a frustração do hóspede, o segurança disse: "Eu moro perto de uma oficina. Pode deixar que eu compro a bateria e mando instalar. Incluiremos os custos nas despesas de seu quarto". O hóspede ficou tão surpreso — e encantado — que mandou uma longa carta de agradecimento ao funcionário e ao gerente geral do hotel. Histórias como essa incentivam e motivam os funcionários a encontrar oportunidades de criar suas próprias experiências para os hóspedes.

Quando os hóspedes se dão ao trabalho de escrever um comentário elogioso ao hotel, eles raramente mencionam lençóis macios ou uma comida deliciosa. É quase sempre sobre uma experiência encantadora criada por um funcionário específico.

Neste capítulo, aprendemos como uma pequena constelação de marcas e líderes se destaca em um mar de marcas e líderes medianos. Vimos em que aspectos as máquinas podem vencer os humanos e em que aspectos não podem. Descobrimos que as ideias não podem se vender sozinhas. No restante do livro, conheceremos histórias de homens e mulheres que fizeram a transição do mediano ao excepcional e aprenderemos sobre as habilidades de comunicação que eles desenvolveram para se alçar ao próximo nível.

Ao ler essas histórias, lembre-se de que eles têm em comum um hábito mental: são otimistas sobre o futuro e seu papel em um mundo

COMUNICAÇÃO CINCO ESTRELAS

em mudança. Em 1997, Garry Kasparov era o maior jogador de xadrez do mundo. Naquele ano, ele perdeu uma partida para o supercomputador Deep Blue da IBM. A experiência o deixou inquieto e ansioso. Em 2017, depois de vinte anos de avanços notáveis na computação (os smartphones de hoje têm mais poder de processamento que o Deep Blue), Kasparov está mais otimista do que nunca. Ele pensa muito sobre o que as máquinas são capazes de fazer e o que os humanos podem fazer melhor do que as máquinas. As máquinas podem realizar tarefas com mais eficiência e rapidez, mas isso livra os humanos para pensar em coisas maiores e mais grandiosas. "As máquinas têm cálculos; os humanos têm entendimento. As máquinas têm instruções; nós temos propósito. As máquinas têm objetividade; nós temos paixão... Se fracassarmos, não será porque nossas máquinas são inteligentes demais ou não são inteligentes o suficiente. Se fracassarmos, será porque nos tornamos complacentes e limitamos nossa ambição. Se tem uma coisa que só os humanos podem fazer é sonhar. Então vamos sonhar grande."[18]

Vamos conhecer os homens e as mulheres que sonham grande.

PARTE II

PESSOAS QUE CONQUISTARAM AS CINCO ESTRELAS

5

OS CIENTISTAS

Não há nada de errado em escolher só as coisas legais.

— NEIL DEGRASSE TYSON

Neil deGrasse Tyson recebe 200 convites por mês para dar palestras.
Ele aceita quatro.
Ele tem 10 milhões de seguidores no Twitter.
Ele é o convidado favorito no popular programa de TV de Stephen Colbert.
Seus livros são best-sellers a despeito de terem "astrofísica" no título.
Seus programas de televisão são vistos em 180 países.

Neil deGrasse Tyson é um comunicador cinco estrelas porque consegue transformar o aprendizado sobre as estrelas em um excelente entretenimento. Tyson cresceu no Bronx, na cidade de Nova York. Aos 9 anos, ficou impressionadíssimo quando conheceu o Planetário Hayden no Museu de História Natural de Nova York. Tyson saiu do planetário naquele dia, mas o chamado do cosmos nunca saiu dele.

COMUNICAÇÃO CINCO ESTRELAS

A paixão de Tyson o levou a se formar em física pela Harvard, a fazer doutorado em astrofísica na Columbia e a uma carreira como um cientista/celebridade. O dom de Tyson é sua capacidade de empolgar o público, mobilizando o desejo inato das pessoas de explorar uma realidade mais ampla.

Tyson está sempre rindo no palco e em entrevistas na TV. Em uma troca de e-mails com o famoso astrofísico, sugeri que parte de seu apelo está na paixão que ele tem pelo assunto. Afinal, a paixão é contagiante e a ciência comprova isso. Tyson concordou, mas disse que seu entusiasmo é mais profundo do que uma mera "paixão" pelo assunto.[1] Ele chama seu estilo de *manifestação de curiosidade*.

Tyson manifesta sua curiosidade com brilhantismo. Em seu livro *Astrofísica para apressados*, ele prende a atenção do leitor já na primeira frase: "No começo, há quase 14 bilhões de anos, todo o espaço, toda a matéria e toda a energia do universo conhecido estavam contidos em um volume menor do que 1 trilionésimo do tamanho do ponto final que encerra esta frase".[2] O método de Tyson é pegar uma ideia complexa ou abstrata e "incorporá-la em território familiar". Por exemplo:

> As montanhas da Terra são minúsculas em comparação com algumas outras montanhas do sistema solar. A maior montanha de Marte, a Olympus Mons, tem 20 quilômetros de altura e uma base de mais de 480 quilômetros. Faz o Monte McKinley do Alasca parecer um formigueiro.[3]

> Há mais estrelas no universo do que grãos de areia em qualquer praia, mais estrelas do que os segundos que se passaram desde que a Terra se formou, mais estrelas do que palavras e sons já proferidos por todos os humanos que já viveram.[4]

Nas redes sociais, as postagens de Tyson também levam a complexidade ao terreno do conhecido. O conhecido pode ser um grande evento esportivo; os jogos de futebol americano são terreno fértil para Tyson apresentar sua visão única sobre a física. Por exemplo, no pontapé inicial do Super Bowl LI, em 5 de fevereiro de 2017, Tyson comentou sobre a controvérsia de rebaixar Plutão do status de planeta:

@Neiltyson: Se uma bola de futebol fosse o Sol na linha de 50 jardas [46 metros], a Terra estaria na linha de 15 jardas [14 metros]. Plutão, a um quarto de milha [400 metros] de distância. Acho que já deu, não?

Em 2015, Tyson fez um comentário que seus seguidores compartilharam 4.000 vezes. Ele disse que uma vitória do time de futebol americano Cincinnati Bengals na prorrogação foi em parte devido à ciência:

@Neiltyson: O chute vencedor do @Bengals na prorrogação do jogo de hoje provavelmente foi possibilitado por uma deflexão de 1/3 de polegada para a direita, causada pela rotação da Terra.

O Twitter ajudou Tyson a se tornar um comunicador melhor. "Cada tweet que eu posto é uma tentativa de humor, comunicação, aprendizado, esclarecimento etc. A resposta imediata dos seguidores serve como uma espécie de fotografia neurossináptica instantânea da reação do público ao que estou pensando. Isso me ajuda a alinhar o que eu digo e como digo para maximizar minha eficácia."[5]

Tyson também evita muitos temas. Faz parte do segredo, diz ele, para tornar a ciência divertida. Em vez de forçar-se a cobrir todo o "currículo", por assim dizer, Tyson escolhe a dedo "as coisas mais legais" para tornar a ciência acessível e instigar o público a querer aprender mais. "Eu nem chego perto de muitos tópicos, porque ainda não encontrei um jeito de torná-los totalmente (ou até parcialmente) acessíveis", diz. Por exemplo, "Temas como análise espectroscópica, interferometria ou a teoria da relatividade especial de Einstein. Você pode me perguntar sobre eles. Mas, se depois que eu tentar explicar, você me olhar com cara de que não entendeu, teremos de nos sentar com uma caneta e um papel".[6]

O segredo para comunicar a ciência e outros temas complexos não é "traduzir" o conteúdo — o que, segundo Tyson, só serve para simplificar demais e diluir o material —, mas "explicar com entusiasmo e, onde e quando necessário, vincular o conceito a algo incorporado na cultura pop, onde todos nós temos receptores ativos".

Uma das apresentações mais populares de Tyson é chamada "Um astrofísico vai ao cinema". Nela, ele fala sobre convencer o diretor James Cameron a mudar o céu noturno no relançamento do filme *Titanic* em 2012. Ele também provocou uma tempestade no Twitter quando apontou as imprecisões no filme *Gravidade*. O filme *Armageddon* "violou mais leis conhecidas da física por minuto" do que qualquer outro filme, de acordo com Tyson. Ele brincou no Twitter que os pedaços de asteroides que atingiram a Terra tinham uma mira incrível, visando monumentos icônicos das principais cidades do mundo. Ao manter um pé na cultura pop e um pé em seu campo de atuação, Tyson inspira seu público a entrar no tema com os dois pés.

Os livros, apresentações, palestras, programas de rádio, podcasts e aparições na TV renderam a Tyson a Medalha de Bem-Estar do Público da Academia Nacional de Ciências dos Estados Unidos. Segundo a academia, Tyson ganhou a medalha por seu "papel extraordinário em empolgar o público para as maravilhas da ciência". A palavra-chave é "empolgar". Tyson diz que empolgar uma plateia é uma habilidade crucial para "qualquer pessoa que sabe alguma coisa que outras pessoas não sabem mas que talvez deveriam saber".[7] E ainda temos muito a aprender, na verdade sobre todos os assuntos, mas, mais especificamente, sobre a ciência.

OS CIENTISTAS

Tyson acredita que mudar a perspectiva de uma pessoa — a perspectiva cósmica — abre sua mente para ideias extraordinárias e ao mesmo tempo a mantém humilde. Dessa maneira, segundo ele, a divulgação científica serve a um propósito nobre: "No dia em que nosso conhecimento do cosmos parar de se expandir, correremos o risco de regredir à visão infantil de que o universo gira figurativa e literalmente ao nosso redor".[8] Nesse "mundo sombrio", diz ele, nações e pessoas se voltarão umas contra as outras para proteger o próprio território ou interesses. Quando as pessoas são lembradas de que o mundo não gira ao redor delas, os problemas raciais, étnicos, religiosos, nacionais e culturais ficam menos importantes — ou, em muitos casos, podem até ser eliminados.

Os problemas mundanos perderiam a relevância se as pessoas vissem o quadro geral. O quadro geral, de acordo com Tyson, é que estamos todos interconectados. Em 1990, outro divulgador científico — o astrônomo Carl Sagan — convenceu a NASA a atribuir à espaçonave *Voyager* uma última missão ao deixar nosso sistema solar. A *Voyager* voltou sua câmera para a Terra. Na foto, tirada a 6,5 bilhões de quilômetros de distância, a Terra aparece como um ponto de luz quase imperceptível medindo 0,12 pixel de tamanho. A fotografia ficou conhecida como o Pálido Ponto Azul. A foto lembrou as pessoas de que somos minúsculos tanto no tempo quanto no espaço e que a Terra não é o centro do universo. Tyson diz que é empoderador olhar para o nosso lugar no universo da maneira certa. "Considerando que é possível rastrear a matéria que compõe cada um de nós até as estrelas, os seres humanos são especiais — não porque somos diferentes, mas porque somos parecidos... e nosso cérebro de um quilo e meio descobriu isso."[9]

Ao nos forçar a pensar pequeno, Neil deGrasse Tyson nos inspira a sonhar grande.

Educadores capazes de tornar a ciência acessível, divertida e inspiradora sempre serão necessários para engajar a próxima geração de exploradores e pensadores. De acordo com Tyson, sistemas artificialmente inteligentes tornarão nosso mundo melhor, mas não substituirão a capacidade humana de inspirar as pessoas a ter sonhos grandiosos. "A sociedade não desmoronou quando os bois substituíram os humanos ou quando os tratores substituíram os bois. E sobrevivemos ao momento em que os robôs substituíram os humanos nas linhas de montagem automotiva", explicou Tyson. "Da mesma forma, ninguém entrou em pânico quando os computadores começaram a fazer cálculos com mais rapidez do que a soma de todo o poder de todos os cérebros humanos no planeta. E o Sol nasceu no dia seguinte à derrota do melhor jogador de xadrez do mundo para um computador. Além disso, a sociedade não desmoronou quando nosso melhor jogador — de todos os tempos — perdeu para um computador no game show *Jeopardy!* E ninguém se incomoda muito com o fato de os computadores ajudarem a pilotar nossos aviões mais modernos. A inteligência artificial não é um penhasco, é uma paisagem na qual todos vivemos. E acho que é um privilégio estar neste lugar."[10]

SER CONTRATADO PARA SER UM ASTRONAUTA É CEM VEZES MAIS DIFÍCIL DO QUE ENTRAR NA HARVARD. COMO VOCÊ CONSEGUIU?

EM INTERVALOS DE alguns poucos anos, milhares de americanos ambiciosos se inscrevem em um dos programas mais seletivos do mundo: o Astronaut Class da NASA. Em 2017, a agência espacial americana recebeu um número recorde de 18.300 inscrições. Doze candidatos foram selecionados, o que tornou o processo 100 vezes mais competitivo do que entrar na Harvard.

Os astronautas são um grupo diversificado. Cinco mulheres e sete homens foram escolhidos para a turma de 2017. Alguns são pilotos militares, uma é engenheira nuclear, outro é um estudante de doutorado, enquanto outra é bióloga marinha. Depois de dois anos de treinamento,

OS CIENTISTAS

eles receberão missões na Estação Espacial Internacional ou na nova espaçonave Orion para a exploração do espaço profundo.

Se você quiser ser um astronauta, precisará de pelo menos um bacharelado em uma área STEM (ciência, tecnologia, engenharia ou matemática). Uma pós-graduação não faria mal. Quase metade dos aceitos tem mestrado ou doutorado. Se estiver se candidatando como um piloto, precisará de pelo menos 1.000 horas de voo. Também precisará passar no exame físico de voo espacial de longa duração da NASA. Nadar três voltas em uma piscina de 25 metros, caso você consiga fazê-lo, é apenas o aquecimento. Depois disso, você precisará nadar mais três voltas usando um traje de piloto e tênis nos pés. Saia da piscina, suba na esteira e corra a 20 quilômetros por hora com uma mochila de 25 quilos nas costas. É claro que nada disso importa se você não conseguir entrar em uma espaçonave Soyuz fabricada na Rússia, que transporta astronautas em órbita. Se você não tiver entre 1,57 metro e 1,90 metro, pode esquecer.

Os postulantes que se orgulham de suas experiências, escolaridade avançada e níveis de condicionamento físico geralmente não sabem que a NASA também seleciona os candidatos por outra habilidade importante. Sem essa habilidade, nenhuma das demais importa. E a NASA começa a avaliar essa habilidade assim que os candidatos entregam suas inscrições. As pessoas que se destacam e acabam sendo selecionadas para se tornarem astronautas da NASA são as que se sobressaem na comunicação escrita e oral.

"Quando analisamos a trajetória dos astronautas, a comunicação é crucial", diz Ann Roemer, que supervisiona o processo de seleção da NASA. Os astronautas são o rosto do programa espacial americano. Poucos dias depois de serem selecionados, os novos astronautas dão sua primeira entrevista coletiva para contar ao mundo por que foram escolhidos e explicar os benefícios práticos do trabalho que farão. Enquanto treinam e trabalham na Terra e no espaço,

COMUNICAÇÃO CINCO ESTRELAS

eles falarão para uma ampla gama de públicos — de estudantes a cientistas —, empolgando as pessoas pela exploração espacial.

Além de dominar suas imensas tarefas técnicas, os astronautas devem ser capazes de se comunicar muito bem com o Controle da Missão em Houston e com suas equipes internacionais na estação espacial. Em situações de emergência, suas ordens devem ser claras e compreensíveis. Os astronautas também precisarão fornecer informações técnicas aos engenheiros encarregados de construir novos equipamentos. Eles devem ser capazes de "defender e comunicar" mudanças ou melhorias, diz Roemer.

E, o mais importante para o futuro da NASA, os astronautas devem inspirar o público, os políticos e a próxima geração de exploradores. Um astronauta deve saber falar bem. O futuro da exploração espacial depende disso. De acordo com Roemer, "Contamos com eles para inspirar as próximas gerações sobre o que a NASA está fazendo hoje e o que a NASA quer fazer no futuro".[11]

De volta ao processo de seleção de astronautas. Depois que o comitê de seleção da NASA analisa milhares de inscrições em busca de experiência, credenciais e clareza na elaboração de textos, cerca de 120 candidatos são convidados a Houston para uma semana de exames físicos, provas e entrevistas. Os candidatos que ficarem no 1% superior serão chamados de volta para uma segunda rodada de entrevistas.

No decorrer da semana, os membros do comitê de seleção avaliam constantemente as habilidades de comunicação dos candidatos. Um jantar com os outros candidatos é mais do que apenas um encontro amigável. Como os candidatos vêm de diversas áreas, como militar, academia, ciência e medicina, os funcionários da NASA estão em busca de pessoas capazes de ficar à vontade se comunicando com pessoas de formações e origens diferentes.

As entrevistas presenciais vêm a seguir, e são cruciais. As perguntas podem parecer fáceis, mas são usadas para identificar os candidatos persuasivos, envolventes e inspiradores. Por exemplo, o

OS CIENTISTAS

comitê de seleção costuma perguntar: "Por que você quer ser um astronauta?". Um comunicador habilidoso oferecerá entre três e cinco razões específicas. Um comunicador sem tanta habilidade recitará uma longa lista de realizações e dará uma resposta confusa e complicada. Outra pergunta comum para os candidatos na primeira rodada é: "Fale um pouco sobre você, começando pelo ensino médio". Para essa resposta, os contadores de histórias se destacam. Eles condensam uma longa história em uma narrativa interessante vinculando sua experiência pessoal com o objetivo final da NASA.

Kate Rubins tinha a experiência, os diplomas e o conhecimento para chegar às entrevistas. Rubins foi selecionada em 2009 e passou os próximos sete anos treinando. Em 2016, ela passou 115 dias na Estação Espacial Internacional, participou de 275 experimentos científicos e se tornou a primeira pessoa a sequenciar DNA no espaço.

Rubins tem uma lista impressionante de diplomas e experiência. Depois de se formar em biologia molecular, fez doutorado em biologia do câncer pela Faculdade de Medicina da Universidade Stanford. No MIT, Rubins liderou uma equipe de pesquisadores que estudou doenças virais como o ebola no Congo. O trabalho de campo de Rubins era tão arriscado que ela tinha de usar um traje de biossegurança nível quatro, que fornece o mais alto grau de proteção contra contaminação. Ela trabalhou com vírus transmitidos pelo ar capazes de matar pessoas e para os quais não há vacinas nem tratamentos conhecidos. Ela tinha a experiência e as credenciais para ser uma astronauta, mas o que a diferenciou foram suas habilidades de comunicação.

Rubins é uma estrela na NASA porque traz a ciência para o âmbito do familiar. Todos os astronautas são solicitados a fazer pausas frequentes em seus experimentos científicos a bordo da estação espacial para dar entrevistas ao vivo. Rubins é uma mestra em fornecer informações adaptando a linguagem a seu público. Por exemplo, uma turma de alunos do ensino médio perguntou o que ela teve de aprender para se tornar uma astronauta. A resposta de Rubins foi:

"Precisamos aprender muitas coisas para nos tornarmos astronautas. Uma das coisas mais interessantes para mim foi aprender sobre voar e todos os tipos de engenharia e trabalho mecânico que fazemos na estação espacial. Precisamos aprender um monte de coisas. Às vezes é um pouco difícil aprender tantas coisas novas. É bem legal e divertido aprender sobre coisas novas e novas descobertas".[12]

Colei a resposta de Rubins em um software que mede o nível de escolaridade do texto. E a resposta foi 5. Em outras palavras, um aluno da quinta série do ensino fundamental 1 deve ser capaz de ler e entender o conteúdo.

Rubins adapta sua linguagem a seu público. Em uma discussão com pesquisadores biomédicos do National Institutes of Health (Institutos Nacionais de Saúde), ela começou a conversa explicando como preparou amostras para sequenciar DNA genômico em um ambiente de microgravidade. Falou sobre os dados que estava estudando, expressão de RNA e encurtamento dos telômeros do epigenoma. Esses não são temas que a maioria dos estudantes — ou até a maioria dos americanos — entenderia ou com os quais se importaria. Ela tem a capacidade de conversar com alunos da quinta série e com cientistas biomédicos avançados em seus respectivos níveis.

Um bom comunicador transmite informações científicas de uma maneira que os leigos sejam capazes de entender; um grande comunicador faz com que seu público se importe. Para o público mais geral, Rubins sempre deixa claro que a pesquisa realizada na estação espacial não só beneficia uma futura tripulação a Marte como também tem implicações práticas para melhorar a saúde na Terra. Falando à Associated Press, que representa o público geral, ela disse: "Tudo o que fazemos na estação espacial nos ajuda a entender como os seres humanos podem viver no espaço... mas também traz benefícios para as pesquisas na Terra. Quando fazemos coisas em um ambiente remoto aqui, podemos entender como essas tecnologias podem funcionar em lugares remotos da Terra que não têm acesso a

OS CIENTISTAS

bons cuidados médicos".[13] Como Neil deGrasse Tyson, Rubins fundamenta o conteúdo no que é familiar para seu público e se conecta com seu público no nível deste.

Don Pettit é um engenheiro químico que gosta de jogar o popular game para celular Angry Birds... no espaço. A NASA escolheu Pettit por suas credenciais e experiência, mas também porque ele torna a ciência divertida. "O Angry Birds não é um game qualquer. Tem a ver com trajetórias, velocidades, acelerações. Você atira passarinhos como se fossem projéteis", disse Pettit enquanto flutuava sem peso 400 quilômetros acima da Terra.[14] Pettit estava anunciando uma parceria entre a NASA e a Rovio, a empresa que desenvolveu o Angry Birds. O game Angry Birds Space requer que os jogadores usem conhecimentos básicos de física para explorar vários níveis. Na estação espacial, Pettit colocou um "pássaro vermelho" (um dos personagens principais do game) em um estilingue para demonstrar a trajetória no espaço. O pássaro passou voando direto. Sob a força da gravidade da Terra, uma trajetória é curva. "Os astronautas precisam se preocupar com essas coisas porque, se você estiver em um foguete tentando se encontrar com a Estação Espacial Internacional, avança em trajetórias curvas. Você precisa saber como acionar os motores do foguete para poder ir de onde está para onde quer ir", explicou.

"Contamos com astronautas como Pettit para inspirar as próximas gerações sobre o que a NASA está fazendo hoje e o que a NASA quer fazer no futuro", diz Roemer.[15] "As pessoas que se saem bem são capazes de explicar a ciência ou a complexidade para alguém como eu, que não tem formação em ciências."

UMA APRESENTAÇÃO DA NASA PARECIDA COM UM TED TALK PARA ANUNCIAR PLANETAS DO TAMANHO DA TERRA

OS ASTRONAUTAS NÃO são os únicos cientistas que ajudam a NASA a persuadir o público de sua missão. Como a NASA não tem permissão

COMUNICAÇÃO CINCO ESTRELAS

para fazer propaganda de si mesma, a agência espacial desenvolveu métodos inovadores para vender sua história. As ferramentas incluem marketing e mídias sociais, relações públicas, vídeos e design gráfico, storytelling e oratória persuasiva.

Em fevereiro de 2017, astrônomos usando o telescópio espacial Spitzer da NASA descobriram sete planetas do tamanho da Terra ao redor de uma única estrela chamada TRAPPIST-1. A coletiva de imprensa da NASA para fazer o anúncio foi uma verdadeira *master class* na comunicação de informações complexas para um público amplo.

A apresentação se destacou por sua concisão, linguagem e imagens.

Brevidade

A apresentação da TRAPPIST-1 durou 18 minutos, a mesma duração de uma palestra da TED. Pesquisas demonstram que transmitir muita informação de uma só vez resulta em um "backlog cognitivo", o que significa que nosso banco de memória de curto prazo enche rapidamente. A conferência TED descobriu que 18 minutos é o tempo exato para passar a mensagem sem colocar os ouvintes para dormir. A NASA segue o mesmo princípio dos 18 minutos.

Linguagem

Quando dois astrônomos se esbarram no corredor, um não diz ao outro: "Descobrimos sete planetas do tamanho da Terra na Zona Cachinhos Dourados a apenas 40 anos-luz de distância".[16] Os astrônomos podem dizer: "A configuração de trânsito de sete exoplanetas temperados ao redor da estrela anã ultrafria TRAPPIST-1, localizada a 12 parsecs de distância, é adequada para a configuração atmosférica".

As duas explicações são precisas e as duas foram usadas para anunciar a empolgante descoberta dos sete planetas. Mas cada expli-

OS CIENTISTAS

cação foi usada para um público diferente. A segunda explicação científica, mais complexa, foi publicada no artigo distribuído à comunidade acadêmica. Já a primeira explicação foi dada por alguns dos mesmos cientistas a meros mortais, como eu e você.

Não faz sentido usar jargões em uma coletiva de imprensa da NASA destinada a transmitir informações ao público geral. Os cinco palestrantes da coletiva de imprensa da TRAPPIST-1 foram treinados para transmitir as informações. A maioria das citações a seguir não foi retirada do artigo científico, mas teve um importante papel na coletiva de imprensa. Os cientistas não falam assim com os colegas, mas o fazem quando precisam inspirar as massas. Por exemplo:

"A descoberta sugere que encontrar um segundo planeta Terra não é apenas uma questão de se... mas de quando."

"Descobrimos não um, nem dois, mas sete planetas do tamanho da Terra ao redor da mesma estrela. Essa é a primeira vez que tantos planetas do tamanho da Terra foram encontrados ao redor da mesma estrela, três deles na zona habitável. As zonas habitáveis também são chamadas de 'Zonas Cachinhos Dourados', onde há a possibilidade de existir água líquida."

"Na velocidade da luz, chegaríamos [à TRAPPIST-1] em 39 anos. Um avião a jato levaria 44 milhões de anos."

"Fizemos um salto gigantesco na nossa busca por vida em outros mundos... Nesse sistema planetário, Cachinhos Dourados tem muitas irmãs."[17]

Cachinhos Dourados tem muitas irmãs? Não são palavras de um cientista; são palavras de um líder que quer despertar nossa imaginação. E funcionou.

101

Imagens

A NASA disponibilizou animações em vídeo e fotos de alta qualidade que qualquer um pode baixar gratuitamente da internet. A foto mais baixada não foi publicada no artigo científico. Foi uma ilustração de uma bola de basquete e uma bola de golfe flutuando no espaço. A bola de basquete representa o nosso Sol e a pequena bola de golfe representa a TRAPPIST-1, uma estrela anã ultrafria. A apresentação de 18 minutos da NASA incluiu várias fotos coloridas, belas animações e representações artísticas magníficas de como seria o céu da superfície desses planetas recém-descobertos.

Os cientistas da NASA são especialistas em exploração espacial e em comunicar-se com o cérebro antigo. Se você transmitir informações apenas oralmente, um ouvinte conseguirá se lembrar de 10% do conteúdo; inclua uma imagem e a retenção decola para 65%.

Cientistas e astronautas querem responder à pergunta: "Estamos sozinhos no universo?". Eles querem explorar as estrelas para beneficiar a vida na Terra. E não podem fazer nada disso se ninguém investir neles e eles forem obrigados a fechar as portas. Para se manter em atividade, a NASA precisa convencer o público de sua relevância. Eles dominaram a arte da persuasão para nos empolgar no que diz respeito à ciência, expandir nossa imaginação e nos inspirar a explorar mundos além do nosso.

A CIÊNCIA ENGAVETADA NÃO AJUDA NINGUÉM

"A CIÊNCIA ENGAVETADA não ajuda ninguém",[18] diz Anders Sahlman, que criou um concurso de pitch para cientistas suecos. Em 2012, Sahlman lançou o Researchers' Grand Prix, um evento anual para cientistas ao estilo do *American Idol*. Por todo o país, em nove eventos regionais organizados em universidades e centros científicos, os cientistas têm quatro minutos para apresentar sua pesquisa a um

OS CIENTISTAS

painel de especialistas, jornalistas e o público geral. Os finalistas são convidados para o evento principal em Estocolmo.

Ao fazer seus pitches de quatro minutos, os cientistas são julgados por sua apresentação oral, a estrutura e o conteúdo de sua mensagem e seu desempenho como um todo. Os que se destacam são capazes de condensar suas pesquisas e explicá-las para um público leigo. Os vencedores são notados. Eles se destacam e têm uma vantagem. O vencedor de 2014, Andreas Ohlsson, havia desenvolvido uma técnica de esterilização de agulhas usadas para tratar bebês prematuros. Hoje, seu método é usado em hospitais do país todo. O objetivo é dar mais visibilidade e divulgar o que os pesquisadores suecos estão fazendo.

Os pitches vencedores usam muitas técnicas que veremos na Parte 3 deste livro. As apresentações são divertidas, com muitos elementos visuais e contadas em termos simples. As histórias incluem emoção, algo que os cientistas relutaram em experimentar no início, até que viram os resultados do emprego da emoção para dar um sopro de vida a seus experimentos de laboratório. Os palestrantes são incentivados a contar uma breve história sobre sua pesquisa, uma história com uma estrutura tradicional reconhecida por todas as pessoas em todos os tempos: introdução, auge e conclusão. E, o principal, a história deve vender o benefício da pesquisa e ser entendida com clareza por pessoas de outras áreas que não sabem nada do assunto.

A ideia do concurso é identificar os cientistas com grandes chances de ter sucesso em um ambiente de trabalho diversificado — o tipo de cooperação complexa que a ciência requer nos dias de hoje. Na ciência, o trabalho interdisciplinar reúne especialistas de diferentes áreas e disciplinas acadêmicas — com diferentes valores, premissas e metodologias — para fazer pesquisas em equipe. "A comunicação nunca foi tão importante, porque precisamos que físicos, cientistas sociais, biólogos trabalhem juntos", diz Sahlman.[19] "No passado, eles trabalhavam sozinhos em projetos individuais

COMUNICAÇÃO CINCO ESTRELAS

dentro da própria disciplina. A comunidade científica global está se aproximando da 'ciência aberta', do acesso aberto e dados abertos." Os cientistas capazes de se comunicar com colegas de diferentes disciplinas agregam o maior valor à equipe e chamam mais atenção para suas pesquisas.

Os psicólogos cognitivos têm dado muita atenção a esse tema. "Os seres humanos são a espécie mais complexa e poderosa de todos os tempos, não apenas pelo que acontece no cérebro de cada um de nós, mas pela maneira como as comunidades de cérebros trabalham juntas", de acordo com os professores de ciência cognitiva Steven Sloman e Philip Fernbach.[20] "A interdependência do conhecimento nunca foi tão real. Muitos campos científicos tornaram-se tão interdisciplinares que a amplitude do conhecimento envolvido impossibilita dominar todo o conhecimento necessário para fazer uma pesquisa científica. Mais do que nunca, os cientistas dependem uns dos outros para trabalhar... Um líder forte sabe inspirar uma comunidade e beneficiar-se de seu conhecimento."

"O custo de não ser interdisciplinar é alto", diz o cientista de inteligência artificial Neil Jacobstein.[21] "A capacidade de inspirar pessoas. De despertar sua imaginação. De persuadi-las a agir. São habilidades raras." Jacobstein ministra o curso de inteligência artificial da Singularity University, a famosa usina de ideias do Vale do Silício. Jacobstein é um divulgador científico popular porque sabe explicar temas complexos de maneira que pessoas que não são especialistas em inteligência artificial entendem. Suas apresentações sobre as tecnologias exponenciais que moldarão nosso futuro são muito requisitadas. Executivos chegam a pagar US$ 12.000 por um programa de sete dias na Singularity para obter novos insights de Jacobstein e dos cofundadores da Singularity, Peter Diamandis, e o futurólogo Ray Kurzweil.

Jacobstein usa analogias para mostrar o quanto a tecnologia avançou e a rapidez na qual ela está mudando o futuro. "Todos nós

OS CIENTISTAS

estamos diante do mesmo problema. Estamos surfando em um tsunami de zetabytes de informação", diz Jacobstein. "Nosso cérebro não evoluiu com essa pressão para processar tantas informações. O cérebro humano passou mais de 50.000 anos sem um upgrade significativo."[22]

Jacobstein apresenta informações de uma forma que o cérebro humano consegue absorver com facilidade, mesmo sem um upgrade. Por exemplo, ele me disse que tecnologias como a inteligência artificial e sistemas cognitivos estão crescendo exponencialmente, ao passo que os humanos pensam em termos lineares. "Tento começar por onde o ouvinte está, não por onde *eu* estou", explica ele. "A maioria das pessoas tem expectativas sobre o futuro, que o futuro crescerá em etapas — 1, 2, 3, 4, 5... Mas o crescimento exponencial é muito diferente. Vai de 2 a 4 a 8 a 16 a 32 e assim por diante. Se eu der 30 passos lineares, é fácil prever aonde chegarei. Chegarei a 30 metros de distância. Mas, se eu der 30 passos exponenciais, estarei a mais de um bilhão de metros de distância. É como dar 26 voltas ao redor do planeta. É uma diferença enorme e não é tão fácil de entender."[23]

Jacobstein argumenta que não temos como mudar o futuro se não nos dermos conta da rapidez na qual as tecnologias exponenciais estão mudando o futuro. Em um mundo linear, o século 21 terá cem anos de progresso. Já um mundo exponencial experimentará 20.000 anos de progresso apenas neste século. As apresentações de Jacobstein ajudam as pessoas a preencher a lacuna do conhecimento.

"A área da superfície do cérebro humano é do tamanho de um guardanapo", explica Jacobstein em outra analogia memorável. "Com o tempo, seremos capazes de construir um neocórtex artificial do tamanho de uma toalha de mesa ou do piso de uma grande sala. Esse poder de processamento todo será necessário devido à onda acelerada do conhecimento humano."[24]

O poder da inteligência artificial agrega valor ao nosso mundo. Expande o alcance das possibilidades, diz Jacobstein, que estudou

COMUNICAÇÃO CINCO ESTRELAS

mais de 360 aplicações práticas da inteligência artificial. A tecnologia amplifica as habilidades humanas e nos ajuda a resolver problemas complexos rapidamente. Afetará todos os campos imagináveis: música, transporte, medicina, direito, manufatura, oceanografia, microbiologia, política, ecologia, educação e até a arte. "A inteligência artificial, como um foguete, vai explodir o teto desses campos", diz Jacobstein.[25]

"Qual papel terão os humanos?", perguntei a ele durante nossa conversa.

"Os computadores podem até aprender a interpretar a emoção humana, mas eles não *têm* emoções humanas. E essa é uma distinção importantíssima", diz Jacobstein.

"As pessoas são responsáveis pela situação do mundo. Somos nós que direcionamos o destino do mundo. Excelentes habilidades de comunicação empoderam as pessoas a se elevar de sua situação atual e se unir em um esforço sistemático para melhorar a qualidade de vida para todos." Segundo Jacobstein, podemos ensinar máquinas a interpretar expressões faciais, uma espécie de empatia simulada. Mas inspirar outro ser humano a construir o futuro com ousadia requer uma empatia que só os humanos têm. "As mensagens mais importantes não são as que nos inspiram a fazer algo fácil. As mensagens mais importantes são as que nos inspiram a alcançar todo o nosso potencial, o que é muito difícil. É sempre difícil. Mas vale a pena."

6 OS EMPREENDEDORES

A comunicação é a habilidade mais importante
que qualquer empreendedor pode ter.

— RICHARD BRANSON

Katelyn Gleason acredita que os serviços de saúde estão presos na Idade da Pedra pré-internet. Nos Estados Unidos, quando os médicos precisam verificar a assistência médica de um paciente, eles pedem a um recepcionista para ligar para o paciente. Esse é um dos problemas que a startup de Gleason, a Elegible, se propôs a resolver. Aos 29 anos, Gleason foi nomeada para a lista da Forbes de "30 empreendedores com menos de 30" que estão reinventando o setor da saúde.

Menos de uma década antes, Gleason era uma improvável candidata a revolucionar o campo da tecnologia da saúde. Ela era uma atriz que estudava artes cênicas na Universidade Stony Brook, uma faculdade estadual em Long Island, Nova York. Apesar de seus sonhos de conquistar os palcos da Broadway, precisava pagar as contas e foi trabalhar como representante de vendas em uma startup de saúde. A empresa se chamava DrChrono, e oferecia um serviço na internet

COMUNICAÇÃO CINCO ESTRELAS

para médicos. A presença de palco de Gleason impressionou os fundadores, que lhe pediram para participar com eles do pitch para a Y Combinator, a empresa de investimentos seletiva apresentada no capítulo 4. A DrChrono ganhou um cobiçado financiamento da Y Combinator, uma rara conquista no mundo das startups.

Gleason não fundou a empresa nem tinha conhecimento prévio da área da saúde. Mas a experiência a inspirou a aprender mais sobre a área. Um ano depois, em 2012, ela abriu a própria empresa em um apartamento de São Francisco. Decidiu voltar, dessa vez como fundadora, à Y Combinator para fazer outro pitch. Ela ganhou uma vaga e arrecadou US$ 1,6 milhão. Hoje, a Elegible tem 50 funcionários e é uma das mais importantes empresas de faturamento na área da saúde nos Estados Unidos.

"Ela [Gleason] acredita que sua experiência nos palcos contribuiu significativamente para suas habilidades sociais, confiança e talento para as vendas", escreve o investidor de capital de risco Scott Hartley em seu livro, *The Fuzzie and the Techie*. "Sua experiência em atuação a ajudou a aprender a elaborar uma história empolgante sobre a empresa, o que é crucial para convencer os investidores."[1]

Entrei em contato com Hartley depois de ler a história de Gleason. A experiência de Hartley como um investidor que viu mais de 3.000 pitches de startups reforça o tema deste livro — os empreendedores que dominam a antiga arte da persuasão têm mais chances de ser notados, avançar e obter financiamento.

De acordo com Hartley, "À medida que nossa tecnologia continua a melhorar, cultivar o que temos de humano, em particular as habilidades mais soft promovidas pelo campo das artes, será a melhor maneira de garantir o emprego... Encontrar soluções para os nossos maiores problemas requer compreensão tanto do contexto humano quanto do código, requer tanto ética quanto dados, tanto pessoas de pensamento profundo quanto inteligência artificial de aprendizagem profunda, tanto humanos quanto máquinas".[2]

OS EMPREENDEDORES

Unir o mundo da inteligência artificial com a humanidade é a missão de outra startup da área da saúde cofundada pelo doutor Rajaie Batniji, um empreendedor que combina o humano com o técnico.

TRADUZINDO A COMPLEXIDADE NA LINGUAGEM DE UMA CRIANÇA DE 8 ANOS

DEPOIS DE ESTUDAR história na Stanford e se formar em medicina pela Universidade da Califórnia, em São Francisco, o doutor Rajaie Batniji ganhou a bolsa de estudos Marshall da Universidade de Oxford. Para você ter uma ideia do que isso significa, apenas 1 em 30 estudantes americanos são selecionados por ano para estudar no Reino Unido. Com uma taxa de aceitação de apenas 3%, a Marshall está entre as bolsas de estudo de maior prestígio para cidadãos dos Estados Unidos.

Em 2013, um amigo de Batniji, Ali, sentiu uma dor aguda no abdômen. Um ultrassom revelou que sua vida estava em risco: seu intestino estava retorcido, cortando o suprimento de sangue. Uma cirurgia de emergência salvou sua vida. Como muitos nos Estados Unidos, Ali foi forçado a travar uma longa batalha com sua seguradora de saúde, que se recusou a pagar grande parte das despesas. Batniji disse ao amigo que era comum ter de passar por esse transtorno; os pacientes são os próprios advogados e é quase impossível conseguir respostas claras das seguradoras de saúde. Os dois amigos decidiram combinar sua experiência e know-how para transformar a maneira como os americanos pagam pelos cuidados de saúde.

Hoje, Ali Diab é CEO da Collective Health, empresa que remove a complexidade dos planos de saúde corporativos. Batniji é cofundador e diretor de saúde da empresa. Quando conversei com Batniji, o *Wall Street Journal* havia nomeado a Collective Health como a segunda "empresa de tecnologia a ser observada em 2017".

109

COMUNICAÇÃO CINCO ESTRELAS

"A confiança é nossa principal moeda", disse Batniji. "E conquistamos a confiança por meio de uma comunicação acessível, simples e familiar."[3] O material explicativo da Collective Health é escrito em uma linguagem que uma criança de 8 anos consegue ler e entender. Sim, 8 anos — não 14 nem 10... mas 8 anos.

"Nós nos adaptamos às pessoas; não forçamos as pessoas a se adaptar a nós", disse-me Batniji. "A maioria das pessoas não tem um bom entendimento da terminologia dos seguros. Definimos tudo no nível de entendimento de uma criança de 8 anos. Não presumimos que as pessoas saibam o que é um plano participativo nem como o plano funciona. Explicamos as coisas em linguagem acessível para elas. Toda a nossa comunicação escrita deve ser facilmente interpretada até por uma criança de 8 anos e isso é intencional."

Batniji tem bons motivos para seguir essa abordagem. Em 2013, um estudo publicado no *Journal of Health Economics* revelou que os consumidores não entendem os termos dos seguros de saúde tão bem quanto pensam. O estudo, liderado por um economista da área de saúde da Carnegie Mellon, reuniu centenas de pessoas que tinham planos de saúde da empresa e fez quatro perguntas para medir sua compreensão de termos básicos como "franquia" e "coparticipação". Apenas 14% responderam a todas as quatro perguntas corretamente (para você ter uma ideia, chutar as respostas teria retornado uma taxa de acerto de 20%).[4]

O estudo, que foi validado por treze acadêmicos de uma dúzia de universidades de prestígio, concluiu que uma linguagem simplificada levaria a melhores decisões e *melhores resultados de saúde*, porque não entender termos básicos pode levar a sérias consequências. Quando as pessoas não entendem suas opções, elas ficam com o que já têm, que pode não ser o melhor plano de saúde para suas necessidades específicas.

A Collective Health escreve seu material em uma linguagem que não requer um doutorado para entender. Por exemplo, uma

OS EMPREENDEDORES

franquia é definida como: "O valor que você paga para ser atendido até o seguro entrar em ação".[5] A legibilidade da frase anterior é definida tendo-se em mente uma criança na primeira série do fundamental. A frase evita o uso de advérbios, da voz passiva e de palavras difíceis de ler. É a explicação mais simples para um termo que confunde muitos consumidores de serviços de saúde.

Os representantes do call center (chamados de "defensores dos associados") também são orientados a usar uma linguagem simplificada. Por exemplo, Batniji não diz: "Nossos defensores dos associados são incentivados a resolver todas as dúvidas que nossos associados encontrarem".[6] Em vez disso, ele diz: "Nossos defensores dos associados estão sempre prontos para responder suas perguntas quando elas surgirem". A primeira frase tem um nível de legibilidade para jovens de 17 a 18 anos. A segunda explicação está em uma linguagem que pode ser entendida por crianças de 13 anos. Além disso, palavras como "prontos" em vez de "incentivados" são mais alinhadas com a forma como os humanos falam uns com os outros. De acordo com Batniji, a linguagem corporativa e formal é dissonante com a linguagem que as pessoas estão acostumadas a ouvir no dia a dia.

Batniji não é um técnico, mas tem uma vantagem competitiva. Ele está muito ciente do que Aristóteles nos ensinou há muito tempo: o cérebro humano não pode ser persuadido se tiver de trabalhar muito para entender a informação. A empresa de Batniji atingiu um status raro ao combinar dados, inteligência artificial e análise preditiva com empatia e simplicidade. "Como médicos, somos empíricos e orientados por dados, mas, para os dados encontrarem o caminho para a eficácia clínica, é preciso combiná-los com o fator humano. Precisamos colocar a mão no ombro da pessoa enquanto ela repete o que acabamos de dizer e por que ela deveria seguir nossa orientação."

Na ocasião de nossa conversa, a Collective Health havia recebido US$ 150 milhões em financiamento de risco, empregava 260 profissionais e administrava um plano de saúde para 77.000 pessoas. Comunicar-se com clareza faz toda a diferença.

CONTEÚDO, CONVERSA E UM PAGAMENTO DE US$ 1 BILHÃO

QUANDO A UNILEVER comprou o Dollar Shave Club por US$ 1 bilhão, especialistas mencionaram a startup do sul da Califórnia como mais um exemplo de uma empresa que cria novas maneiras de vender diretamente aos consumidores sem a sobrecarga de lojas físicas. É verdade. Mas a empresa também foi um exemplo de uma nova geração de empreendimentos que persuadem os consumidores a reconsiderar sua fidelidade a marcas tradicionais.

Na semana da aquisição, conversei com David Pakman, ex-CEO da eMusic.com e sócio da Venrock, o primeiro grande investidor no Dollar Shave Club (DSC). Pakman, como milhões de outras pessoas, teve o primeiro contato com o fundador da DSC, Michael Dubin, no vídeo viral que colocou sua startup no mapa. No vídeo, Dubin diz que suas lâminas de barbear são "Boas pra *******". O vídeo atraiu quase cinco milhões de visualizações em três meses após ser postado no YouTube.

Pakman ficou impressionado com a visão que Dubin tinha do mercado. Dubin viu uma oportunidade de transformar uma categoria na qual muitos clientes consideravam o produto caro demais e um enorme inconveniente para comprar (qualquer um que já teve de pedir a um vendedor para destrancar a "fortaleza das lâminas de barbear" sabe disso). De acordo com Pakman, Dubin também identificou outra grande vulnerabilidade das empresas de consumo tradicionais: elas comunicavam suas mensagens pela mídia tradicional enquanto os consumidores viviam nas mídias sociais. "Dubin soube intuitivamente como usar o conteúdo e a conversa como uma ferramenta de marketing em uma época na qual marcas tradicionais ainda gritavam para tentar chamar a atenção dos clientes em anúncios na TV", disse Pakman.[7]

Construir uma marca capaz de conversar com o público, como ele explica, é mais do que postar um comercial de TV no perfil de uma empresa no Facebook ou Twitter. "Conversar é conhecer seus clientes e ter um relacionamento com eles", algo que a DSC fez desde o início.

Por exemplo, além dos vídeos insolentes de Dubin, os funcionários da DSC criaram muitos outros vídeos engraçados, ousados e, acima de tudo, que usam uma linguagem coloquial. Em um vídeo intitulado "Vamos falar sobre o número 2", Dubin apresenta um produto que as marcas tradicionais chamam cautelosamente de "toalhas umedecidas para adultos". Em um vídeo que foi visto 3,5 milhões de vezes, Dubin chama seu produto de "limpadores de bunda para homens". Por que você precisa de um? "Porque você não é um animal e o que você está usando agora é primitivo... com o One Wipe Charlie, é só dar uma passada e seguir a vida." O vídeo é curto, chocante, irreverente e compartilhável: os ingredientes de um sucesso nas redes sociais.

O empreendedor Michael Dubin impressionou os investidores com suas habilidades de comunicação, habilidades que ele aprimorou em dois empregos: produtor de notícias e comediante de stand-up.

Como um produtor de notícias digitais, Dubin aprendeu a escrever um conteúdo que ressoasse com o público. "Ao lançar um novo negócio e compartilhar uma nova ideia, se você conseguir que as pessoas se lembrem dela, é claro que suas chances de sucesso serão melhores", disse Dubin.[8] Ele também estudou comédia improvisada na Upright Citizens Brigade em Nova York. Dubin chegou a afirmar que seus oito anos de aulas de improvisação o ajudaram a planejar, elaborar e apresentar um *business case*, além de se conectar com as pessoas com seus vídeos humorísticos. "As pessoas tendem a se lembrar das coisas que são apresentadas musicalmente e a comédia é uma forma de música", diz Dubin.

COMUNICAÇÃO CINCO ESTRELAS

Segundo Pakman, "Nesta era de atenção fragmentada nas mídias sociais, a sua marca precisa se destacar em alcançar as pessoas tendo conversas com elas e apresentando um bom conteúdo que elas queiram ver, caso contrário, elas vão escolher não dar ouvidos".[9] A experiência de Dubin como um comunicador na era digital o ajudou a criar um conteúdo que as pessoas querem ver e, mais importante, compartilhar com os amigos.

Em cinco anos, o Dollar Shave Club conquistou uma participação de mercado de 5% em uma categoria que passou nada menos que 115 anos dominada por uma única marca: a Gillette. De acordo com Pakman, "A Gillette não fazia ideia do que seus próprios clientes pensavam dela e nem queria saber. Eles não faziam ideia porque nunca conversaram com os clientes".[10]

Pakman diz que a grande lição da história de sucesso do Dollar Shave Club é ver a mídia social como uma ferramenta para criar conteúdo e conversa. Durante a maior parte dos últimos cem anos, os consumidores só tinham um punhado de jornais e revistas para ler e uns poucos canais de televisão para assistir. Foi nesse ambiente que a Gillette prosperou por 115 anos. Mas os tempos mudaram e nossos hábitos de consumo de conteúdo também. "Com a internet e os smartphones, nossa atenção mudou da mídia tradicional unidirecional para as formas de conversa nas mídias sociais", diz Pakman.[11]

O empreendedor Michael Dubin tinha as habilidades certas no momento certo para aproveitar a tendência das mídias sociais, uma tendência que recompensa a autenticidade, o conteúdo compartilhável e o diálogo entre marcas e seus clientes. As plataformas de mídia social do Dollar Shave Club (Instagram, Facebook, Twitter) apresentam histórias de clientes reais, convidam os clientes a fornecer um fluxo constante de feedback e incentivam um relacionamento contínuo com a marca.

OS EMPREENDEDORES

Michael Dubin, Rajaie Batniji e Katelyn Gleason são empreendedores cinco estrelas cujas habilidades soft os ajudaram a se destacar na multidão de concorrentes tradicionais.

Todos os anos, só nos Estados Unidos, empreendedores abrem 600.000 empresas. Apenas 5% dessas empresas recebem financiamento de capital de risco. Os capitalistas de risco são extremamente seletivos porque entregam grandes cheques – em média de US$ 2,6 milhões – para empresas em estágio inicial. Eles também sabem muito bem que muitas de suas apostas serão um fracasso e investem apenas em 1 de cada 400 pitches que veem. De acordo com os principais investidores dos Estados Unidos, os empreendedores que dominam a arte da persuasão têm mais chances de superar os imensos desafios que enfrentarão: vender ideias; aumentar a receita; atrair clientes; recrutar, reter e motivar os melhores talentos; e levantar mais capital.

Sete das empresas de capital de risco que mais ganham apostas dizem que o maior diferencial são as habilidades de comunicação

O *New York Times* fez uma parceria com a CB Insights para publicar uma lista dos 20 capitalistas de risco do mundo "que mais ganham apostas".[12] Muitos deles fizeram observações notáveis sobre a importância das habilidades de comunicação para o sucesso de um empreendedor.

Bill Gurley: "Os grandes contadores de histórias têm uma vantagem competitiva injusta"

Bill Gurley, da Benchmark Capital (Grubhub, OpenTable, Uber), é a favor de usar o PowerPoint nos pitches para investidores. Ele diz que o PowerPoint ajuda os capitalistas de risco a avaliar a capacidade do empreendedor de comunicar suas ideias. Gurley escreveu um artigo chamado "In Defense of the Deck" (algo como "Em defesa das apresentações de PowerPoint"), no qual afirma: "Os investidores não avaliam apenas a história da sua empresa. Eles também avaliam a sua capacidade de contar essa história".[13]

Gurley diz que os empreendedores capazes de comunicar uma narrativa empolgante têm várias vantagens. Eles vão "recrutar melhor [...] ser os queridinhos da imprensa [...] ter mais facilidade de levantar fundos [...] fechar parcerias incríveis para desenvolver o negócio [...] e terão uma cultura corporativa forte e coesa".

Chris Sacca: "O storytelling está no centro de tudo o que fazemos neste espaço"

O influente investidor Chris Sacca administra um portfólio de mais de 80 startups e empresas maduras por meio de sua holding Lowercase Capital. Ele é conhecido por seus investimentos semente e iniciais no Twitter, Uber, Instagram e Kickstarter. Para ele, os fundadores precisam se tornar os melhores contadores de histórias. "É assim que você arrecada fundos. É assim que recruta pessoas para sua empresa. É assim que você as retém. É assim que você fala com a imprensa. É a base de tudo o que fazemos neste negócio."[14]

Jeff Jordan: "Todo grande fundador é capaz de contar uma grande história"

Jordan é o ex-CEO da OpenTable. Como um sócio solidário da empresa de capital de risco Andreessen Horowitz, ele conduziu a rodada de série B do Airbnb. Jordan também procura empreendedores que tenham uma qualidade mítica: a capacidade de contar uma história empolgante que cative o ouvinte. "Todo grande fundador é capaz de contar uma grande história", Jordan disse. "A capacidade de convencer as pessoas a acreditar é uma das principais características de um fundador."[15]

Para Jordan, se um empreendedor não tiver a capacidade de elaborar uma mensagem empolgante em torno de uma narrativa poderosa, fica muito mais difícil atrair investidores, talentos e a cobertura da imprensa.

OS EMPREENDEDORES

Alfredo Lin: "A cultura é o fator que realmente será muito, muito importante para escalar o negócio e sua equipe"

Antes de fazer a transição para capitalista de risco na Sequoia Capital, Lin construiu a Zappos ao lado do CEO Tony Hsieh. A Zappos criou uma cultura extraordinária em torno de "usar o atendimento para entregar encantamento". Em uma aula na Universidade Stanford, Lin disse que uma parte importantíssima do papel de um líder é manter a cultura e a missão da empresa no centro de tudo — e comunicá-las com frequência. Quando um líder faz da cultura um hábito diário, a empresa é recompensada de várias maneiras — inclusive no que se refere a indicadores de desempenho financeiro, fidelidade do cliente e retenção de funcionários. "Acho que você pode ter o programador mais inteligente do mundo, mas, se ele não acreditar na missão, não vai se dedicar de corpo e alma a ela",[16] diz Lin.

Fred Wilson: "Inclua e engaje as pessoas na conversa o mais rápido possível"

Fred Wilson, fundador da Union Square Ventures (Twitter, Etsy), sediada em Nova York, disse que, quando se trata de pitches para investidores, ele quer que o empreendedor use o método que chama de "fisgar e trazer logo à tona". Prenda a atenção deles logo de cara com uma declaração ousada ou audaciosa. Além disso, mantenha em mente que é "uma péssima ideia" perder tempo contando uma longa história de origem. Wilson não quer saber da sua jornada desde que você se formou na faculdade. Vá direto ao ponto e chegue logo à conclusão.

Wilson também recomenda simplicidade. Por exemplo, os empreendedores que tentam vender sua ideia a capitalistas de risco normalmente fazem apresentações de PowerPoint com vinte slides ou mais. Wilson acredita que o pitch ideal de uma nova ideia deve ter seis slides. Em um post de blogue, ele escreveu: "Como muitas coisas na vida, menos é mais em um pitch para angariar fundos. Você pode explicar sua ideia em detalhes maçantes ou pode inspirar um investidor e deixá-lo livre para imaginar. Adivinhe qual é melhor?".[17]

Michael Moritz: "Gravar uma mensagem no cérebro de uma pessoa é uma arte rara. Para fazer isso, a mensagem deve ser memorável, clara, vívida e ter um elemento de emoção associado a ela"
Quando entrevistei o famoso investidor da Sequoia Capital por trás do Google, Yahoo, PayPal, Airbnb, LinkedIn e outras empresas notáveis, conversamos sobre como os grandes líderes inspiram as pessoas. Para Moritz, a clareza é tudo. "Você não tem como liderar uma pessoa — muito menos uma equipe ou uma organização — se não for capaz de comunicar com clareza a direção que almeja seguir", Moritz me disse.[18]

Mary Meeker: "Eu cresci acreditando que uma pessoa pode fazer a diferença"
Meeker é conhecida por uma apresentação anual sobre o estado da internet — o *Relatório de Tendências da Internet*. Ela também teve um papel importante quando atuou como uma analista da Morgan Stanley, tendo ajudado a empresa a arrebatar IPOs como o Google, Netscape e Priceline. Hoje, como uma sócia da empresa de capital de risco do Vale do Silício Kleiner Perkins Caufield & Byers (KPCB), ela atua nos conselhos do Lending Club, Square e DocuSign.

Meeker concorda com John Doerr, o lendário capitalista de risco da KPCB, que afirmou que os grandes líderes articulam poderosas declarações de missão. Certa vez, Doerr disse a estudantes de administração da Stanford que preferia investir em missionários do que em mercenários. Os mercenários, ele explicou, são "movidos pelo dinheiro". Os missionários são "movidos por significado".[19]

Os missionários, de acordo com Meeker, comunicam com frequência suas grandes ideias de maneira a atrair e empolgar os ouvintes. Em uma entrevista, Meeker disse: "Para mim, uma poderosa declaração de missão foi a do Google: organizar as informações do

OS EMPREENDEDORES

mundo e torná-las universalmente úteis e acessíveis. Estávamos envolvidos nesse IPO e precisei me perguntar: 'Vamos entrar nessa?' Poderíamos ter dito não. Mas me lembro de ter pensado: 'Caramba, eles podem conseguir fazer isso'".[20]

A observação de Meeker de que os líderes inspiradores imbuem suas empresas de um propósito inebriante refere-se a uma habilidade de comunicação crucial que separa os grandes empreendedores dos meramente bons.

O SONHADOR QUE MUDOU A VIDA DE TIM

TIM PASSOU TODO o ensino médio e a faculdade sem encontrar seu propósito. Ele passava de uma realização a outra sem que tivesse um verdadeiro sentido na vida pessoal e profissional. "Aquilo estava acabando comigo", contou. Depois de quinze anos procurando seu lugar no mundo, Tim conheceu um empreendedor chamado Steve Jobs. Tim lembra do primeiro encontro entre ambos: "Ele queria empoderar os malucos — os desajustados, os rebeldes e os encrenqueiros, os pinos redondos e os buracos quadrados".[21] Tim encontrou sua tribo e pela primeira vez sentiu-se "alinhado comigo mesmo e com a minha própria necessidade profunda de agir em prol de algo maior".

O CEO da Apple, Tim Cook, contou essa história aos formandos do MIT na cerimônia de formatura de 2017. "A tecnologia é capaz de grandes feitos", disse ele. "Mas ela não *quer* fazer grandes feitos. Ela não quer nada. Essa parte cabe a todos nós. Cabe aos nossos valores e ao nosso compromisso com a nossa família, nossos vizinhos e nossas comunidades, nosso amor pela beleza e a crença de que todas as nossas crenças estão interconectadas, nossa decência, nossa bondade. Não acho que a inteligência artificial dará aos computadores a capacidade de pensar como seres humanos. Não me preocupo com isso. O que mais me preocupa são pessoas que pensam como computadores, sem valores ou compaixão, sem ponderar as consequências." A ciência, diz Cook, é uma busca na escuridão, enquanto nossas características humanas são as velas que nos mostram onde estivemos e o que está por vir.

Tim Cook conheceu um sonhador e isso mudou sua vida. "Todos nós devemos sonhar e encorajar os outros a sonhar também", diz o empreendedor bilionário Richard Branson. "Sonhar é uma das maiores dádivas da humanidade; o sonho impulsiona a aspiração, estimula a inovação, leva à mudança e impele o mundo a seguir em frente."[22]

Branson acredita que os grandes sonhadores são capazes de mudar o mundo, mas também diz que os sonhos precisam de um forte persuasor para defendê-los. Branson mantém seu próprio blogue pessoal e conta no Twitter e escreve tudo ele mesmo. Muitos de seus conselhos se baseiam em seus insights sobre a comunicação de ideias. Branson defende ensinar as crianças a falar e escrever bem desde o ensino fundamental. Ele tem a firme convicção de que é praticamente impossível ser um empreendedor de sucesso sem a capacidade de persuadir. Depois de 50 anos de experiência no empreendedorismo, Branson identificou a comunicação como a habilidade que os grandes empreendedores têm em comum: "Acredito que a comunicação é a habilidade mais importante que qualquer empreendedor pode ter. A comunicação faz o mundo girar. Facilita as conexões humanas e nos permite aprender, crescer e progredir".[23]

Supervisionar uma holding de cerca de 400 empresas e 70.000 funcionários dá a Branson uma perspectiva única sobre as habilidades necessárias para os empreendedores terem sucesso na presente era de aceleração tecnológica.

O PETRÓLEO ENRIQUECEU O PAÍS; A COMUNICAÇÃO O MANTERÁ FORTE

OS GOVERNANTES DE Dubai e Abu Dhabi, nos Emirados Árabes Unidos, estão de olho na tendência à globalização e não estão perdendo

OS EMPREENDEDORES

tempo em preparar os empreendedores de amanhã. Em uma visita a várias universidades dos Emirados Árabes Unidos, fiquei impressionado ao ver que os governantes do país afirmavam abertamente que o fator que impulsionará o futuro será o empreendedorismo — não o petróleo.

Dubai é uma cidade de contrastes. Dunas de areia e tendas beduínas rodeiam os edifícios mais altos do mundo; camelos dividem as ruas com carros de luxo. Em 1958, petróleo foi encontrado em Abu Dhabi. Hoje, 6% de todas as reservas de petróleo conhecidas do mundo estão debaixo de Abu Dhabi.

Na semana da minha visita aos Emirados Árabes Unidos, o príncipe herdeiro de Abu Dhabi, o xeique Mohammed bin Zayed, falou em uma conferência de 3.000 jovens e disse que as riquezas do país não estão debaixo da terra, mas no talento das pessoas que vão liderar o país quando a última gota de petróleo acabar. "Vocês têm de ser melhores do que nós [...] não há opção", afirmou.[24]

À medida que a região passa do petróleo a uma economia baseada no conhecimento, ela precisará de uma nova geração de engenheiros, cientistas e profissionais especializados com habilidades para permanecer globalmente competitivos pelos próximos cinquenta anos. "Precisamos conhecer outras culturas, clientes e tradições porque, daqui a 25 anos, vocês terão de fazer negócios com outros países para dar lucro às nossas empresas nos Emirados", disse ele.

A educação é a maior prioridade do governo justamente para afastar as gerações futuras dos cargos públicos. Para que os Emirados Árabes Unidos prosperem, será necessário ajudar seus cidadãos a se tornarem mais autossuficientes e menos dependentes do governo para obter renda. Os alunos são incentivados a estudar uma ampla gama de disciplinas e perseguir vocações, não carreiras. Cursos de empreendedorismo estão surgindo em toda a região para preparar criadores de empregos, não candidatos a emprego.

COMUNICAÇÃO CINCO ESTRELAS

Para competir com os melhores e mais brilhantes do mundo, crianças e jovens aprendem a falar em público já no ensino fundamental e, no ensino médio e superior, aprendem técnicas mais avançadas na arte da persuasão. Em uma universidade de Sharjah, conheci estudantes de empreendedorismo trabalhando em uma variedade impressionante de aplicações: games, mercados on-line e plataformas de aprendizagem, serviços de entrega de refeições, uma solução de controle de pedidos para restaurantes e hotéis (o setor da hospitalidade é um campo de estudo em rápido crescimento em Dubai) e um aplicativo on-line para monitorar e controlar o consumo de energia. A nota final se baseava em um pitch de três minutos que eles fariam a membros da família real.

Os alunos dos Emirados Árabes Unidos são lembrados de que a comunicação na forma do storytelling é uma antiga forma de arte que tem raízes na própria região onde vivem.

Al hakawat é a palavra árabe para "contador de histórias". Milhares de anos atrás, teve início uma tradição na qual, após as orações da noite, os homens se reuniam ao redor de uma fogueira a céu aberto, compartilhavam uma bebida que lembra o café turco de hoje e contavam histórias. A tradição foi passada de geração a geração. Hoje, recitar poesia no deserto é um passatempo popular. Disseram-me que, se você quiser fazer negócios no Oriente Médio, a melhor coisa a fazer é começar a conversa com uma história. Se o seu anfitrião começar com uma história, ouça com atenção e não mude de assunto de repente.

Na Parte 3, você aprenderá que o storytelling é tão antigo quanto a própria civilização. No livro *As mil e uma noites*, a protagonista Sherazade conta histórias para se salvar da execução. O manuscrito mais antigo que se conhece data do século 9. A palavra falada tem um significado especial para o povo dos Emirados e é a chave para seu progresso no futuro.

O petróleo enriqueceu o país; a comunicação o manterá forte.

OS EMPREENDEDORES

As habilidades de comunicação valem ouro não apenas em Dubai, mas também no mundo todo. Levantamentos com empresas internacionais revelaram que as pessoas com mentalidade empreendedora ajudam a impulsionar os negócios. Diretores de recursos humanos procuram pessoas com mentalidade empreendedora porque elas trazem ideias e insights valiosos para ajudar as empresas a manter sua vantagem em termos de inovação. Mas como distinguir uma pessoa com mentalidade empreendedora de um funcionário mediano? Um estudo com 17.000 funcionários descobriu que os que tiram notas mais altas em "persuasão" são os mesmos que levarão a mentalidade empreendedora a uma organização. "Não há dúvida alguma que os empreendedores precisam se destacar na persuasão — a capacidade de convencer as pessoas a mudar sua forma de pensar, de acreditar ou de se comportar — para recrutar uma equipe ou conquistar a adesão de investidores e stakeholders", explica o relatório.[25]

De acordo com Thomas Friedman em *Obrigado pelo atraso*, a era da aceleração dá a um indivíduo com uma ideia mais poder do que nunca para moldar o mundo ao seu redor. Em nenhum momento da história de nosso planeta, o poder de uma única pessoa foi tão amplificado. "Hoje, uma única pessoa pode ajudar muito mais pessoas", escreve Friedman. "Uma única pessoa pode educar milhões com uma plataforma de aprendizagem na internet; uma única pessoa pode entreter ou inspirar milhões; uma única pessoa hoje pode comunicar uma nova ideia... para o mundo inteiro de uma só vez."[26]

Acontece muito de historiadores olharem para eventos monumentais no progresso da humanidade e dizerem que heróis andaram na Terra no passado. Heróis ainda andam na Terra. Eles são empreendedores e inovadores, sonhadores e realizadores que estão desenvolvendo ideias para resolver os maiores desafios do nosso mundo. Eles não se encaixam; eles se destacam. Nós os consideramos irresistíveis porque precisamos de heróis nos quais acreditar.

COMUNICAÇÃO CINCO ESTRELAS

Eles contam suas histórias e as contam bem. Quando os ouvimos, acreditamos que a história deles é a *nossa* história e que seus sonhos podem realizar os *nossos* sonhos.

7

OS PROFISSIONAIS

Se quisermos que as pessoas aceitem nossas ideias originais,
precisamos nos dispor a defendê-las.

— ADAM GRANT, professor da Faculdade de Administração
Wharton da Universidade da Pensilvânia

Sharon não precisava usar produtos para incontinência, mas usou...
por um mês. Ela ia trabalhar com eles, os usava para dormir e enquanto fazia apresentações importantes.[1]

Sharon trabalhava no design de produtos de um dos maiores
varejistas do planeta. A empresa vendia anualmente milhões de
produtos para incontinência de adultos. Assim que entrou na
equipe, Sharon fez uma pergunta simples: "Alguém já usou estas
coisas?". Ninguém levantou a mão. "Bem, precisamos mudar isso",
disse ela. E foi assim que Sharon transformou toda uma categoria
de produtos que tem uma previsão de crescimento de 48% nos
próximos dois anos devido ao envelhecimento da população mundial. Os produtos para incontinência geram US$ 7 bilhões por ano
em vendas, e a empresa de Sharon detinha uma grande fatia desse
mercado.

COMUNICAÇÃO CINCO ESTRELAS

Sharon notou que os produtos tinham pregas embaixo e não se pareciam com uma roupa de baixo que ela — ou qualquer homem ou mulher adultos — gostaria de usar. Sharon se lembra de ter pensado: "Eles parecem fraldas de bebê". Os produtos tinham essa aparência porque de fato eram fraldas para bebês, só que feitas em tamanho adulto.

"Passei um mês usando os produtos todos os dias, trocando as marcas que vendíamos e experimentando-as por alguns dias", me contou Sharon. "Eu os usava quando entrevistava candidatos a emprego. Fiz apresentações com eles. Fiquei com vergonha? Pode apostar que sim. Eu usava jaquetas e suéteres mais longos para cobrir meu traseiro. Os produtos não tinham um bom caimento. Eu precisava usar fita adesiva para eles não saírem do lugar e deslizarem por dentro das minhas calças."

Sharon apresentou os resultados de seu experimento aos gestores seniores e os convenceu a redesenhar completamente os produtos. O pitch de Sharon foi irresistível. "Sabemos muito sobre roupas íntimas nesta empresa", ela começou. "Somos um dos poucos varejistas que vendem produtos para incontinência e roupas masculinas e femininas, incluindo roupas íntimas. Se juntarmos os dois grupos — vestuário e design de produto —, poderemos reinventar a categoria." A empresa aceitou a recomendação. A apresentação de Sharon levou a uma reavaliação completa do produto. Hoje, os produtos para incontinência em adultos da maioria das grandes marcas são muito diferentes do que eram anos atrás. Modelos de moda estão sendo contratados para posar para anúncios que ostentam a aparência e o conforto melhorados.

"Fui a catalisadora de uma voz mais forte", Sharon me contou. "Precisamos lutar pelos nossos compradores e fazer mudanças que os beneficiem."

Sharon não sabia praticamente nada sobre produtos para incontinência quando entrou na equipe. Sharon não tem MBA. Ela não

OS PROFISSIONAIS

tem especialização em uma universidade de elite. Mas tem uma qualidade exclusivamente humana que a coloca em um grupo altamente requisitado: a empatia. A palavra "empatia" é definida como sentir as emoções de outra pessoa vivenciando suas experiências. Nunca havia ocorrido a ninguém da equipe de Sharon vivenciar as experiências das pessoas a quem a empresa vendia os produtos.

A incontinência é uma coisa, mas será que a empatia de Sharon poderia ser transferida a um departamento totalmente diferente? Não só poderia como foi o que aconteceu.

"Alguém já usou estas coisas?", ela perguntou. Mais uma vez, ninguém da equipe levantou a mão. Ninguém tinha espetado o dedo para tirar sangue. "Lá vamos nós *de novo*", pensou Sharon.

A empresa de Sharon vendia 100 milhões de unidades anuais de kits de monitoramento de glicose no sangue, usados por diabéticos para medir a quantidade de açúcar no sangue. É um mercado importante — para a empresa e para os consumidores. Cerca de 9% da população dos Estados Unidos tem diabetes e quase 1,5 milhão de novos casos são diagnosticados a cada ano. A possibilidade de testar regularmente os níveis de açúcar e ler com facilidade os resultados é uma questão de vida ou morte. E é por isso que Sharon estava preocupada. Embora a empresa estivesse vendendo milhões de unidades, centenas estavam sendo devolvidas. Um vendedor disse: "E daí? Quem se importa se alguns são devolvidos?". Sharon respondeu, furiosa: "Tem uma criança de 6 anos usando esse teste para monitorar a diabetes. Ela pode viver ou morrer com base no resultado do teste. Essa criança precisa entender o resultado".

Sharon não tinha diabetes, mas começou a espetar o dedo para fazer o exame de sangue. "Eu queria ter uma interação humana com o produto", disse ela. Ela percebeu que os resultados dos testes não eram fáceis para crianças interpretarem. Hoje, graças às informações, à luta e aos experimentos pessoais de Sharon, os resultados dos kits de monitoramento de glicose são muito mais fáceis de interpretar,

COMUNICAÇÃO CINCO ESTRELAS

especialmente para crianças. Mais uma vez, Sharon reinventou completamente uma grande e importante categoria de produtos. "Se você não consegue entender que tem uma pessoa do outro lado dos dados, deixa passar grandes oportunidades", disse Sharon.

"A persuasão é uma grande parte do meu sucesso", falou. "Hoje em dia, não dá para simplesmente mandar as pessoas fazerem as coisas. Esse estilo de dar ordens já era. Hoje você tem de treinar, inspirar, instigar e persuadir as pessoas a chegarem aonde você quer que elas cheguem."

Sharon é indispensável e provou seu valor em quatro empresas — do varejo aos serviços de alimentação. Em cada empresa, ela galga a hierarquia muito mais rápido do que os colegas e, quando sai, faz muita falta. Uma empresa promoveu Sharon quatro vezes em menos de uma década. Alguns de seus colegas não foram promovidos nem uma vez no mesmo período. Hoje ela é diretora de pesquisa e desenvolvimento de uma grande marca de alimentos que tem 1.000 produtos diferentes nos supermercados dos Estados Unidos.

"Qual é o seu diferencial?", perguntei a Sharon.

"Paixão e empatia", ela respondeu. *As pessoas que se destacam defendem os clientes.*

Sharon é uma profissional de negócios que o professor de psicologia da Faculdade de Administração Wharton da Universidade da Pensilvânia, Adam Grant, chamaria de "original". De acordo com Grant, um original é uma pessoa que "luta por uma série de novas ideias que vão contra a corrente, mas que acabam melhorando as coisas".[2] Os originais têm ideias radicais, mas essas ideias não fazem sentido se a pessoa não conseguir defendê-las. "Se quisermos que as pessoas aceitem nossas ideias originais, precisamos nos dispor a defendê-las", diz Grant.

Sharon também é uma pessoa que Gregory Berns, neurocientista da Universidade Emory, chamaria de "iconoclasta". Um iconoclasta, diz Berns, é "uma pessoa que faz algo que os outros dizem que não pode ser feito".[3] Berns argumenta que a maioria das pessoas nunca será uma iconoclasta porque não consegue superar dois medos: 1) o medo da incerteza (os iconoclastas assumem riscos que desafiam o status quo); e 2) o medo de defender e vender ideias originais. "Você pode ter a melhor ideia do mundo, totalmente original e diferente, mas, se não conseguir convencer as pessoas, não faz diferença alguma", escreve Berns.

Sharon convenceu um número suficiente de pessoas da importância do design do produto.

UM ENGENHEIRO CIVIL USA O ESTILO DE STEVE JOBS PARA FECHAR UM GRANDE CONTRATO

MATTHEW É ENGENHEIRO civil e gerente de projeto em uma grande cidade americana.[4] Ele trabalha em uma empresa de construção civil contratada por governos estaduais e prefeituras para construir estradas, pontes, prédios e estações de tratamento de água e esgoto.

Matthew é um dos 300.000 engenheiros civis dos Estados Unidos. Ele tem os requisitos básicos: um diploma de engenharia, licenças e estágios. As credenciais de Matthew o ajudaram a conseguir um emprego, mas ele queria se destacar e avançar na carreira. Concentrou-se em desenvolver a única habilidade que os computadores não têm como substituir e que os diplomas não medem: a capacidade de persuadir as pessoas a apoiarem suas ideias.

Conforme Matthew foi ganhando confiança em falar em público, ele conseguiu uma promoção após a outra, cada uma acompanhada de um bom aumento salarial. Matthew começou como um engenheiro técnico, um trabalho que ele descreve como "ficar sentado a uma mesa calculando fórmulas". À medida que suas habilidades de apresentação foram se desenvolvendo, foi promovido a engenheiro de projeto, gerente de projeto e gerente de desenvolvimento de negócios. Um engenheiro técnico nos Estados Unidos ganha em média

COMUNICAÇÃO CINCO ESTRELAS

um salário anual de US$ 60.000. Um engenheiro de projeto ganha de US$ 65.000 a US$ 90.000. O salário de um gerente de projeto é bem mais alto e pode variar de US$ 100.000 a US$ 250.000. À medida que as habilidades de comunicação de Matthew foram melhorando, o mesmo aconteceu com seu salário e influência.

Vejamos o que Matthew tem a dizer sobre o papel da persuasão em sua rotina diária:

(1) Precisamos fazer análises de engenharia ou avaliar opções para nossos clientes. Em seguida, fazemos apresentações formais e informais para recomendar a solução proposta.

(2) Precisamos vender nossos serviços para conquistar novos clientes ou expandir nossa base de clientes. A melhor maneira de fazer isso é apresentando, nas conferências de entidades de classe, projetos que tiveram sucesso ou que foram inovadores.

(3) Como quase sempre trabalhamos em equipe, por ser um líder, eu tenho de explicar os objetivos do nosso projeto, as questões ou desafios cruciais e inspirar e motivar nossa equipe a agir para concluir o projeto dentro do prazo e do orçamento.

(4) O quarto e mais importante tipo de apresentação é conquistar um novo projeto de infraestrutura em uma cidade ou estado. Em uma licitação típica, até dez empresas apresentam uma proposta de 25 páginas. Um comitê de seleção reduz o número de candidatos a três ou quatro empresas que são convidadas para entrevistas e apresentações presenciais. Muitas vezes não somos a empresa que oferece o preço mais baixo porque não queremos comprometer nossa qualidade, de modo que a nossa apresentação faz muita diferença.[5]

À medida que melhorava na comunicação de suas ideias, Matthew aumentava sua exposição no setor e elevava seu valor. O chefe de Matthew lembrou uma apresentação específica que impres-

OS PROFISSIONAIS

sionou muito os clientes. A apresentação foi original, diferente, persuasiva e acabou levando a um contrato.

Veja como Matthew impressionou seu chefe e conquistou um contrato importante para sua empresa. Muitas cidades dos Estados Unidos têm tubulações, pontes e estradas que precisam de reformas urgentes. Na apresentação, Matthew teve de explicar como a equipe de engenharia poderia consertar uma tubulação de água potável de 100 anos que estava vazando debaixo de trilhos de trem usados para transportar mais de 15.000 pessoas por dia. O tubo tinha 1,2 metro de diâmetro. A reforma implicaria um revestimento completamente novo, mas o fluxo máximo de água teria de ser mantido.

Matthew, obcecado em aprender tudo o que podia com os melhores comunicadores, viu muitas apresentações de Steve Jobs no YouTube. Ele se lembra de assistir a um vídeo do cofundador da Apple apresentando o primeiro Macbook Air. Jobs entrou no palco com um envelope pardo tamanho ofício na mão; então tirou um laptop do envelope e proclamou: "Hoje estamos apresentando o notebook mais fino do mundo". Matthew pegou de empréstimo a ideia de Jobs e fez algo parecido: pôs o novo revestimento de fibra de carbono em um envelope pardo e fez a grande revelação. Matthew anunciou que a solução para o problema é "o sistema de revestimento de tubulação mais forte e mais fino do mundo". A apresentação de Matthew foi um sucesso e sua empresa venceu a licitação.

Matthew me enviou uma cópia da apresentação vencedora. Ele usou com habilidade várias técnicas que você aprenderá na Parte 3. Uma das ferramentas mais eficazes de persuasão é usar a estrutura narrativa clássica de dividir a história em três partes, ou "atos": a preparação descreve a situação atual; o conflito destaca o problema enfrentado pelo cliente; e a resolução propõe uma ideia ou solução. Matthew seguiu a estrutura de três atos, que abordaremos em detalhes no capítulo 12.

COMUNICAÇÃO CINCO ESTRELAS

Matthew começou mostrando slides com fotografias históricas de homens instalando a tubulação em 1870. Em seguida, explicou o problema: como consertar 1 quilômetro de tubulação debaixo de um sistema de transporte público que transporta milhares de pessoas por dia? Para esclarecer ao máximo a segunda parte, chegou a incluir um slide que dizia: "O desafio". Para incluir um pouco de tensão ao desafio, mostrou fotos de ruas arborizadas de um dos bairros mais históricos da cidade. Qualquer projeto teria de reduzir disrupções na superfície de ruas e calçadas, ele argumentou. A grande revelação do envelope pardo deu início à terceira parte, a solução. Quando terminou, o cliente — que já tendia a contratar uma empresa que havia oferecido um preço mais baixo — mudou de ideia e deu o contrato à empresa de Matthew.

Mesmo antes de o cliente tomar a decisão final, o chefe de Matthew viu que a apresentação foi "surpreendente", a melhor apresentação que já tinha visto em toda a sua carreira. Matthew só tinha cinco anos no setor e já se destacava na empresa e entre os colegas.

"Se eu puder contar uma história melhor, posso ganhar mais contratos", diz Matthew. "Se a história também demonstrar que somos especialmente qualificados porque temos uma solução única para um problema crítico (ou oculto) que o cliente desconhece, nossas chances de ganhar o contrato aumentam muito [...] mesmo se cobrarmos mais que os nossos concorrentes."

Matthew se destaca porque fez a transição de um bom comunicador para um grande comunicador. O autor de best-sellers Thomas Friedman chama a velocidade das mudanças no mundo moderno de "era da aceleração". Friedman argumenta que as palavras que usamos para descrever a tecnologia são fracas demais para dar uma verdadeira ideia das transformações tecnológicas. Os dados não estão migrando para a *nuvem*, estão passando por uma verdadeira "supernova", diz Friedman. "A supernova está em ampla expansão e acelerando o

OS PROFISSIONAIS

poder dos fluxos. Os fluxos de conhecimento, novas ideias, avanços na medicina, inovações, insultos, rumores, colaboração, intermediação, empréstimos, transações bancárias, transações no mercado de ações, amizades, transações comerciais e aprendizado agora circulam globalmente em uma velocidade e amplitude que nunca vimos."[6]

Este é o mundo no qual Michael, Sharon e milhões de outros profissionais estão tentando deixar uma marca. O que nos empodera, de acordo com Friedman, é que o mundo moderno amplifica o que ele chama de "poder do um". Uma única pessoa pode inspirar, instruir ou entreter milhões de pessoas pela internet. Uma única pessoa pode comunicar uma ideia que revoluciona um campo ou transforma o mundo. A ironia que os profissionais enfrentam no mundo moderno é que, para se destacarem na era da aceleração, eles devem aprimorar suas habilidades de persuasão. De acordo com Friedman em seu livro *Obrigado pelo atraso*, empregos de classe média estão exigindo mais conhecimento e mais instrução. "Para competir por esses empregos, você precisa desenvolver não só a leitura, a escrita e a aritmética como também os quatro Cs da criatividade, colaboração, comunicação e codificação."[7]

DESTACANDO-SE NA ERA DA ACELERAÇÃO

A HART RESEARCH Associates faz os levantamentos mais abrangentes com estudantes universitários e possíveis empregadores. A cada dois anos, a empresa de pesquisa faz perguntas detalhadas a mais de 300 empregadores em várias categorias. Em uma recente pesquisa da Hart, os empregadores admitiram algo surpreendente. Mais de 93% deles disseram que, ao tomar decisões de contratação, a capacidade de pensamento crítico e comunicação clara de um candidato a emprego é mais importante do que um diploma universitário. De acordo com o relatório, "Os empregadores estão muito focados na inovação como um fator crucial para o sucesso de suas empresas.

COMUNICAÇÃO CINCO ESTRELAS

Segundo eles, os desafios que seus funcionários enfrentam hoje são mais complexos e exigem um conjunto de habilidades mais amplo do que no passado".[8] O diploma universitário de um candidato, mesmo se estiver alinhado com o setor escolhido, não garante que ele saberá se comunicar com clareza e ter pensamento crítico.

Os empregadores que responderam à pesquisa da Hart dizem que o declínio nas habilidades de comunicação escrita e oral é um grande obstáculo para a contratação de candidatos e a promoção de funcionários. Oitenta por cento dos empregadores dizem que as universidades deveriam dar mais ênfase a essas habilidades. Infelizmente, estudos e mais estudos mostram que essas habilidades estão em falta e a oferta está caindo ano após ano. Existe uma lacuna cada vez maior entre o que os empregadores esperam ver nos candidatos e as habilidades que esses candidatos têm para mostrar.

"Os melhores comunicadores têm uma vantagem competitiva", diz Susan Vitale, diretora de marketing da iCIMS Insights, uma empresa que vende software de recrutamento de talentos para grandes empresas.[9] De acordo com um estudo da iCIMS, cerca de 90% dos estudantes universitários do último ano confiam em suas habilidades de entrevista, mas mais de 60% dos recrutadores dizem que as habilidades de entrevista dos recém-formados deixam muito a desejar. Para começar, os especialistas em contratação recomendam que os candidatos a emprego precisam se familiarizar muito mais com a empresa e o setor.

"Os candidatos acham que estão fazendo a lição de casa, mas há uma grande diferença entre repetir fatos que eles aprenderam no site da empresa e elaborar narrativas com base em sua experiência", Vitale me explicou. "Hoje há mais informações disponíveis sobre as empresas do que jamais houve. Não basta saber quando a empresa foi fundada, quem é o CEO e onde fica a sede dela." Vitale recomenda que os candidatos expliquem com clareza o valor que podem trazer para a empresa e como sua experiência beneficiará o cliente e ajudará a melhorar a posição da empresa no mercado.

OS PROFISSIONAIS

Vitale também aponta para uma tendência cada vez maior de valorizar as habilidades de comunicação. Muitos responsáveis pela contratação estão passando a poupar tempo solicitando vídeos curtos de 90 segundos dos candidatos. Eles usam esses vídeos para decidir se um candidato merece ou não uma entrevista presencial. Se um candidato não souber falar bem ou enunciar com clareza, se usar roupas casuais demais ou gravar o vídeo em um local pouco profissional, ele pode não ser chamado para uma entrevista, mesmo com um currículo impecável.

Em uma pesquisa da iCIMS com 400 gerentes de RH e de recrutamento nos Estados Unidos, 63% disseram que, dados dois candidatos com as mesmas qualificações, eles escolheriam contratar o que tiver as melhores "habilidades de comunicação oral".

Craig sabe exatamente o que significa ser contratado e promovido por suas habilidades de comunicação. Cinco anos atrás, ele se formou em economia e administração em uma universidade pública.[10] Enviou dezenas de currículos e não obteve resposta. O mercado de trabalho não estava fácil. A economia dos Estados Unidos ainda se recuperava da crise imobiliária de 2008 e a taxa de desemprego estava em 8%. Os empregadores não estavam dispostos a contratar, especialmente recém-formados com pouca ou nenhuma experiência prática.

Uma empresa de software de São Francisco que procurava reforçar seu departamento de marketing foi a primeira a chamar Craig para uma entrevista presencial. Só que ele ainda tinha um grande obstáculo a superar. As startups de São Francisco formavam uma panelinha fechada. Craig conhecia uma pessoa na empresa que disse que o outro candidato sendo considerado para o mesmo cargo era um bom amigo do gerente de contratação. Craig decidiu dominar a arte da persuasão para se diferenciar. Ao fazer isso, passou de um bom candidato a um grande candidato.

"Estudei os concorrentes deles, estudei o produto, criei um pitch de produto", Craig me contou. Craig passou oito horas ensaiando seu

COMUNICAÇÃO CINCO ESTRELAS

pitch e pensando em respostas para possíveis perguntas. Entrou na entrevista em uma quinta-feira e recebeu uma oferta de emprego de US$ 45.000 na segunda-feira. A empresa não queria correr o risco de perdê-lo porque, nas palavras do gerente de contratação, "Você sabe explicar nosso produto melhor do que os nossos próprios vendedores". A primeira tarefa de Craig ao entrar no emprego foi mostrar à equipe de vendas como apresentar o produto da empresa.

Depois de 18 meses na startup, Craig viu que queria crescer como um líder e avançar na carreira. Ele decidiu complementar sua experiência com habilidades técnicas. Matriculou-se em um bootcamp de programação, um curso intensivo de três meses, para aprender engenharia de software. Quando terminou o programa, enviou entre 80 e 90 currículos. Nenhuma empresa respondeu. "Eu estava longe de ser um candidato espetacular. Meus colegas do bootcamp tinham quatro anos de graduação em ciência da computação e quatro anos de experiência. Eu não tinha nada disso. Sabia que a minha maior vantagem seriam minhas habilidades de comunicação", disse Craig.

Até que Craig finalmente teve sua chance. Uma empresa do setor de software business-to-business convidou Craig para sua sede em São Francisco para uma entrevista presencial. Os gerentes de contratação fizeram os tipos de perguntas que estão se tornando cada vez mais comuns em empresas como Google e Tesla: entrevistas comportamentais. Em vez de propor quebra-cabeças como "Quantas bolas de golfe cabem dentro de um ônibus escolar?" (uma pergunta real feita por empresas de tecnologia), essas companhias estão fazendo perguntas para avaliar como as pessoas pensam, colaboram e se comunicam. Por exemplo, o CEO da Tesla, Elon Musk, diz ter encontrado a melhor pergunta para fazer a um candidato a emprego: "Conte-me a história da sua vida, as decisões que você tomou pelo caminho e por que as tomou".[11] Musk quer pessoas capazes de explicar com clareza os problemas que enfrentaram e como os resolveram.

OS PROFISSIONAIS

Craig praticou para a entrevista, ensaiou várias histórias importantes de sua vida e aprendeu tudo o que pôde sobre a empresa. Depois de oito horas de estudo, ele conhecia a empresa como a palma de sua mão e, mais uma vez, sabia explicar os produtos dela melhor do que a própria equipe de vendas. A entrevista de Craig foi um sucesso. Ele conseguiu o emprego já na primeira entrevista pelo dobro do salário anterior.

A partir daí, a empresa recompensou Craig com duas promoções em menos de dois anos. Ele estava ganhando mais de US$ 120.000 quando um concorrente o abordou. Eles tinham ouvido falar que Craig possuía uma capacidade sem igual de falar com equipes internas de engenheiros e traduzir a linguagem deles em conversas que os principais clientes da empresa conseguiam entender. Craig gostava da segunda empresa, mas não queria perder a oportunidade de saber o quanto estava valendo no mercado. Mais uma vez, ele impressionou os entrevistadores com suas habilidades de comunicação "multifuncionais" — a capacidade de liderar engenheiros com orientações claras e depois traduzir a linguagem da engenharia para o cliente. O concorrente ofereceu a Craig um salário 40% mais alto. O empregador de Craig ficou sabendo e igualou o aumento de 40%. E também lhe deu uma atribuição internacional. Eles disseram a Craig que não podiam se dar ao luxo de perder um "comunicador extraordinário" como ele. Apenas cinco anos depois de se formar, Craig já estava sendo preparado para cargos de liderança sênior.

James Citrin, um recrutador de CEOs, não ficaria surpreso com o sucesso de Craig. Citrin trabalha na Spencer Stuart, uma empresa de consultoria em liderança na qual participou de mais de 600 buscas por CEOs, membros do conselho e líderes corporativos seniores. Em uma entrevista para o *Los Angeles Times*, perguntaram a Citrin como conseguir um emprego, manter um emprego e ser promovido. Citrin ofereceu uma solução em duas partes. "Primeiro, desenvolva as habilidades nas quais você agrega valor e liderança, como resolução de

137

problemas, comunicação e habilidades analíticas. Depois, estude algumas das disciplinas relacionadas às tendências futuras do mundo."[12] De acordo com Citrin, a comunicação é a base — a habilidade básica —, a competência fundamental de qualquer grande carreira. "Você precisa ter o pacote completo", diz Citrin. Para Craig, a comunicação foi a habilidade básica, e a codificação foi a competência extra. E hoje o céu é o limite para Craig.

A VANTAGEM DA MCKINSEY

UM DIRETOR ADMINISTRATIVO sênior da McKinsey, a empresa de consultoria mais influente do mundo, subiu ao palco para lançar o encontro anual de consultores da empresa. O evento é conhecido como Dia dos Valores e tem como objetivo reforçar a missão da companhia. Espera-se que todos os consultores — novos e veteranos — compareçam ao evento. O diretor administrativo foi o primeiro a falar. Ele tinha vinte anos de McKinsey e, tendo atuado como diretor de práticas tecnológicas, prestou consultoria a algumas das empresas mais valiosas do mundo. O tema de seu discurso foi o "storytelling", e ele começou com cinco histórias pessoais de sua carreira de consultor, cada uma destinada a salientar um hábito específico que a empresa valorizava.

Os slides do diretor administrativo só continham fotos. Seu primeiro slide mostrava uma foto em preto e branco de um pequeno grupo de mais ou menos doze pessoas, todos homens, reunidos ao redor de uma mesa de escritório em 1940. Aquela tinha sido a primeira iniciativa da empresa para organizar uma reunião anual para conversar sobre os valores institucionais. A foto foi impactante por mostrar o enorme contraste com uma conferência do Dia dos Valores e seus 6.000 funcionários (incluindo muitas mulheres — tanto que a McKinsey é conhecida como uma das dez principais empresas para mulheres) vindos de 100 escritórios. Embora o diretor admi-

OS PROFISSIONAIS

nistrativo vivesse em um mundo caracterizado por tabelas, gráficos e *bullet points* intermináveis, ele queria que seus consultores soubessem que sua vantagem competitiva não estava apenas nos dados, mas em como eles contavam as histórias por trás dos dados e se conectavam com os clientes em um nível emocional. E a melhor maneira de comunicar a emoção é usando imagens, não tabelas e gráficos.

Ele contou histórias pessoais, estudos de caso e histórias de consultores que tiveram sucesso — ou fracassaram — em seus projetos. Em 20 minutos, percorreu uma apresentação de PowerPoint sem qualquer texto, sem *bullet points*, sem gráficos nem tabelas. Foi um exemplo extremo. O diretor administrativo não estava sugerindo que seus consultores fizessem uma apresentação só com fotografias para o cliente, mas queria que eles soubessem que as habilidades de apresentação fariam uma enorme diferença em suas carreiras na McKinsey. A maneira como eles aprenderam a fazer apresentações na faculdade de administração (a maioria tinha MBAs das melhores instituições) precisava ser radicalmente reconsiderada.

Os novos consultores entram na empresa munidos da habilidade de criar apresentações de PowerPoint com mais de 100 slides cheios de texto. O problema é que essa é a maneira menos eficaz de o cérebro processar informações. E é por isso que os líderes seniores da McKinsey fazem de tudo para treinar os novos consultores e orientar os existentes.

Citando um roteirista chamado Robert McKee, o diretor administrativo da McKinsey disse à plateia: "O storytelling é a moeda do contato humano".[13] Faz muito sentido. Na Parte 3, você aprenderá por que apresentar informações em uma sequência lógica é apenas um dos componentes da persuasão. Sem o apelo emocional de uma história, uma ideia vai entrar por um ouvido e sair pelo outro.

Depois do discurso, um consultor da McKinsey me contou que em sua primeira semana na empresa exibiu com orgulho uma longa apresentação de PowerPoint que pretendia apresentar a um cliente.

139

Seu chefe disse: "Sua apresentação ainda não está pronta. Eu quero ver só dois slides para cada vinte que você preparou. E a linguagem deve ser mais simples. Se um menino de 10 anos não conseguir entender a ideia, está complicado demais".

Como você pode imaginar, não é fácil entrar na McKinsey. Na verdade, é dificílimo. A empresa de consultoria contrata menos de 1% dos mais de 200.000 candidatos que avalia todos os anos. Apenas 25% dos consultores da empresa serão promovidos a gerentes de engajamento, 25% destes serão promovidos a sócios associados e 25% destes se tornarão sócios plenos. Em termos simples, apenas cerca de 1 em cada 100 pessoas que passarem no processo seletivo para entrar na empresa se tornarão sócios plenos.

Os sócios recebem uma parcela da receita e podem facilmente ganhar mais de US$ 1 milhão ou mais por ano. Os outros também não podem dizer que ganham mal. Um associado da McKinsey pode começar com US$ 160.000 por ano e subir para cargos que chegam a pagar meio milhão de dólares anuais. O segredo é se destacar. Mas como se destacar entre um grupo de MBAs das melhores e mais prestigiadas instituições do mundo, todos brilhantes e com notas acima da média? Quatro palavras: a arte da persuasão.

Os consultores da McKinsey são avaliados depois de cada projeto. O objetivo é ser avaliado como "distinto", que significa que você se destaca dos outros. Você se destaca dentre os colegas que têm diploma de MBA, de mestrado, doutorado, que têm alguma experiência especializada em uma área em alta demanda e os que fazem horas extras e trabalham no fim de semana. Você também tem tudo isso. Mas tem aquele "extra" que Thomas Friedman recomendou. É assim que um consultor conquista sua distinção na empresa.

Os consultores que se distinguem são os mais persuasivos.

Uma carreira na McKinsey é intensa desde o primeiro dia e um consultor não pode se dar ao luxo de relaxar. Toda semana, os consultores da McKinsey precisam sair em busca de um emprego — um

OS PROFISSIONAIS

emprego interno. Cada consultor recebe um e-mail semanal com uma prévia dos novos projetos. Os candidatos que não têm uma experiência direta no setor precisam persuadir o líder do projeto a lhes dar uma chance. Bons projetos e bons resultados são um ingresso para subir pela hierarquia.

Os novos consultores não demoram a descobrir que, quando um líder sênior pede uma atualização de status do projeto, o que ele realmente quer dizer é: "Você tem 30 segundos para me dizer o que eu realmente preciso saber sobre esse projeto". Em *The McKinsey Edge*, um ex-consultor escreve que falar em frases mais curtas é um sinal de um líder mais maduro. "Quando você atingir o nível da diretoria, simplifique ao máximo suas apresentações. Os executivos da alta administração e os melhores profissionais de todas as áreas acreditam que, se você soar complicado, será complicado trabalhar com você [...]. Falar usando menos palavras requer prática. Ao concentrar-se em convencer as pessoas com mais rapidez e usando menos palavras, você estará desenvolvendo uma habilidade única."[14]

Os 6.000 consultores da McKinsey estão espalhados em 100 escritórios ao redor do mundo. A empresa é considerada um trampolim para aspirantes a líderes. A McKinsey prepara mais CEOs do que qualquer outra empresa de qualquer setor. Um em cada 690 consultores da McKinsey se tornará o CEO de uma empresa de capital aberto. O segundo melhor campo de treinamento de CEOs — outra empresa de consultoria — verá apenas um em cada 2.150 consultores se tornar um CEO.

A McKinsey é um verdadeiro laboratório de aprendizagem para CEOs e ensina os futuros CEOs que a comunicação clara e concisa é uma enorme vantagem profissional.

ESTUDANTES DE COMUNICAÇÃO SOBEM PELA HIERARQUIA

CLAIRE É UMA millennial — ou seja, ela faz parte da geração nascida entre 1980 e 1995.[15] Ela se formou em economia e estudos do Oriente

Médio. Depois de se formar, foi contratada por uma grande seguradora financeira como consultora de negócios, vendendo um pacote de produtos para assessores financeiros. Os serviços financeiros mudaram drasticamente nos últimos anos. Como os produtos de seguro, investimento e aposentadoria são cada vez mais vistos como commodities, muito menos ênfase é colocada em simplesmente "vender produtos" e mais foco é dado a ajudar os assessores a expandir seus negócios. Em um mundo de fundos de índice de baixo custo, os assessores devem persuadir seus clientes de que eles agregam valor ao relacionamento. Se não conseguirem demonstrar seu valor, eles estão fora do negócio. O trabalho de Claire é vender produtos a assessores financeiros para ajudá-los a se destacar.

A empresa de Claire organiza um concurso interno anual no qual jovens profissionais de vendas são convidados a apresentar novas ideias em 10 minutos. Os gerentes dão notas aos participantes com base na criatividade da ideia e na qualidade da explicação. Claire se destaca nesses critérios. Apesar de admitir que não gosta de falar em público, ela é uma dedicada estudante da arte da persuasão. Lê livros, assiste a palestras do TED e analisa as muitas apresentações que vê em conferências financeiras.

No primeiro concurso de Claire, ela se apresentou para gerentes com o dobro de sua idade e uma plateia de 100 colegas de vendas. "Meses depois ainda tinha gente falando da minha apresentação", ela me contou. "Esse tipo de reconhecimento de vários chefes vários níveis acima na hierarquia seria simplesmente impossível se eu não soubesse fazer uma boa apresentação." Em sua apresentação, Claire empregou muitas das estratégias que você aprenderá na Parte 3. Ela começou definindo com clareza o tema e o que ela cobriria na apresentação, concentrou-se em três ideias, voltou ao ponto principal e encerrou com uma declaração forte. Embora tenha recebido elogios pela estrutura da apresentação, Claire diz que os "elogios mais rasgados" foram reservados às histórias que contou.

OS PROFISSIONAIS

Conversei com Claire pela primeira vez em novembro de 2016. Sete meses depois, recebi um e-mail com novidades. "Acabei de ser promovida a uma função de desenvolvimento de negócios e agora sou responsável por trazer novos clientes. Meu salário deve aumentar muito com isso!"

Mike, outro millennial, cresceu no campo.[16] Enquanto seu pai e seu avô trabalhavam com as mãos cultivando milho e tomate, o valor profissional de Mike se baseia em suas ideias e em sua capacidade de comunicar essas ideias.

Hoje, aos 25 anos, a carreira de Mike está em alta. Logo depois de se formar, ele conseguiu um emprego como representante de vendas em uma empresa farmacêutica de médio porte sediada nos Estados Unidos. Mike começou bem. Entrou com um salário anual de US$ 60.000 e se concentrava nos medicamentos da divisão de cardiologia da empresa. Depois de um ano, recebeu uma oportunidade. Todos os representantes de vendas foram solicitados a fazer um treinamento avançado. Parte do programa tinha como objetivo desenvolver as habilidades de apresentação dos vendedores. Cada vendedor teve de fazer uma apresentação de 10 minutos para o resto da turma, composta de cerca de 20 agentes de campo. "O programa pode ser um ponto crucial na carreira de um funcionário porque os gestores seniores assistem às apresentações e começam a identificar os profissionais que podem ser promovidos rapidamente a cargos mais altos", Mike me contou.

Depois do treinamento, o departamento de RH da empresa abriu uma vaga interna para o cargo de treinador de vendas corporativas. Mike era um representante de vendas pouco conhecido na ocasião, mas decidiu se candidatar. Ele achava que não teria chance contra colegas com mais tempo de casa, mas isso lhe daria uma oportunidade de começar a se destacar. Os superiores de Mike se lembravam dele do treinamento avançado de vendas e aceitaram levá-lo em consideração com outros doze candidatos. Mike ficou sabendo que apenas dois candidatos passaram nas primeiras fases da seleção e ele não era um deles. Até que fez uma apresentação para os tomadores de decisão (cada candidato tinha de fazer uma apresentação de 6 a 10 minutos como parte de sua entrevista final). Mike praticou a apresentação dezenas de vezes para se familiarizar com o material. Sua linguagem corporal e presença refletiam sua confiança.

Apesar da forte presença de palco de Mike, foi um slide em particular que chamou a atenção de todos. No primeiro slide, Mike mostrou a foto de um trator. Ele falou sobre as origens de sua família e os valores que aprendeu no sítio. Fez uma analogia com as vendas de produtos farmacêuticos e a construção de relacionamentos com os médicos: um representante de vendas planta as sementes do relacionamento e nutre o relacionamento até colher os frutos da colheita. No fim de sua apresentação de seis minutos, Mike voltou ao slide do trator e fechou o círculo. "Desenvolver e cultivar um território de vendas é sobre confiança, crença e responsabilidade. Os mesmos valores que aprendi com meu pai e meu avô. Um representante de vendas deve confiar no treinamento, acreditar no produto e se responsabilizar pelo que vende."

Quando Mike terminou sua apresentação, um vice-presidente — o principal tomador de decisões da sala — virou-se para um colega e disse: "Quem é esse rapaz e onde ele estava escondido?". Mike conseguiu o emprego.

Embora o cargo viesse acompanhado de um grande aumento salarial, para US$ 105.000, não foi por isso que Mike aceitou a promoção. Ele estava de olho no longo prazo. Sua maior aspiração profissional era ser o CEO de uma empresa de US$ 1 bilhão. "Um CEO precisa ter uma visão e comunicá-la com eficácia", Mike me disse. "Na minha função de treinador de vendas corporativas, eu crio conteúdo, ensino novos funcionários sobre a empresa e sua visão e faço várias apresentações por semana. É o melhor treinamento para CEO que posso imaginar."

OS PROFISSIONAIS

Vale notar que o chefe anterior de Mike — que o encorajou a se candidatar ao novo cargo — não tinha gostado da abertura do "trator" da apresentação de Mike. Era muito "fora do comum". Mike ouviu educadamente o conselho do chefe, mas não o aceitou. Ele queria ser extraordinário, caso contrário nunca se destacaria. Três estrelas não bastavam. Mike era um estudioso da arte da persuasão e sabia que o cérebro anseia por novidades. Quando o cérebro humano detecta algo que nunca viu antes, ocorre uma liberação de dopamina em seu centro de recompensa. Um neurocientista me disse que o cérebro humano é programado para procurar coisas novas, brilhantes, "deliciosas". Se Mike tivesse feito uma apresentação comum, um dos dois candidatos à sua frente na lista de finalistas teria conseguido a vaga. Mas Mike não se contentava com uma carreira mediana — ou mesmo uma boa carreira. Ele queria uma grande carreira e sabia que habilidades extraordinárias de apresentação eram sua arma secreta.

O doutor David Deming é um professor e pesquisador da Harvard cujos artigos sobre habilidades sociais no mercado de trabalho ajudam a explicar por que Mike, Claire e os outros profissionais que conhecemos neste capítulo estão tendo um sucesso incomum na era da disrupção. Enquanto muitas pessoas temem que a automação, o big data, a inteligência artificial e o aprendizado de máquina substituam os humanos em uma ampla gama de empregos, Deming argumenta que as previsões mais pessimistas são exageradas. "Uma razão para isso é que os computadores ainda simulam muito mal a interação humana", escreve Deming.[17]

Deming estudou o crescimento do número de empregos nos Estados Unidos entre 1980 e 2012 e descobriu que aqueles que exigem altas habilidades sociais cresceram para constituir uma parcela maior da economia e o aumento salarial nessas categorias também disparou. Por "habilidades sociais", Deming não se refere a conversas de bar. Ele define habilidade social como a capacidade de liderar equipes, colaborar com grupos diversificados de funcionários e

COMUNICAÇÃO CINCO ESTRELAS

persuadir colegas e clientes a agir. "A habilidade em contextos sociais evoluiu nos seres humanos no decorrer de milhares de anos. A interação humana no trabalho envolve a produção em equipe, com os funcionários se beneficiando dos pontos fortes uns dos outros e adaptando-se com flexibilidade às mudanças nas circunstâncias. Essa interação não rotineira está no centro da vantagem humana sobre as máquinas."

Deming diz que os trabalhos que exigem comunicação, colaboração e persuasão continuarão tendo um crescimento descomunal na próxima década. "Pense em um cargo como consultor de gestão. É bem verdade que você precisa ter fortes habilidades analíticas. Mas também precisa fazer muitas coisas diferentes — analisar dados, criar apresentações, conversar com clientes e escrever de forma persuasiva", Deming explicou enquanto discutíamos sua pesquisa.[18]

Deming aconselha os profissionais a desenvolver um amplo e diversificado conjunto de habilidades. "Podemos criar uma máquina ou um software para fazer praticamente qualquer coisa melhor do que um ser humano. Mas os computadores ainda são inflexíveis", diz Deming. "Os seres humanos sabem quando mudar de rumo e podem se adaptar com flexibilidade a mudanças e circunstâncias imprevisíveis. Temos um kit de ferramentas diversificado que podemos aplicar de maneira diferente a diferentes problemas. É uma excelente ideia ser bom em duas coisas que raramente andam juntas — como ser um excelente programador e um excelente comunicador."

O FATOR HUMANO

A FACULDADE DE Extensão da Universidade Harvard foi criada em 1910 para ensinar aos estudantes as habilidades necessárias para seu desenvolvimento profissional e pessoal. "Até nas áreas mais técnicas hoje, a demanda pelas habilidades sociais é alta", declararam os representantes da faculdade.[19] Os administradores do programa dizem

146

OS PROFISSIONAIS

que as "habilidades de comunicação" são a qualidade mais valorizada pelos empregadores, inclusive os que procuram profissionais de TI.

"Já faz um bom tempo que acredito na importância das habilidades sociais no setor da tecnologia", disse Ben Gaucherin, que supervisiona o departamento de TI da Universidade Harvard. Gaucherin disse que os programas STEM (ciência, tecnologia, engenharia, matemática) são muito focados em habilidades técnicas. Só que, em sua experiência, "As pessoas que terão sucesso serão os tecnólogos fortes que também são capazes de traduzir seus conhecimentos em termos que os leigos possam entender".[20]

Em um relatório intitulado "The Human Factor" ("O fator humano"), a Burning Glass Technologies concluiu que os empregadores estão tendo dificuldade em encontrar candidatos com habilidades soft. A Burning Glass é uma plataforma on-line de anúncios de emprego usada por 40.000 empresas.[21] A empresa passou um ano fazendo um levantamento de 25 milhões de cargos diferentes para analisar as habilidades mais solicitadas. A maioria dos cargos técnicos se enquadrou nas áreas de tecnologia da informação (TI), saúde e engenharia. O estudo descobriu que a expressão "habilidade soft" é tão imprecisa a ponto de não significar muita coisa. A comunicação deve ser considerada uma "habilidade mínima" porque é fundamental para o sucesso em cargos técnicos mas que poucos candidatos têm. "Quando os empregadores exigem uma habilidade desproporcional em relação às definições tradicionais do que um cargo exige, chances são de essa habilidade ser importante e difícil de encontrar", o estudo concluiu.

A análise de milhões de vagas de emprego descobriu que as habilidades de escrita e comunicação são escassas, mas são fundamentais para o sucesso profissional. "A demanda por essas habilidades é alta em quase todas as profissões — e em quase todas as profissões elas são muito mais requisitadas do que se esperaria com base em perfis de trabalho padrão, inclusive em áreas como TI e engenharia."

COMUNICAÇÃO CINCO ESTRELAS

Em uma pesquisa realizada pela Gartner, uma empresa de pesquisa no campo da tecnologia, 485 diretores de informação (CIOs) foram solicitados a nomear as três principais características de liderança que os impulsionaram para a posição mais alta de sua área em suas empresas. A habilidade técnica ficou em décimo segundo lugar na lista. Inovação e habilidades de organização também não entraram no top três. Os CIOs disseram que seu profundo conhecimento do negócio foi o atributo mais importante que os ajudou a ter sucesso. Mas a segunda característica mais importante para ser um CIO de sucesso são "habilidades de comunicação para influenciar decisões".

Andy Bryant preside o conselho de administração da Intel. Ele tem décadas de experiência atuando como o controlador e diretor financeiro de empresas como a Intel e a Ford. Bryant diz que consegue sentir a frustração dos gerentes técnicos e dos CIOs que vão pedir fundos ao conselho para prosseguir com um projeto e saem de mãos vazias. Em muitos casos, ele diz, falta a esses profissionais melhorar suas habilidades de persuasão.

De acordo com Bryant, um CIO ou gerente técnico que não tem boas habilidades de comunicação entra em uma reunião para pedir verba e a conversa é mais ou menos assim:

CIO: Se vocês não me derem essa verba, é o fim. Não vai ter mais jeito.[22]

Membro do conselho: Nossa, que dramático.

CIO: Vejam bem, eu preciso de X dólares. Se vocês não me derem X dólares, uma violação de dados será inevitável. Quando isso acontecer, os custos decorrentes serão enormes.

Membro do conselho: Certo. Então isso quer dizer que, se lhe dermos X dólares, não correremos o risco de uma violação de dados?

Nenhum CIO sensato responderá afirmativamente à última pergunta e, como resultado, não receberá a verba. Em vez disso,

Bryant recomenda a seguinte abordagem. O CIO deve agir como um educador, explicando o que seu departamento faz, os problemas que resolve, as possíveis violações de dados que a empresa enfrenta e as soluções baratas e caras disponíveis. Ao contextualizar a conversa dessa maneira, o CIO não está pedindo dinheiro. Ele está ensinando, e as pessoas preferem aprender a sentir que estão sendo forçadas a fazer alguma coisa ou que, se não fizerem o que está sendo proposto, algo terrível vai acontecer e a culpa vai ser delas. Das áreas mais técnicas às mais artísticas, a persuasão diferencia os profissionais.

A RARA ARTE DE GRAVAR MENSAGENS NO CÉREBRO DAS PESSOAS

ANTERIORMENTE, CONHECEMOS MICHAEL Moritz, investidor bilionário e presidente da famosa empresa de capital de risco Sequoia Capital, do Vale do Silício. Ele encabeçou investimentos no Google, Yahoo, PayPal, LinkedIn e Airbnb.

Conversei com Moritz para falar sobre um livro que ele escreveu em coautoria com Alex Ferguson, que foi treinador do time de futebol Manchester United Football Club. Intitulado *Liderança*, o livro revelou as qualidades que, segundo Moritz e Ferguson, poderiam levar uma pessoa de uma posição júnior ao topo de sua profissão.

Como um jornalista da revista *Time* no fim da década de 1970, Moritz ficou cada vez mais interessado em como uma pessoa pode transformar uma organização e inspirar as outras a atingir o que parece impossível. Moritz lembra de suas primeiras conversas com o lendário CEO da Chrysler, Lee Iacocca. Na época, a maioria dos observadores havia desistido da empresa e previsto sua derrocada. Moritz viu Iacocca revitalizar a empresa e transformá-la em uma das marcas mais icônicas da história corporativa. "Com base naquilo, passei a acreditar no poder de um indivíduo de transformar e liderar uma organização."[23]

COMUNICAÇÃO CINCO ESTRELAS

Mas qual é, exatamente, a habilidade que as pessoas precisam ter para liderar? Segundo Moritz, é impossível liderar sem a capacidade de persuasão. Nada acontece sem aprimorar e refinar a capacidade de persuadir as pessoas a agir. "Você não tem como liderar uma pessoa — muito menos uma equipe ou uma organização — sem ser capaz de comunicar com clareza a direção que quer seguir", Moritz me explicou. "Não importa se são os 45 minutos do segundo tempo de um jogo de futebol ou os próximos cinco anos de uma empresa. O líder precisa ser capaz de enunciar com clareza para onde ele quer ir."

Segundo Moritz e Ferguson, um profissional de negócios que se destaca é capaz de traduzir a complexidade em palavras, orientações e instruções simples. Referindo-se a seu coautor, Alex Ferguson, Moritz disse: "As orientações dele tendiam a ser curtas e concisas porque quase ninguém, seja trabalhando em um hospital ou em uma siderúrgica, consegue se lembrar de mais que três instruções. Monólogos prolixos não atingem o alvo da mesma forma como conversas breves que transmitem instruções precisas e concisas".

Moritz se lembra do dia em que dois estudantes da Stanford entraram em seu escritório e apresentaram o plano de negócios mais conciso que ele já tinha visto. Sergey Brin e Larry Page disseram a Moritz: "O Google organiza as informações do mundo e as torna acessíveis". Aquele pitch ajudou o Google a receber seu primeiro grande financiamento. Moritz e os rapazes do Google estavam a caminho de se tornar bilionários. Até hoje Moritz acredita que, se um jovem profissional não conseguir explicar seu negócio ou ideia em uma frase, a coisa fica complicada demais.

Moritz nos lembra de que dá muito trabalho aprender a dominar a arte da persuasão. É uma habilidade que profissionais de sucesso aprimoram com o tempo. Eles dão duro nisso. "É por isso que é muito mais difícil escrever poesia do que prosa", diz ele. "A maioria das pessoas — a maioria dos ouvintes — não se concentra, ou perde o

OS PROFISSIONAIS

interesse ou tem memória curta. Por isso, gravar a mensagem no cérebro das pessoas é uma arte rara. Para fazer isso, a mensagem deve ser memorável, clara, vívida e ter um elemento de emoção associado a ela."

Um profissional de negócios que ambiciona ser um líder deve aprender a arte de "gravar a mensagem no cérebro das pessoas". Vamos conhecer alguns dos líderes que se destacam nisso.

8 OS LÍDERES

Toda liderança se materializa na transmissão de
ideias à mente das pessoas.

— CHARLES COOLEY, sociólogo americano

Ke Jie teve uma experiência "aterrorizante" que provocou uma onda
de ansiedade por toda a Ásia. Jie é o campeão mundial de Go. Bem,
ele foi, até maio de 2017. Naquele mês, ele perdeu para um jogador
melhor — o AlphaGo do Google, uma máquina construída no laboratório Deep Mind da empresa.

Quando Garry Kasparov perdeu uma partida de xadrez para um
supercomputador chamado Deep Blue em 1997, o mundo ocidental
ficou em choque. Mas, de acordo com um artigo do *New York Times*,
o evento foi recebido com um bocejo por grande parte da Ásia. Afinal,
o xadrez era uma coisa, mas certamente nenhuma máquina poderia
vencer um grande mestre humano em uma partida de Go. O Go é um
dos jogos mais antigos já inventados — com cerca de 2.500 anos — e
também o mais complexo. Dizem que um jogador pode ter mais posições potenciais em um tabuleiro de Go do que o número de átomos

COMUNICAÇÃO CINCO ESTRELAS

do universo. Depois da derrota de Kasparov para uma máquina, um astrofísico previu que levaria cem anos para um computador derrotar um humano no Go. Levou apenas vinte anos. E é por isso que o evento foi tão "aterrorizante".

Na mesma semana em que a máquina moderna do Google venceu um humano em um jogo antigo, o CEO do Google, Sundar Pichai, empregou a antiga arte da persuasão para lançar uma série de ferramentas modernas.

Sundar Pichai é um dos tecnólogos mais brilhantes do planeta. Ele tem uma mente matemática e é capaz de se lembrar de todos os números de telefone que já usou. Pichai se formou em engenharia metalúrgica no extremamente competitivo Instituto Indiano de Tecnologia (IIT). A instituição admite menos de 2% de seus 500.000 candidatos (para fins de comparação, a Harvard admite 6% dos candidatos). Pichai também tem especializações pela Stanford e pela Wharton em ciências de materiais, engenharia e administração. Ele teve uma ascensão meteórica no Google desde o ano em que entrou na empresa, em 2004. Convenceu a empresa a lançar o Chrome, que se tornou o navegador mais popular do mundo, e liderou a divisão Android da companhia, bem como a divisão de buscas e mapas. Ele se tornou o CEO do Google em 2015. O mundo de Pichai gira em torno de big data, aprendizado de máquina e inteligência artificial, mas sua marca registrada como um líder é transformar o complexo em algo simples de entender.

Pichai nasceu em Chennai, no sul da Índia, uma cidade onde o antigo encontra o moderno. É o lar do maior parque tecnológico da Ásia e de uma das formas de dança mais antigas conhecidas pela civilização. Arranha-céus dividem a paisagem com templos antigos. Os restaurantes servem *nouvelle cuisine* juntamente com pratos tradicionais. É uma cidade onde músicos contemporâneos exploram a música milenar da cultura para criar batidas e ritmos inovadores.

A persuasão também ocorre na interseção do antigo com o moderno. Pichai é um comunicador eficaz porque usa apresentações

OS LÍDERES

que o cérebro humano gosta e entende para vender ideias para o público contemporâneo.

O CEO DO GOOGLE NÃO USA *BULLET POINTS* E VOCÊ TAMBÉM NÃO DEVERIA

TODO ANO, PICHAI lança a conferência de desenvolvedores do Google, conhecida como Google I/O. Ele começa explicando como a tecnologia do Google está melhorando nossa vida e apresenta uma visão de como o Google moldará o futuro. A apresentação de Pichai é uma aula magistral de oratória porque ele segue as antigas regras da persuasão.

A narrativa visual tem um papel importante no Google, onde os funcionários são treinados para apresentar ideias em um estilo ousado e inovador. Como as histórias são mais eficazes se contadas com imagens, os apresentadores evitam textos e *bullet points*. Os slides de Pichai são incrivelmente minimalistas. Assim como os designers de anúncios profissionais evitam encher a página de texto, Pichai não sobrecarrega seus slides com palavras ou números irrelevantes.

Um pesquisador concluiu que um slide de PowerPoint contém em média 40 palavras. Na apresentação de Pichai no Google I/O de 2017, ele só chegou à contagem de 40 palavras no décimo-segundo slide. Em vez palavras, usou fotos, vídeos e animações. Quando o texto finalmente apareceu, Pichai usou o menor número de palavras possível. Por exemplo, seu primeiro slide tinha sete logotipos representando os principais produtos do Google (busca, YouTube, Android etc.) e o seguinte texto: "> 1 bilhão de usuários". Pichai explicou que cada um dos produtos do Google atrai mais de um bilhão de usuários mensais. O quinto slide teve o maior número de palavras: seis. O slide continha uma única frase — a única linha que reforçava o tema da apresentação de Pichai: "De móvel primeiro a IA primeiro".[1] Essas seis palavras representaram uma mudança colossal no direcionamento da empresa. Em vez de priorizar o desenvolvimento de ferramentas para dispositivos móveis, como o Google vinha fazendo havia vários anos, a empresa se concentraria na criação de sistemas de inteligência artificial para conectar pessoas em todos os lugares — em casa, no carro, no trabalho ou em trânsito.

Os cientistas cognitivos dizem que estamos longe de sermos tão bons na multitarefa quanto achamos que somos. O cérebro não consegue fazer duas coisas ao mesmo tempo, quanto mais fazer as duas coisas igualmente bem. Quando se trata do design de uma apresentação, não conseguimos reter o texto escrito na tela e ouvir o palestrante ao mesmo tempo. É por isso que as imagens são quase sempre mais memoráveis do que palavras sozinhas em um slide.

John Medina, um biólogo da Universidade de Washington, conduziu uma extensa pesquisa sobre a persuasão e como o cérebro processa informações. Ele aconselha jogar a maioria das apresentações de PowerPoint no lixo e recomeçar do zero com menos palavras e mais imagens. "Somos biologicamente incapazes de processar simultaneamente informações que requerem muita atenção", escreve Medina.[2] Um erro comum, segundo ele, é comunicar muita informação de uma só vez. Pode parecer um contrassenso, mas a pesquisa em neurociência é clara: quando se trata de slides de uma apresentação, quanto menos, melhor.

A guru do design de slides Nancy Duarte recomenda seguir a regra dos três segundos. Se a plateia não entender a essência do slide em três segundos, você complicou demais. "Pense nos seus slides como outdoors", diz Duarte.[3] "Quando as pessoas estão dirigindo, elas só desviam o olhar rapidamente do foco principal, que é a estrada, para processar um outdoor contendo informações. Da mesma forma, sua plateia deve poder se concentrar no que você está dizendo e só desviar o olhar brevemente para seus slides quando você os exibir." Quando foi a última vez que você viu um outdoor contendo um monte de *bullet points*? Os *bullet points* são o design mais fácil de criar em um slide do PowerPoint e também o menos eficaz.

OS LÍDERES

Em seu livro *TED Talks: o guia oficial do TED para falar em público*, Chris Anderson escreve que as apresentações tradicionais de PowerPoint com títulos seguidos de vários *bullet points* em cada slide são uma maneira infalível de fazer a plateia perder o interesse. "Quando vemos palestrantes chegando ao TED com apresentações de slides assim, lhes oferecemos uma bebida, sentamos com eles diante de um computador e pedimos sua permissão para deletar, deletar, deletar."[4]

Os slides de Pichai, do Google, seguem a regra do TED: deletar, deletar, deletar.

O GOOGLE REVISITA O PASSADO PARA MOVER O MUNDO ADIANTE

O GOOGLE ESTÁ construindo as ferramentas mais avançadas do planeta, mas seus líderes são treinados na antiga arte da persuasão. Prasad Setty é um deles. Um engenheiro mecânico e ex-consultor da McKinsey, Setty também tem raízes em Chennai, na Índia. Como o vice-presidente de *people analytics* do Google, o papel de Setty é usar insights baseados em dados para manter os Googlers — como são chamados os funcionários da empresa — felizes e produtivos.

"Passamos muito tempo aplicando a ciência e fazendo análises de dados, mas como garantir que nossas mensagens sejam memoráveis? Como garantir uma comunicação melhor para que nossas mensagens ressoem e permaneçam na mente dos funcionários?", Setty pergunta aos funcionários do Google.[5] Ele acredita que os comunicadores precisam responder às seguintes perguntas: o que você quer que seu público saiba?; o que você quer que eles sintam?; e o que você quer que eles façam?

De acordo com Setty, na área da divulgação científica, as pessoas tendem a ignorar essas questões. "Em vez de dizer às pessoas o que elas deveriam saber, gostamos de dizer às pessoas o que fizemos.

COMUNICAÇÃO CINCO ESTRELAS

Gostamos de usar muitos jargões para mostrar que somos espertos. Só uma pessoa com doutorado é capaz de entender o que uma pessoa com doutorado faz. Nem pensamos nas emoções quando comunicamos informações científicas e os resultados das análises de dados. É como se, em nossa busca por objetividade e pensamento racional, tentássemos remover toda a emoção do nosso discurso. E isso acaba sendo menos memorável."[6]

Setty trabalha no departamento de RH do Google, que a empresa chama de "Operações de Pessoas". Em 2012, pesquisadores de RH lançaram um projeto ambicioso para identificar os hábitos das equipes mais eficazes da empresa. O estudo de três anos recebeu o codinome Projeto Aristóteles.[7] Os pesquisadores chegaram à conclusão de que Aristóteles estava certo: as técnicas do filósofo grego continuam sendo tão eficazes hoje quanto eram quando ele as apresentou pela primeira vez.

Julia Rozovsky liderou o Projeto Aristóteles. Sua equipe entrevistou mais de 200 funcionários, analisou 180 equipes e examinou 250 atributos. Rozovsky estava confiante de que sua equipe conseguiria identificar a combinação ideal de talentos e habilidades que compunham as equipes vencedoras. Afinal, ela havia montado uma equipe científica dos sonhos: os melhores acadêmicos, engenheiros, experts em dados e especialistas. Surpreendendo a todos, Rozovsky admitiu: "Estávamos completamente errados".

O Projeto Aristóteles descobriu que *quem* compõe uma equipe importa menos do que *como* os membros da equipe interagem entre si. Como seria de esperar, um líder que estabelece uma conexão emocional com sua equipe é o catalisador de interações bem-sucedidas. Os pesquisadores concluíram que as equipes de sucesso têm as seguintes características:

Segurança psicológica: os membros da equipe não têm medo de assumir riscos. Eles se sentem seguros em dar sua opinião e à vontade mostrando-se vulneráveis na frente dos colegas.

158

OS LÍDERES

Clareza: os membros da equipe têm metas e papéis claros.

Impacto do trabalho: os membros da equipe sabem que seu trabalho é importante e conseguem ver como sua contribuição ajuda a equipe a atingir seus objetivos.

A segurança psicológica foi, de longe, a qualidade mais importante encontrada nas equipes vencedoras. "Quanto mais seguros os membros da equipe se sentirem entre si, maior a probabilidade de admitirem erros, firmarem parcerias e assumirem novos papéis", disse Rozovsky. Membros de equipes psicologicamente seguras tiveram mais chances de "beneficiar-se da diversidade de ideias e gerar mais receita, além de serem considerados eficazes com uma frequência duas vezes maior pelos executivos".

Os Googlers adoram dados, mas querem colocar os dados em ação. Os resultados do estudo foram divulgados para a empresa toda e um "kit de ferramentas" de habilidades foi distribuído. No decorrer de um ano, 3.000 funcionários de 300 equipes começaram a usar as novas ferramentas. Equipes ao redor do mundo que adotaram as novas técnicas viram resultados imediatos.

À medida que os funcionários enviavam seus comentários ao grupo de pesquisa, alguns temas em comum começaram a surgir. Em primeiro lugar, "havia uma relação entre a segurança psicológica e as conversas emocionais", de acordo com Charles Duhigg, que escreveu um artigo para a revista *The New York Times* sobre o experimento. "Os comportamentos que geram segurança psicológica — alternância de turnos nas conversas e empatia — fazem parte das mesmas regras tácitas às quais, como indivíduos, costumamos recorrer quando precisamos estabelecer um vínculo. E esses laços humanos são tão importantes no trabalho quanto em qualquer outro contexto. Na verdade, pode até acontecer de serem mais importantes no trabalho".[8] Duhigg diz que o Projeto Aristóteles nos lembra de que nem tudo pode ser quantificado e otimizado. Os melhores locais de

COMUNICAÇÃO CINCO ESTRELAS

trabalho geralmente são criados com base em experiências e interações emocionais com líderes e colegas de equipe. Os líderes de sucesso fazem as pessoas se sentirem vencedoras.

Duhigg entrevistou um gerente chamado Matt, que tinha um grande interesse pelo Projeto Aristóteles. Matt era apaixonado por seu trabalho no Google, mas liderava uma equipe não muito cooperativa. Munido das descobertas do estudo, Matt incentivou seus colegas a se abrirem uns com os outros, especialmente no início das reuniões da equipe. Matt foi o primeiro, revelando que estava fazendo um tratamento contra o câncer. A equipe ficou chocada. O que aconteceu em seguida foi extraordinário. Um a um, eles começaram a compartilhar histórias pessoais. Começaram a falar aberta e honestamente uns com os outros. Matt se comprometeu em fazer um trabalho melhor mostrando a cada integrante da equipe como suas contribuições se encaixavam no todo. Os membros da equipe, por sua vez, concordaram em conversar mais entre si e ajudar os outros a se sentirem seguros para compartilharem ideias.

Hoje em dia, muitas reuniões no Google começam com o compartilhamento de histórias e experiências — o componente emocional do desenvolvimento de equipes que une as pessoas. Os líderes que contam histórias e se mostram vulneráveis incentivam os outros a falar. Os líderes que comunicam claramente metas e planos de ação conquistam a confiança da equipe. E os líderes que mostram como a contribuição de cada pessoa é importante para atingir o objetivo de todos e como cada pessoa se encaixa no quadro geral inspiram as pessoas a fazer o melhor trabalho possível.

Durante os anos em que o Google passou coletando dados para criar as equipes perfeitas ao redor do mundo, um psiquiatra que se tornou um CEO em Los Angeles estava chegando a algumas das mesmas conclusões. E estava usando os resultados para transformar o setor da saúde.

OS LÍDERES

EU ME IMPORTO EM CUIDAR

O DOUTOR DAVID Feinberg fala com a mesma desenvoltura sobre o atendimento ao cliente da Starbucks ou sobre os reembolsos do Medicare (o sistema de saúde público americano para pessoas com 65 anos ou mais). É parte do que faz de Feinberg uma celebridade na área da saúde. Ele é um líder de sucesso porque está sempre procurando ideias criativas fora de seu setor e estudando a arte da persuasão para motivar sua equipe.

Feinberg é presidente e CEO da Geisinger Health, com sede na Pensilvânia, um sistema composto de doze hospitais e 30.000 funcionários. Antes de entrar na Geisinger, Feinberg havia transformado o sistema hospitalar do UCLA Hospital System em um dos hospitais mais admirados do país.

Quando Feinberg assumiu o cargo de CEO do UCLA, o hospital não era conhecido pela satisfação do paciente.[9] Pelo contrário, estava no último lugar. Quando Feinberg aceitou o cargo, uma pesquisa havia revelado que dois em cada três pacientes não recomendariam o hospital a um amigo ou parente. Sob a liderança de Feinberg nos sete anos seguintes, a satisfação do paciente decolou. Hoje, o centro médico do UCLA está entre o 1% dos melhores hospitais dos Estados Unidos.

O que fez a diferença? David Feinberg realmente coloca em prática seu discurso e faz questão de ter muito contato com os pacientes. No UCLA, Feinberg passava entre duas e três horas por dia visitando pacientes e chegava a deixar cartões de visita com seu número de celular pessoal. Soube que a abordagem estava dando certo quando entrou no quarto de um paciente e encontrou vários cartões de visita que outros líderes do hospital haviam deixado... com seus números de telefone pessoais.

Na Geisinger, Feinberg continuou falando com os pacientes. No dia anterior a uma de minhas conversas telefônicas com Feinberg, ele havia passado 30 minutos na sala de espera de uma clínica da

COMUNICAÇÃO CINCO ESTRELAS

Geisinger (que ficava a uma hora e meia de seu escritório) só para ver como os pacientes estavam sendo atendidos. Ficou tão impressionado com o que viu que elogiou a equipe e escreveu uma carta pessoal ao médico-chefe da clínica. A qualquer dia, você pode encontrá-lo conversando com a equipe da cozinha, com os nutricionistas ou com os enfermeiros nos corredores. E sempre o verá perguntando aos pacientes sobre suas experiências e ajudando a equipe a realizar as tarefas no quarto de um paciente. "Você precisa ver o que está acontecendo na prática", diz Feinberg.

Quando percorre as clínicas e hospitais, Feinberg quer ver se a equipe está aplicando o programa de comunicação que ele ajudou a desenvolver no UCLA. O programa é intitulado CICARE (que, em inglês, pronuncia-se "See, I care", algo como "Veja, eu me importo" e que também pode ser traduzido como "Veja, eu cuido"). A sigla representa uma das técnicas de comunicação mais eficazes já concebidas para treinar funcionários para prestar um serviço excepcional a cada paciente (ou cliente) em cada interação. Na Geisinger, no UCLA e em outros hospitais de alto desempenho, o modelo orienta todas as interações com colegas, pacientes, visitantes e outros. Vejamos o que a sigla significa.

TABELA 8.1: Descrição da sigla do programa CICARE

Connect	Conecte	Deixe uma excelente primeira impressão, refira-se ao paciente pelo nome sempre que possível
Introduce	Apresente-se	Apresente-se, dizendo seu nome e sua função
Communicate	Comunique-se	Explique o que você vai fazer
Ask Permission and Anticipate	Peça permissão e adiante-se	Faça perguntas como "Posso entrar?", "Posso examiná-lo?" e, além disso, antecipe-se às necessidades e às dúvidas ou inseguranças dos pacientes
Respond	Responda	Responda às necessidades ou solicitações de um paciente com prontidão e boa vontade
End with Excellence	Conclua com excelência	Feche o ciclo, comunique os próximos passos e explique quem cuidará do paciente em seguida

OS LÍDERES

Quando apresentou esse modelo no UCLA, Feinberg não imaginava que a ideia se espalharia por todo o país. Em uma de suas primeiras reuniões de equipe na Geisinger, Feinberg perguntou se eles tinham algum programa de treinamento em comunicação. Um jovem médico sugeriu que eles usassem o CICARE, que ele havia aprendido na Universidade Stanford. O médico não sabia que estava falando com a pessoa que desenvolveu o modelo. O CEO da Stanford havia trabalhado para Feinberg no UCLA e levou o método consigo para a universidade. Era simplesmente o melhor método de treinamento de comunicação que qualquer hospital já havia inventado e foi preciso um comunicador cinco estrelas para criá-lo.

O DIRETOR DE STORYTELLING

"O STORYTELLING É a minha ferramenta mais importante como um líder", disse-me Feinberg. "Eu me vejo como o diretor de storytelling da nossa organização."

Em suas primeiras reuniões como o CEO do UCLA, Feinberg notou que a pauta não incluía a empatia. As reuniões começavam com estatísticas, tabelas, gráficos e dados de receita. Ninguém falava sobre os pacientes e ninguém contava histórias. Feinberg descobriu o que o Google havia descoberto: as equipes se engajavam menos com os resultados de seu trabalho quando não viam como sua colaboração afetava o todo — no caso, os pacientes.

Feinberg mudou a pauta da reunião. Pediu a todos que compartilhassem suas próprias histórias sobre experiências boas e ruins de pacientes. Foi ainda mais longe e convidou pacientes para falar no início das reuniões mensais ou lia cartas dos pacientes. "No setor de saúde, nossas histórias são melhores do que vemos nos filmes de Hollywood. São pessoas da vida real enfrentando dificuldades e, quando acertamos, é uma vitória tremenda", Feinberg diz.

COMUNICAÇÃO CINCO ESTRELAS

Em seu mandato de oito anos como CEO do sistema de saúde do UCLA, Feinberg transformou o hospital. Hoje, o UCLA não sai da lista dos melhores hospitais dos Estados Unidos. Feinberg literalmente levou o UCLA do pior ao melhor. Mas ele se diz decepcionado. "Embora o UCLA tenha passado do 38º percentil para o 99º percentil em satisfação do paciente, isso ainda significa que só 85 pessoas em cada 100 nos recomendariam. Isso quer dizer que deixamos na mão os outros 15 pacientes e suas famílias."[10]

Será que o sucesso de Feinberg pode ser replicado em outra parte do país? A resposta é sim. No primeiro ano de Feinberg na Geisinger, os índices de satisfação do paciente aumentaram em todos os departamentos. O sistema de saúde registrou as melhores taxas de retenção de médicos de sua história. O engajamento dos funcionários foi maior do que no ano anterior. Mas, também nesse caso, ele não se contentou com os resultados. Feinberg nunca está satisfeito e está sempre elevando os limites da excelência. "Quando digo que esses resultados são melhores, é em comparação com outras organizações de saúde." Feinberg não quer ser o melhor de um grupo medíocre; ele quer criar a melhor experiência possível em qualquer setor. "Quero ser o exemplo do jeito certo de tratar as pessoas: com dignidade, respeito, gentileza e atenção."

Assim como o Google descobriu que os funcionários querem sentir-se parte de algo maior, Feinberg encontrou maneiras de fazer com que os funcionários se sintam parte de algo notável.

Para Feinberg, ajudar os funcionários a encontrar seu propósito começou no UCLA com uma declaração de missão empoderadora: "Curar a humanidade, um paciente por vez, aliviando o sofrimento, promovendo a saúde e sendo gentil". Feinberg conta com orgulho que, na época, o UCLA era o único centro médico dos Estados Unidos que tinha a "gentileza" em sua declaração de missão. A organização Gallup fez um estudo sobre as melhores e piores experiências em hospitais. A conclusão foi que um dos dois principais fatores de sucesso

OS LÍDERES

era "uma missão, uma visão e valores claros".[11] E o segundo fator de sucesso? "Uma liderança forte e de alta visibilidade." As declarações de missão não significam nada se o líder não as colocar em prática.

O Google e o UCLA Health são duas empresas que atuam em dois campos muito diferentes. Uma constrói inteligência artificial; a outra faz cirurgias de prótese de quadril. Mas os líderes das duas organizações estavam diante do mesmo desafio: desenvolver equipes vencedoras. Os líderes das duas empresas chegaram à mesma conclusão: usar a arte da persuasão para reforçar os vínculos emocionais torna as equipes mais produtivas, engajadas, cooperativas e, em consequência, bem-sucedidas.

OS LÍDERES INSPIRADORES USAM O MÉTODO SCARF

DAVID ROCK APLICA dados quantitativos para ensinar aos líderes as habilidades soft que transformarão suas empresas.

Em um artigo altamente conceituado na revista de administração *strategy+business,* Rock argumentou que o cérebro humano é um órgão social. "Assim como o cérebro animal foi programado para reagir a um predador antes de sair em busca de comida, o cérebro social foi programado para reagir a perigos que têm o potencial de ameaçar sua existência antes de poder desempenhar outras funções." Essas "outras funções" formam a base dos locais de trabalho de alta performance: engajamento, cooperação, produtividade, entusiasmo, criatividade. Rock usa uma sigla para explicar como o cérebro antigo pode ajudar um líder a criar equipes vencedoras. A sigla é SCARF.[12]

Status

Não gostamos de ser comparados desfavoravelmente a colegas da equipe. Quando isso acontece, nossa resposta a ameaças é acionada. Equipamentos avançados de imagiologia mostraram que ameaças ao

COMUNICAÇÃO CINCO ESTRELAS

status social ativam as mesmas regiões cerebrais associadas à dor e ao sofrimento. E temos muito prazer quando nos sentimos valorizados. "Como humanos, estamos sempre avaliando como as interações sociais elevam ou reduzem nosso status", escreve Rock. Economistas passaram anos acreditando que a única maneira de elevar o "status" era dar aos funcionários promoções, bônus e aumentos salariais. É bem verdade que essas coisas ajudam. Rock diz que a alternativa mais barata é elogiar as pessoas que você quer influenciar, mas os elogios devem ser autênticos e específicos. De acordo com Rock, "A percepção de status aumentava quando as pessoas recebiam elogios".

Em *Storytelling: aprenda a contar histórias com Steve Jobs, Papa Francisco, Churchill e outras lendas da liderança*, conto a história de um líder que é um mestre do comportamento humano: Steve Wynn, o magnata dos hotéis de Las Vegas. O bilionário passou a vida inteira estudando por que as pessoas fazem as coisas que fazem. Como resultado, o Wynn Resorts recebeu mais prêmios cinco estrelas do que qualquer outra empresa hoteleira independente do mundo.

"Contar histórias mudou a minha empresa e a minha vida", Wynn disse.[13] Para saber como o storytelling transformou a empresa, você precisa entender o que Wynn chama de a maior força do universo: a autoestima. "Se você conseguir fazer uma pessoa sentir-se bem consigo mesma, ela vai amar você por isso. Ela será leal a você. Você tirou a sorte grande. É isso que eu chamo de acertar no alvo nas relações humanas", Wynn explica.

Wynn encontrou uma maneira de aumentar a autoestima dos funcionários elevando o status deles entre os colegas. Nos hotéis e cassinos da Wynn, os chefes de departamento costumavam fazer uma reunião antes de cada turno: os gerentes do restaurante faziam uma reunião com os garçons; os chefs, com os cozinheiros; os supervisores da limpeza, com os zeladores; e assim por diante. No início, as reuniões eram estritamente táticas, uma maneira de compartilhar informações para que os funcionários pudessem fazer seu trabalho

OS LÍDERES

naquele dia. Wynn mudou essa prática para algo novo e surpreendentemente eficaz — surpreendente por ser simples, gratuito e por funcionar como que por mágica. O chefe do departamento se limita a fazer a seguinte pergunta à equipe: "Alguém quer contar uma história sobre uma excelente experiência do cliente?".

Os funcionários que haviam sido os heróis de uma história específica de atendimento ao cliente eram elogiados em público e apresentados ao restante da equipe como exemplos a serem seguidos. Wynn, um estudioso do comportamento humano, descobriu que o storytelling trazia à tona o melhor comportamento dos funcionários e melhorava significativamente o moral.

Certeza

As pessoas odeiam não saber. A incerteza desencadeia uma resposta à ameaça que está profundamente enraizada na amígdala, uma região do cérebro. Isso explica em parte por que você se força a ver até o fim um filme muito ruim — o filme pode ter todos os defeitos, mas você precisa descobrir o que acontece com o protagonista. De acordo com Rock, "Não saber o que vai acontecer pode ser profundamente extenuante porque requer energia neural adicional". Essa energia neural adicional prejudica a memória, a energia e o desempenho e as pessoas passam a ter dificuldade de se engajar no trabalho. A solução de Rock é compartilhar mais. Comunique os planos, explique por que as decisões foram tomadas e garanta que todos saibam como o próprio desempenho individual se encaixa na equipe e no quadro geral (orientações que lembram muito as descobertas do Projeto Aristóteles do Google).

Os líderes do CME Group, a maior bolsa de futuros do mundo, aprenderam que as mudanças relacionadas às tecnologias modernas normalmente deixam os funcionários ansiosos, confusos e desmoralizados. Quando visitei a CME em Chicago, vi um pregão gigantesco com milhares de traders apinhados. Eles usavam jaquetas coloridas

COMUNICAÇÃO CINCO ESTRELAS

e gritavam ordens de compra e venda fazendo gestos com as mãos. Mas, naquele dia, o pregão estava vazio. Havia apenas o brilho suave de dezenas de monitores com uma ou duas pessoas sentadas em silêncio na frente deles.

Os pregões foram uma parte importante da história financeira. Por mais de 160 anos, as pessoas negociaram commodities em transações presenciais: ouro, prata e petróleo. Gado, milho e porcos. Você pode se lembrar de ter visto um pregão no filme *Trocando as bolas* ou como um pano de fundo colorido e animado no noticiário financeiro.

Com a popularização das operações de trading por computador, o número de transações presenciais começou a cair. O CME Group decidiu fechar permanentemente seus pregões em Chicago e Nova York. A notícia gerou uma onda de lembranças nostálgicas. "Sinto falta da agitação", disse um trader. Artigos em jornais e reportagens na TV mostravam as narrativas de traders com saudades dos velhos tempos, da cultura e das amizades que haviam perdido. Os noticiários na TV mostraram fotos de 1874, quando as ferrovias traziam trigo, milho, gado e porcos aos currais de Chicago. Os agricultores negociavam essas commodities, comprando e vendendo e protegendo suas apostas contra a alta ou a queda dos preços. Em outras palavras, as histórias realmente tinham um grande apelo emocional.

Na realidade, a transição para o trading eletrônico já vinha acontecendo havia anos. A maioria dos traders já operava pelo computador no conforto de seu lar. Embora 60 funcionários em período integral tenham perdido o emprego quando os pregões fecharam definitivamente, uma onda de novas tecnologias criou empregos que não existiam antes. Todos os dias, há dezenas de vagas disponíveis no CME Group, de RH a contabilidade, marketing e analytics. O problema é que mudanças geram incerteza, e os funcionários sentiram o baque.

OS LÍDERES

Um levantamento interno com os funcionários deu um alerta aos líderes seniores.[14] Os funcionários disseram estar confusos. Alguns dos comentários foram:

Como o que fazemos impacta os objetivos e as visões da empresa?
Qual é a visão?
Nos mandam fazer coisas, mas não sabemos por quê.
Não temos um senso de propósito.

Depois de ver os resultados, os líderes decidiram que precisavam fazer um trabalho melhor na comunicação da mudança. Eles não estavam conseguindo articular com clareza sua visão para a empresa e vincular o trabalho diário de seus funcionários à concretização dessa visão. Uma das ferramentas mais eficazes para desenvolver a confiança e aumentar o engajamento dos funcionários do CME Group foi uma das técnicas de comunicação mais antigas que conhecemos: contar histórias pessoais.

O CME Group faz o upload de centenas de horas de vídeo na intranet corporativa. Funcionários de onze escritórios ao redor do mundo podem assistir aos vídeos de treinamento e atualizações financeiras trimestrais. Os vídeos recebem cerca de 500 visualizações cada. Depois que o levantamento mostrou a necessidade de mais comunicação, a empresa produziu uma série de vídeos intitulada "Conheça os líderes seniores da empresa". Os líderes responderam a perguntas como: "O que você faz no seu tempo livre?"; "Fale sobre a sua família"; "Quais são os seus livros favoritos?". Os vídeos rapidamente se tornaram os mais populares do site, atraindo quatro vezes mais visualizações do que as atualizações financeiras. Um funcionário disse: "O PowerPoint não me prende. Os vídeos sim".

O CME Group aprendeu que mudanças requerem mais comunicação do que o normal. Os funcionários querem saber o que devem fazer e por quê. Hoje, as apresentações levam em conta os aspectos emocionais da mensagem.

Autonomia

As pessoas querem sentir que têm controle sobre a própria vida, e isso se estende ao trabalho. Uma das principais razões que levam as pessoas a decidir largar o emprego para comprar uma franquia ou pular de uma empresa a outra é melhorar o equilíbrio entre a vida profissional e pessoal. "Uma percepção de autonomia reduzida pode facilmente provocar uma resposta a ameaça", diz Rock. O simples fato de aumentar a percepção de autonomia reforça os sentimentos de prazer e reduz o estresse dos funcionários. Os gerentes de equipe têm mais sucesso quando permitem que as pessoas façam escolhas.

Tony Hsieh transformou a Zappos de um pequeno site de comércio eletrônico de sapatos com sede em seu apartamento em São Francisco no padrão-ouro — o que há de melhor — do atendimento ao cliente on-line. Em uma visita à sede da Zappos em Nevada, conheci alguns dos funcionários mais felizes que já vi em qualquer empresa, em qualquer país. Não demorei a descobrir que eles amavam a empresa porque Hsieh lhes dava autonomia. Tinham o poder de fazer o que achavam ser a coisa certa para os clientes. Por exemplo, os atendentes do call center não precisavam seguir roteiros nem tinham limites de tempo para o atendimento. Tanto que, no início da história da Zappos, quando Hsieh estava gerando buzz para a empresa, ele gostava de propor um jogo aos repórteres. Na presença do repórter, ele ligava para a Zappos e pedia algo que a empresa não entregava, como uma pizza. Os funcionários não sabiam que quem estava do outro lado da linha era o CEO, mas mesmo assim tentavam ajudar Hsieh a encontrar uma solução para o pedido. O atendimento era sempre impressionante.

Os clientes que ligam para a Zappos para encomendar sapatos ou roupas não sentem que os atendentes os pressionam para con-

OS LÍDERES

cluir logo o atendimento. Hsieh me contou que uma atendente chegou a passar mais de uma hora ao telefone com um cliente. Hsieh não perguntou à funcionária por que ela passou tanto tempo com apenas um cliente. Em vez disso, ele perguntou: "O cliente ficou satisfeito?". As marcas que oferecem o melhor atendimento empoderam seus funcionários a fazer o que for melhor para o cliente. A Zappos.com vê seus atendentes de call center como uma extensão de seu braço de marketing. Cada atendimento sem roteiro pode ajudar a conquistar a fidelidade do cliente. Os funcionários são encorajados a escrever notas pessoais de agradecimento após uma ligação. Essas notas ajudam a reforçar a conexão emocional com os clientes da Zappos.

Na minha visita à empresa, vi que a Zappos compartilhava tudo com funcionários, parceiros e fornecedores — tanto as notícias boas quanto as ruins. Os briefings diários e as estatísticas de atendimento eram postados em um quadro branco para todos verem — funcionários e visitantes como eu. A transparência era levada muito a sério. A certa altura, até o apartamento de Tony Hsieh no centro de Las Vegas foi incluído na visita. Da próxima vez que você achar que é um líder transparente, pergunte a si mesmo se está disposto a abrir sua casa a qualquer pessoa que pedir um tour pela empresa. Hsieh é um verdadeiro exemplo de um líder que coloca em prática o discurso.

Relacionamentos

Sempre que você conhece alguém, o cérebro primitivo entra em modo de ameaça e sobrevivência. Ele rapidamente tenta distinguir entre um amigo e um inimigo. "Uma boa colaboração depende de relacionamentos saudáveis, o que requer confiança e empatia", escreve David Rock.[15] Segundo Rock, quando as pessoas estabelecem uma forte conexão social, há a liberação de oxitocina, uma substância que estimula o comportamento de formação de vínculos.

Gino Blefari acredita na serendipidade — descobertas felizes que fazemos por acaso, muitas vezes quando estávamos em busca de

COMUNICAÇÃO CINCO ESTRELAS

outras coisas. Ele nasceu em Berkshires, uma pequena região montanhosa no oeste de Massachusetts pontilhada de cidadezinhas. Lá, o nome Berkshire é visto por toda parte. Há mercados Berkshire, oficinas Berkshire, gráficas Berkshire.

Blefari vem de uma família italiana humilde que se mudou para Sunnyvale, na Califórnia. Ele foi a primeira pessoa da família a se formar na faculdade. Matriculou-se em um curso para corretor de imóveis em uma faculdade comunitária da cidade e começou a carreira vendendo imóveis em meados da década de 1980. Em 2002, abriu sua própria imobiliária residencial, a Intero. Ao fim de seu primeiro ano, a Intero já havia fechado US$ 24 milhões em vendas. Ao final de 2003, as vendas haviam crescido para US$ 5,5 bilhões. A Intero foi nomeada a imobiliária residencial de crescimento mais rápido do país. Em uma década, tornou-se a sétima maior imobiliária da América do Norte. Na época, havia 80.000 imobiliárias e as seis maiores que a Intero estavam no mercado havia décadas.

Em 17 de maio de 2014, a vida de Blefari fechou um ciclo quando ele vendeu a Intero para a Berkshire Hathaway, onde hoje atua como o CEO da Berkshire Hathaway HomeServices, uma das corretoras imobiliárias de crescimento mais rápido dos Estados Unidos.

No setor imobiliário, as conexões sociais são fundamentais para o sucesso. Comprar uma casa é uma decisão emocional. Os clientes "se apaixonam" por um imóvel, mesmo se estourar seu orçamento. No setor imobiliário, os corretores e líderes de maior sucesso são mestres em formar vínculos emocionais. Gino Blefari é um desses líderes.

Em nosso primeiro encontro, em um almoço, cheguei cheio de perguntas para fazer a Blefari. Quando o almoço chegou ao fim, eu só tinha feito algumas das minhas perguntas. Pelo contrário, era eu que estava respondendo às perguntas de Blefari. Ele me perguntou sobre minha família, meu passado, minhas esperanças e meus sonhos. Depois descobri que Blefari não tinha feito aquelas perguntas todas

OS LÍDERES

só para passar o tempo — ele estava estabelecendo um vínculo de confiança, uma ferramenta crucial para líderes do setor imobiliário cujo principal trabalho é recrutar, reter e motivar os melhores funcionários.

Blefari se destaca na liderança porque se concentra em ajudar seus corretores a se tornar líderes melhores. "Se você ajudar no crescimento pessoal das pessoas, elas atenderão melhor seus clientes", diz. "Confiança, respeito e integridade são tudo nesse relacionamento."[16]

Justiça (em inglês, *fairness*)

O neurocientista Matthew Lieberman diz: "Evoluímos no decorrer de milhões de anos para nos tornar uma espécie profundamente social".[17] A pesquisa de Lieberman mostra que nosso cérebro foi configurado para identificar ameaças à nossa posição social. Todos nós temos a necessidade de pertencer e, quando sentimos que nosso status em um grupo está ameaçado, nosso cérebro reage como se nosso corpo estivesse sentindo dor física. Simplesmente não gostamos de ser tratados de uma maneira que consideramos injusta. "A necessidade cognitiva de justiça gera uma forte resposta no sistema límbico, provocando hostilidade e minando a confiança", diz Lieberman.

Em seu modelo SCARF, David Rock usa a pesquisa de Lieberman para mostrar que a justiça se baseia na transparência. "Os líderes que compartilham informações e fazem isso a tempo conseguem manter as pessoas engajadas e motivadas, mesmo em períodos de redução de pessoal. O moral permanece relativamente alto quando as pessoas sentem que os cortes de pessoal são tratados de forma justa — que nenhum grupo está recebendo um tratamento preferencial e que há uma razão para a decisão."

O modelo SCARF funciona porque cada um de seus componentes se baseia na maneira como nosso cérebro foi programado para reforçar os vínculos sociais. Os líderes mais inspiradores podem nem saber disso, mas muitos deles já aplicam o modelo SCARF.

POR QUE SABEMOS MUITO SOBRE INDRA

SABEMOS ALGUMAS COISAS sobre Indra. Sabemos que ela cresceu em uma cidade na Índia que não tinha água corrente. Sua mãe acordava às 3 horas da manhã para ir até o reservatório, onde os moradores podiam encher potes, panelas e baldes de água. Indra recebia três recipientes de água por dia para beber, tomar banho e lavar suas roupas.

Sabemos que ela foi aos Estados Unidos com US$ 50 no bolso e trabalhava da meia-noite às 5 horas da manhã por US$ 3,85 por hora para ajudar a pagar a faculdade.

Sabemos que, na terceira quarta-feira do mês, a escola de sua filha organizava um café da manhã para as mães às 9 horas. Indra nunca pôde ir porque precisava trabalhar e se sentia culpada por isso. Ela perguntou à filha, que na época tinha 11 anos, se isso a incomodava e a filha respondeu: "Não, porque sei que você está seguindo o seu sonho".[18] Hoje, a CEO da PepsiCo, Indra Nooyi, dá o mesmo conselho para jovens profissionais — sigam o seu sonho.

Conhecemos todos esses detalhes sobre a vida de Nooyi porque é uma líder que acredita que o storytelling e a comunicação são essenciais para motivar os funcionários a sobreviver à mudança mais importante que ela já viu em toda a sua carreira. "A velocidade da mudança é enorme", diz Nooyi ao explicar que todos os aspectos dos negócios da PepsiCo estão em plena transformação. Desde o que as pessoas comem até a maneira como comem, tudo no negócio de alimentos e bebidas está pronto para mudanças e disrupções. "O desafio de um líder é adiantar-se ao que está por vir e fazer a mudança antes que seja tarde demais", diz ela.[19]

O trabalho de um líder é, portanto, persuadir toda a equipe ou organização a fazer o que elas acham que não precisa ser feito porque não sabem o que está por vir. Mesmo assim, os líderes precisam levar as pessoas a concretizar a visão. E isso não é possível sem motivar as pessoas. "Não é como motivar um pequeno grupo de funcionários de uma

OS LÍDERES

startup que pensam como você. Temos 260.000 funcionários. Quando você decide fazer mudanças abruptas, precisa lhes dizer o que vai fazer, por que decidiu fazer isso, como isso vai afetá-los e por que todos estão no mesmo barco e precisam remar na mesma direção."

Os líderes, diz ela, nunca podem se dar ao luxo de parar de aprender e um dos melhores investimentos é melhorar as habilidades de comunicação, quanto antes melhor. "Nenhum investimento é demasiado quando se trata de habilidades de comunicação, escrita e oral. Como um líder, você precisa estar sempre mobilizando as tropas. Aprenda a motivar as pessoas — grupos pequenos, grupos médios, grupos grandes — e a escrever de maneira concisa e direta."[20]

Quando se matriculou em um mestrado na Universidade de Yale, Nooyi esperava passar nos cursos com facilidade. Ela já tinha um MBA pela mais proeminente faculdade de administração da Índia, além de formação em física, química e matemática. Na época, a Yale exigia que os alunos fizessem um curso de comunicação/oratória para entrar no segundo ano. Ela foi reprovada. Nooyi voltou a fazer o curso no verão. Como não gostava de fracassar em nada, dessa vez se concentrou em ser a melhor. "Fez uma diferença enorme", Nooyi contou sobre a experiência.

Indra Nooyi reprovou na primeira vez que fez o curso de comunicação, mas se dedicou a dominar a habilidade. Hoje ela acredita que a habilidade de comunicação é um fator crucial de seu sucesso.

David Foster Wallace, o finado ensaísta e romancista americano, escreveu que os maiores líderes têm "uma qualidade misteriosa" capaz de inspirar as pessoas. Wallace chegou à seguinte definição de liderança: "Um verdadeiro líder é alguém que pode nos ajudar a superar as limitações de nossa própria preguiça, egoísmo, fraqueza e medo e nos levar a ser melhores do que seríamos capazes de ser sozinhos".[21]

Wallace disse que a "autoridade" de um verdadeiro líder resulta do poder que damos a esse líder, e damos esse poder a ele devido à

COMUNICAÇÃO CINCO ESTRELAS

maneira como ele nos faz *sentir*. Gostamos da maneira como nos sentimos na presença de um grande líder. Gostamos da maneira como eles nos persuadem a nos empenhar mais, a superar nossos limites e a sonhar mais alto do que jamais imaginamos.

AS ESTRELAS DO TED

9

Saber fazer uma boa apresentação não é um opcional para uma minoria. É uma habilidade essencial para o século 21.

— CHRIS ANDERSON, curador do TED Talks

Richard Turere é um menino de 12 anos que fez as pazes com leões. Ele também tem um estilo que leva o público a se apaixonar por ele e suas ideias.

Turere mora em Nairobi, no Quênia. Sua família cria gado em um sítio ao lado de uma reserva natural. Não há nenhuma cerca separando a reserva do sítio, e era comum leões da reserva em busca de zebras matarem o gado da família. Isso até Richard inventar uma solução. Turere descobriu que os leões têm medo de luz em movimento. Ele pegou peças eletrônicas sobressalentes e construiu um dispositivo que emite lampejos de luz para os leões acharem que alguém está andando com uma tocha.

Os organizadores da conferência TED Talks ficaram sabendo da invenção de Turere e o convidaram para apresentar a história na conferência anual do TED em Vancouver. Mas alguns problemas

COMUNICAÇÃO CINCO ESTRELAS

surgiram. Para começar, Turere era extremamente tímido e se intimidou com o fato de ter de falar para um público que também ouviria o CEO da Tesla, Elon Musk, o vocalista do U2, Bono, e o cofundador do Google, Sergey Brin. Turere nunca tinha entrado em um avião. O pessoal do TED trabalhou com o jovem inventor para criar a história, projetar os slides e ensaiar a apresentação. Turere iluminou o palco e recebeu uma generosa — e merecida — ovação em pé.

Uma palestra do TED recebe em média cerca de 400.000 visualizações. A apresentação de Turere, intitulada "Minha invenção que fez as pazes com os leões", foi vista mais de 2 milhões de vezes no momento da escrita destas linhas.[1]

Há mais de 13.000 palestras do TED disponíveis para visualização na internet, incluindo os TEDx Talks menores e organizados de forma independente. Nem todas as palestras do TED são boas. Um convite para compartilhar sua ideia em um palco do TED não garante que a apresentação vai engajar o público ou vai viralizar quando o vídeo for postado no site do TED. Os palestrantes do TED que se destacam e se tornam estrelas têm qualidades específicas e praticam hábitos específicos. Como Richard Turere, de 12 anos, comprova, as técnicas podem ser dominadas por qualquer pessoa de qualquer idade.

IDEIAS QUE SE ESPALHAM MUNDO AFORA

CHRIS ANDERSON, o "curador" ou proprietário do TED, é um grande defensor de ensinar técnicas de apresentação já na escola primária. É uma habilidade que qualquer um pode desenvolver e é uma habilidade necessária hoje, mais do que nunca. "Em um momento no qual a ideia certa apresentada da maneira certa pode se espalhar pelo mundo na velocidade da luz, gerando cópias de si mesma em milhões de mentes, há um enorme benefício em descobrir a melhor forma de colocá-la em seu caminho", escreve Anderson.[2] "Para um líder — ou defensor —, falar em público é indispensável para gerar empatia,

AS ESTRELAS DO TED

despertar empolgação, compartilhar conhecimento e insights e promover um sonho em comum."

Em 2006, a conferência do TED começou a disponibilizar suas palestras na internet gratuitamente. O TED forneceu uma plataforma para pessoas com ideias e lhes permitiu compartilhar essas ideias instantaneamente a um público de milhões. Amplificou suas vozes e deu início a uma revolução na arte de falar em público. Muitas palestras do TED são consideradas o que há de melhor na arte de falar em público e fazer apresentações. É difícil ser convidado para falar em uma conferência nacional do TED e é ainda mais difícil fazer apresentações que serão acolhidas por milhões de pessoas ao redor do mundo. Os vídeos são postados na internet acompanhados das transcrições, dando aos pesquisadores uma montanha de dados que eles podem usar para analisar as palestras que se destacam. Usando ferramentas de análise de dados de alta tecnologia, pesquisadores descobriram que os palestrantes do TED que fazem conexões memoráveis com a plateia usam técnicas retóricas clássicas. Os melhores palestrantes do TED se destacam em um grupo já diferenciado. As estrelas do TED praticam cinco hábitos de apresentação. Eles:

1. Substituem *bullet points* por imagens

Os organizadores do TED escolhem os palestrantes a dedo e trabalham com eles para criar as melhores apresentações possíveis. Uma diretriz que nunca deve ser violada envolve o design dos slides. É proibido usar *bullet points* em um slide do TED. Terminantemente proibido.

Por exemplo, a apresentação de sete minutos de Richard Turere teve 17 slides, mais de dois slides por minuto de palestra. Cada slide tinha uma fotografia que complementava a narrativa. Dezessete slides em sete minutos seria demais para incluir em uma apresentação de negócios, porque provavelmente sobrecarregaria o público com gráficos, tabelas, dados e texto. Mas os organizadores do

COMUNICAÇÃO CINCO ESTRELAS

TED trabalharam com Turere para criar uma apresentação que se destacou. Não é por acaso que as palestras do TED são um fenômeno global. Elas não são apresentações medianas.

As pessoas adoram imagens porque são uma ferramenta de comunicação que remonta à época na qual os humanos vagavam pelo planeta — na época em que desenhavam em cavernas. Cada conceito deste capítulo será explorado em maiores detalhes na Parte 3, mas, por enquanto, tenha em mente que estudos e mais estudos confirmam que as imagens são muito mais impactantes — e, em consequência, mais memoráveis — do que só texto.

2. Fazem o público rir

Com apenas 12 anos de idade e em sua primeira visita aos Estados Unidos, Turere já conhecia o poder do humor para conectar pessoas e transcender barreiras de cultura e idioma. Ele contou que a primeira ideia que teve para assustar os leões foi colocar um espantalho perto do estábulo. "Mas os leões são muito espertos. Eles veem o espantalho no primeiro dia e voltam. Mas no segundo dia eles dizem: 'Esse troço não está se mexendo. Está sempre aqui'", ele contou, para risos da plateia.[3] O truque do espantalho não funcionou e Turere teve de encontrar outras soluções. Os neurocientistas acreditam que, quando nosso cérebro percebe uma piada, libera uma onda de substâncias químicas de prazer: dopamina, serotonina e endorfinas. O humor também é incrivelmente contagioso. A risada é um sinal social. São os outros dizendo: "Tudo bem gostar desse palestrante". Uma das diretrizes que o TED passa para todos os palestrantes é este lembrete: rir é bom.

O ator Shah Rukh Khan não precisou ser lembrado disso para fazer seu público rir. Khan começou sua hoje famosa palestra de 2017 no TED dizendo ao público que é uma estrela de cinema de 51 anos que não usa botox... ainda. Khan é a maior estrela de Bollywood e o oitavo ator mais bem pago do mundo. Sua popularidade se estende

AS ESTRELAS DO TED

muito além da já gigantesca bilheteria na Índia. Seus 80 filmes conquistaram centenas de milhões de fãs ao redor do mundo. Ele tem 24 milhões de seguidores só no Twitter.

Khan é um palestrante tão habilidoso que é instrutivo estudar a técnica de oratória que ele leva ao palco do TED. Fica claro logo de cara: o humor. Ele começa a apresentação com a piada do botox e provoca seis ondas de risadas só no primeiro minuto de apresentação. Oficinas de criação de texto de comédia explicam aos alunos que o objetivo é quatro a seis ondas de risadas por minuto em uma rotina de stand-up com pouco tempo. Khan está no topo da escala, usando seu humor para fazer a plateia cair na risada e aplaudir. Veja outras falas que fizeram o público cair na gargalhada:

Eu vendo sonhos e amor para milhões de pessoas na Índia que devem achar que sou o melhor amante do mundo. Se vocês não contarem a ninguém, posso lhes dizer que não sou, mas sempre prefiro deixar as pessoas acreditarem nisso.

Também me disseram que muitos de vocês aqui não viram meu trabalho e sinto muito por vocês. Mas isso não elimina o fato de que sou totalmente obcecado por mim mesmo, como uma estrela de cinema deve ser.[4]

Por trás do humor, Khan tinha um assunto sério a tratar. Ele usou a piada sobre ser uma estrela de cinema obcecada por si mesmo como um gancho para argumentar que os seres humanos deveriam ser obcecados em cuidar uns dos outros e do planeta para as gerações futuras. "A humanidade é muito parecida comigo", disse ele. "É uma estrela de cinema envelhecendo, tentando se adaptar a todas as mudanças, se perguntando se fez a coisa certa."

A única estrela do TED que supera o senso de humor de Khan é Ken Robinson. Robinson não é um ator, ele é um educador. E, embora

COMUNICAÇÃO CINCO ESTRELAS

não seja uma estrela do cinema, sua palestra no TED provocou mais risadas por minuto do que muitas comédias de Hollywood. Com 45 milhões de visualizações, a palestra de Robinson, "A escola mata a criatividade?", é o vídeo mais popular no site do TED.

A maioria dos neurocientistas que estudam a persuasão concorda que o riso é uma emoção que pode ajudar a consolidar memórias. Parte do humor de Robinson vem na forma de histórias ou anedotas engraçadas, enquanto ele também tira sarro de si mesmo. Por exemplo, Robinson diz: "Se você está em um jantar e diz que trabalha com educação — na verdade, sejamos sinceros, se você trabalha com educação, nunca vai ser chamado para um jantar".[5]

O humor quase sempre leva ao engajamento porque é uma de nossas emoções mais primitivas e arraigadas. Você não precisa ser um comediante de stand-up para ser um sucesso no palco do TED, mas um pouco de humor o ajudará a se destacar. "Se eles estão rindo, estão ouvindo", diz Robinson.

3. Contam histórias pessoais

A história de Dan Ariely não tem nada de engraçada. Em seu último ano do ensino médio, uma explosão deixou Ariely com queimaduras de terceiro grau em 70% do corpo. Os sonhos de Ariely foram destruídos em um piscar de olhos, e ele passou os três anos seguintes em um hospital, tendo de submeter-se a inúmeras cirurgias e reconstruções.

No hospital, Ariely sentia uma dor incomparável quando os enfermeiros arrancavam as bandagens de seu corpo com a rapidez de quem puxa um band-aid de um corte no dedo. Em vez de um band-aid, no entanto, o procedimento levava até uma hora e tinha de ser feito todos os dias. Ariely tentou convencer os enfermeiros a retirar as bandagens mais devagar — um processo que pode levar mais tempo, até duas horas, mas com menos dor. Os enfermeiros simplesmente deram de ombros e disseram que era melhor arrancar as bandagens rapidamente e que os pacientes deveriam ficar quietos.

AS ESTRELAS DO TED

Ariely recebeu alta do hospital, entrou na universidade e começou sua pesquisa sobre comportamento humano, psicologia e economia. Para sua pesquisa, escolheu um tema que sentiu literalmente na pele: como as pessoas sentem dor. Por meio de uma série de experimentos, ele descobriu que sua intuição estava correta: apesar de os enfermeiros terem boas intenções e realmente acreditarem que arrancar as bandagens rapidamente minimizaria a dor, deveriam ter se concentrado em diminuir a intensidade da dor removendo as bandagens lentamente por um período mais longo. A experiência e a pesquisa de Ariely como um economista comportamental o levaram a escrever o best-seller *Previsivelmente irracional*. Ele também é uma estrela do TED e foi convidado seis vezes para compartilhar suas ideias em um palco da conferência.

Foi no TED de 2009 que Dan Ariely falou pela primeira vez sobre sua experiência na unidade de queimados. O vídeo da apresentação viralizou e apresentou ao público global as ideias e pesquisas de Ariely. A partir daí, suas palestras geraram mais de *15 milhões* de visualizações e fizeram de Ariely um dos economistas comportamentais mais conhecidos e admirados do mundo. Ele é famoso por explicar as razões ocultas que levam os seres humanos a fazer as coisas que fazem, mas a razão para o sucesso de suas palestras no TED não é um segredo tão oculto. De acordo com o curador do TED, Chris Anderson, "As histórias capazes de gerar a maior conexão com o público são histórias pessoais sobre você ou sobre pessoas próximas a você. Histórias de fracasso, situações constrangedoras, falta de sorte, perigo ou desastre, contadas com autenticidade, aceleram e aprofundam o engajamento".[6]

Como você aprenderá na Parte 3, o cérebro antigo é programado para se engajar com histórias. Hoje, neurocientistas estão usando a ciência em laboratórios para provar o que já sabíamos há milhares de anos: as histórias são a melhor ferramenta que temos para desenvolver conexões profundas e significativas com as pessoas que desejamos persuadir.

COMUNICAÇÃO CINCO ESTRELAS

Shonda Rhimes — a poderosa criadora de programas de TV de sucesso como *Grey's Anatomy* e *Scandal* — fez uma apresentação pessoal e reveladora no TED de 2016. Na palestra, que teve 3 milhões de visualizações até agora, Rhimes fala sobre seus medos — coisas que seria de esperar que uma produtora de TV com tanto poder já tivesse superado. Ela decidiu começar a dizer "sim" para as coisas que a assustavam.

"Então, há algum tempo, decidi fazer um experimento", começou Rhimes. "Eu passaria um ano dizendo sim a todas as coisas que me assustavam. Me obriguei a dizer sim a qualquer coisa que me deixasse nervosa, que me tirasse da minha zona de conforto. Eu queria falar em público? Não, mas eu dizia sim. Queria aparecer ao vivo na TV? Não, mas eu dizia sim. Queria tentar atuar? Não, não, não, mas eu dizia sim, sim, sim."[7]

Rhimes disse que "a coisa mais maluca" aconteceu. O simples ato de fazer o que a assustava tornava o ato menos assustador. "Meu medo de falar em público, minha ansiedade social, 'puf', sumiram. O poder de uma palavra é simplesmente incrível. O 'sim', mudou minha vida."

Em um artigo para comemorar o centésimo aniversário da revista *Forbes*, Rhimes falou sobre o poder do storytelling de cultivar conexões entre as pessoas. "Em um mundo de vozes e escolhas ilimitadas, as que unem as pessoas e contam uma boa história têm mais poder."

Rhimes e Ariely têm poder porque são capazes de compartilhar histórias que amplificam suas ideias. Os contadores de histórias no palco do TED lançaram livros best-sellers e impulsionaram suas carreiras, além de terem lançado poderosos movimentos sociais. Os fatos não lançam carreiras; mas as histórias sim. Os fatos não lançam movimentos; mas as histórias sim.

4. Fazem apresentações fáceis de acompanhar
As melhores palestras do TED são contagiantes por uma razão: são criadas e apresentadas por palestrantes experientes que dominam as habilidades necessárias para persuadir o público.

AS ESTRELAS DO TED

Os oradores habilidosos do TED usam o humor, contam histórias e estruturam o argumento para que seja fácil de acompanhar e de lembrar. Eles usam duas técnicas específicas para fazer isso: um bom título (sobre o qual falaremos em mais detalhes no capítulo 13) e a regra dos três.

Informe o seu tema

"É bom ter belos slides e uma presença de palco carismática, mas, na ausência de uma verdadeira lição, tudo o que o palestrante fez — na melhor das hipóteses — foi entreter", escreve Chris Anderson.[8] Muitos palestrantes não planejam sua apresentação em torno de um tema central. Eles abrem o PowerPoint ou qualquer outra ferramenta de apresentação e colocam *bullet points* em todos os slides. Sem tema, só *bullet points*. Os melhores palestrantes do TED concebem apresentações em torno de um tema central e repetem o tema ao longo da palestra. Por exemplo:

- "Por que amamos, por que traímos", Helen Fisher
- "Evitando a crise climática", Al Gore
- "Como prevenir a doença de Alzheimer", Lisa Genova

Eu chamo o tema de "título twitável", porque, de 2.460 palestras do TED, nenhuma tem um título mais extenso que um tweet de 140 caracteres. E a maioria é bem mais curta.

Os neurocientistas descobriram recentemente que apresentar o tema logo de cara ajuda o público a acompanhar a apresentação. Uma apresentação que declara o tema com clareza já no início é muito mais memorável e impactante do que uma que enterra o tema no meio, guarda-o para o final ou nunca o declara. Declarar seu tema no início dá sentido ao restante do conteúdo.

O advogado de direitos humanos Bryan Stevenson fez uma palestra no TED que provocou a mais longa ovação nos trinta anos de história do evento. Nos primeiros 40 segundos, ele mencionou a palavra "identidade" três vezes e apresentou o tema: "Hoje, quero falar com vocês sobre o poder da identidade". Stevenson aprofunda seu tema usando a próxima técnica do arsenal do TED, a tríade, ou regra dos três.

Use a regra dos três

No primeiro dia da conferência TED de 2017, um convidado especial apareceu de surpresa via satélite. O nome do palestrante tinha sido um segredo guardado a sete chaves até o dia do evento. Quando o Papa Francisco apareceu na tela, as redes sociais entraram em polvorosa. Foi a primeira vez que um papa deu uma palestra no TED. Os organizadores da conferência passaram mais de um ano fazendo os preparativos e viajaram várias vezes a Roma para fazer a palestra acontecer.

O próprio Papa Francisco decidiu o que queria dizer e como queria dizer. Sabendo que teria o mesmo tempo para falar que todos os outros palestrantes do TED — 18 minutos —, Francisco escolheu três mensagens:

1. Todos nós precisamos uns dos outros. "Só podemos construir o futuro se nos unirmos."
2. A igualdade e a inclusão social devem fazer parte do progresso científico e tecnológico.
3. Precisamos de uma revolução de ternura, um movimento que "comece no nosso coração".[9]

O Papa Francisco não escolheu três mensagens por acaso. Ele escolheu três por uma razão. Em uma ocasião, o Papa Francisco disse que aprendeu a falar em público no seminário e que um dos elementos da persuasão que ficou gravado em sua memória — e que ele aplica em todos os seus discursos — é a regra dos três.

AS ESTRELAS DO TED

A regra dos três é uma ferramenta de oratória clássica com raízes que remontam a Aristóteles e aos oradores gregos de sua época. Neurocientistas provaram o que os oradores da Grécia antiga sabiam instintivamente: que uma pessoa consegue guardar em média três ou quatro ideias na memória de curto prazo (também conhecida como memória de trabalho). O Papa Francisco se limita a três ideias, assim como muitas outras estrelas do TED:

- Leila Hoteit ensinou três lições de sucesso de empreendedoras árabes.
- Stuart Russell revelou três princípios para criar uma inteligência artificial mais segura.
- Mona Chalabi apresentou três maneiras de identificar uma estatística problemática.
- Ramsey Musallam, um professor de química do ensino médio, sugere três maneiras de empolgar os alunos.

Muitos dos melhores palestrantes do TED descobriram que a simples regra dos três — também chamada de "tríade" — forma a base de uma palestra e de um texto persuasivos.

5. Prometem ao público que ele aprenderá algo novo

Minha análise das 25 palestras do TED mais vistas de todos os tempos mostra uma tendência clara. Todas elas prometem ensinar algo que as pessoas não sabiam antes. O conteúdo é apresentado de uma forma criativa, inovadora ou surpreendente. Por exemplo:

- A escola mata a criatividade? Assista à palestra de Ken Robinson no TED para descobrir.
- As 10 coisas que você não sabia sobre os orgasmos. Mary Roach vai explicar.

COMUNICAÇÃO CINCO ESTRELAS

- Os melhores líderes usam uma única pergunta para inspirar as pessoas a agir. Simon Sinek nos ensina como eles fazem isso.
- Quais são as forças invisíveis que orientam nosso comportamento? Tony Robbins revela quais são essas forças.
- Como falar de um jeito que as pessoas queiram ouvir. Julian Treasure nos ensina como soar melhor.
- Descobertas científicas surpreendentes explicam por que somos felizes mesmo quando não conseguimos o que queremos. Dan Gilbert decodifica nosso "sistema imunológico psicológico".

Aprender é viciante graças a um pedaço de massa cinzenta do formato de uma de amêndoa em nosso lobo temporal — a amígdala. Quando recebemos novas informações, a amígdala libera dopamina, que atua como o botão "salvar" natural do cérebro. Esse processo explica por que ficamos entusiasmados quando aprendemos algo novo. Somos exploradores naturais. Robert Ballard descobriu o *Titanic* em 1985. Ele foi aplaudido de pé por uma plateia do TED por sua apresentação "O espantoso mundo oculto do fundo do oceano". Quando entrevistei Ballard depois de sua palestra no TED, ele disse: "A missão em qualquer apresentação é informar, educar e inspirar. Só se pode inspirar dando às pessoas uma nova maneira de ver o mundo em que vivem".[10]

Ao dar às pessoas uma nova perspectiva, você está mobilizando milhões de anos de adaptação evolutiva. Se nossos ancestrais primitivos não tivessem a curiosidade de explorar o mundo ao seu redor, estaríamos extintos há muito tempo. A necessidade de explorar, aprender algo novo, nossa atração pelo que se destaca têm raízes profundas no nosso DNA. Sabendo disso, dê a seu público algo novo e delicioso para digerir.

As palestras do TED são vistas mais de três milhões de vezes por dia porque as pessoas são famintas por ideias. Nunca as suas ideias importaram tanto quanto hoje. E hoje, mais do que nunca, você tem

AS ESTRELAS DO TED

à sua disposição ferramentas para amplificar sua voz em todo o mundo. A capacidade de inspirar as pessoas a olhar além de suas circunstâncias normais e imaginar mundos que ainda não existem é um dom que deve ser compartilhado, cultivado e aprimorado. Na Parte 3, você aprenderá dicas e técnicas práticas para compartilhar suas ideias de forma persuasiva. Uma grande ideia tem o poder de iluminar o mundo. Vamos iluminar o seu.

PARTE III

COMO IR
DO BOM AO
EXCEPCIONAL

10 O PRINCÍPIO DO *PATHOS*

Pessoas estão morrendo porque não conseguimos
nos comunicar de maneira a nos entender. Pode parecer
um exagero, mas não acho que seja.

— ALAN ALDA, ator e apresentador
da *Scientific American Frontiers*

Bill era um treinador de corrida da Universidade de Oregon. Um dia ele recebeu uma notícia empolgante. Um ex-aluno rico da universidade doou um milhão de dólares para construir uma nova pista de poliuretano. O entusiasmo de Bill durou pouco, assim que ele percebeu que seus tênis de corrida não conseguiam ganhar tração na nova superfície. Em um domingo, enquanto tomava o café da manhã, Bill olhou para o balcão da cozinha e viu a panela de fazer waffle. Ele via a panela todos os dias, mas nunca com aquele olhar. Bill pensou que o padrão em grade da panela de waffle poderia agarrar a pista melhor do que os tênis de corrida existentes.

Então, levou a panela para a garagem, despejou uretano nela e aqueceu. O experimento foi um fracasso. O produto químico ficou todo grudado na panela. Ele comprou outra panela de waffle e usou outro produto químico. Também foi um fracasso. Bill não desistiu, apesar de ter abandonado a panela de waffle. Ele fez furos em uma lâmina de aço inoxidável para imitar o padrão de waffle e a usou para fazer um molde de borracha que costurou nas solas de um par de tênis de corrida. O primeiro atleta que experimentou os novos tênis "correu como um coelho". Naquele momento na cozinha, o treinador de corrida da Universidade de Oregon e cofundador da Nike, Bill Bowerman, revolucionou a maneira como as pessoas correriam pelas gerações seguintes.

Você já deve ter ouvido falar da "história do waffle" da Nike. É uma narrativa famosa dos negócios, mas o cofundador da Nike, Phil Knight, deu alma à história.

Em 1980, a Nike abriu seu capital. Knight acompanhou um grupo de executivos da Nike a Nova York para convencer os investidores de que valeria a pena dar apoio a sua visão e sua marca.

Knight encerrou a apresentação com a história de Bowerman. "Falei sobre o brilhantismo, a coragem e a panela de waffle mágica de Bowerman", lembra Knight em sua autobiografia, *A marca da vitória*.[1] A história tinha uma importante razão de ser. "Eu queria que aqueles nova-iorquinos soubessem que, apesar de nós sermos do Oregon, não estávamos de brincadeira. Os covardes nem chegam a começar e os fracos morrem na praia. E nós estávamos lá."

Knight repetiu a história para investidores de Chicago, Dallas, São Francisco e Los Angeles. Foram doze cidades em sete dias. A história atuou como uma metáfora do espírito de inovação que definia a marca.

Hoje, o próprio campus da Nike é uma celebração das histórias e do histórico da empresa. Edifícios e ruas foram batizados em homenagem aos "pais fundadores" da Nike. Os funcionários mais jovens adoram ouvir as histórias da origem da empresa e os executivos da Nike estão lá para contá-las. Os executivos seniores são os contadores de histórias da companhia. Eles contam a história de Phil Knight, que começou vendendo os tênis de corrida no porta-malas

O PRINCÍPIO DO PATHOS

de seu carro velho. Contam a história da panela de waffle mágica. Contam a história de Steve Prefontaine, o lendário corredor da Universidade de Oregon que morreu em um acidente de carro e de quem Knight fala com uma reverência quase espiritual.

Na Nike, o heroísmo do passado inspira as inovações do futuro.

"Conforme a Nike cresce ainda mais, seus contadores de histórias sentem que sua missão é ainda mais importante", diz um artigo da *Fast Company* sobre a cultura de storytelling da Nike.[2] O programa corporativo de storytelling começou anos atrás com uma apresentação de uma hora para os novos funcionários. Hoje, a história da Nike permeia todos os aspectos da cultura da empresa. Os novos funcionários passam uma semana em um "Rookie Camp" — um acampamento de novatos — na sede da Nike em Beaverton, Oregon. Eles passam um dia inteiro na cidade de Eugene para se conectar com o passado: visitam a pista de corrida onde Bowerman treinou os estudantes da universidade e o local do acidente que causou a morte de Prefontaine. "Estamos vinculando o que fazemos hoje com a herança da Nike", disse um gerente de treinamento.[3] "Porque, quando as pessoas entendem por que existimos, de onde viemos e quem somos hoje, elas entendem que todos os nossos produtos ainda têm raízes na nossa missão de melhorar a performance dos atletas. Não é diferente de Bill Bowerman trabalhando em sua garagem, fazendo ajustes e confeccionando sapatos para seus atletas."

Quando chegam ao campus da Nike, os visitantes percebem que todos os prédios têm o nome de um fundador da empresa ou de um atleta que ajudou a construir a marca. A panela de waffle original de Bowerman está em exibição em um dos prédios. Phil Knight faz questão de que seja assim. Ele quer que as pessoas realmente conheçam os homens e as mulheres que fizeram da Nike mais do que uma marca. "Eu não vejo prédios. Eu vejo templos. Qualquer edifício é um templo se você quiser", escreve Knight.[4]

As histórias são a melhor ferramenta linguística que temos para persuadir e Phil Knight sabe disso. Knight incluiu, no kit de ferramentas de um grande líder, o ingrediente secreto: o *pathos*. De acordo com Aristóteles, o *pathos* é o ato de persuadir um público apelando para suas emoções, e as histórias são a maneira mais direta que temos para fazer esse apelo. Ao relembrar as histórias do passado, os funcionários da Nike são inspirados a construir o futuro.

SE EU ESTIVESSE ENTENDENDO O QUE VOCÊ ESTÁ DIZENDO, VOCÊ ACHA QUE EU ESTARIA COM ESTA CARA?

ALAN ALDA É seis vezes vencedor do Emmy Award, mais conhecido por interpretar Hawkeye Pierce no clássico programa de televisão *M*A*S*H*. O interesse de Alda pela ciência o levou a apresentar a premiada série de divulgação científica da PBS *Scientific American Frontiers*. Onze anos entrevistando cientistas para o programa convenceram Alda de que as pessoas com as melhores ideias costumam ser péssimas comunicadoras. Ele fundou o Alan Alda Center for Communicating Science na Universidade Stony Brook para suprir o que considera uma necessidade urgente.

Alda escreve: "Você administra uma empresa e acha que está criando uma conexão com seus clientes e funcionários, que eles estão entendendo o que você diz, mas eles não estão entendendo, e tanto clientes quanto funcionários o estão abandonando. Você é um cientista que não consegue receber fundos porque as pessoas que detêm o dinheiro simplesmente não conseguem entender o que você está dizendo. Você é um médico que se irrita com um paciente que chega em busca de sua ajuda... mas não precisa ser assim".[5]

Segundo Alda, o ingrediente que falta na comunicação é a empatia ou, em outras palavras, "criar uma conexão com as pessoas". Alda argumenta que, quando as pessoas não conseguem se comunicar e fazer com que os outros se identifiquem com elas, as

O PRINCÍPIO DO PATHOS

consequências para sua carreira, comunidades e o nosso planeta podem ser graves:

> Um contador me explica o código tributário de um jeito que não faz sentido para mim. Um vendedor me explica uma apólice de seguro e eu fico boiando. Não foi nenhuma grande descoberta revolucionária quando percebi que praticamente ninguém entende direito o que os outros dizem. Talvez não o tempo todo, e não completamente, mas o suficiente para causar danos tremendos. Pessoas estão morrendo porque não conseguimos nos comunicar de maneira a nos entender. Pode parecer um exagero, mas não acho que seja. Quando pacientes não conseguem criar um vínculo com seus médicos e não seguem as orientações, quando engenheiros não conseguem convencer uma prefeitura de que a barragem pode romper, quando um pai não consegue conquistar a confiança de um filho para convencê-lo a ficar longe de drogas, todas essas histórias podem ter um final trágico.[6]

A busca de Alda para descobrir como podemos criar conexões uns com os outros o levou a procurar James McGaugh, um proeminente neurobiólogo do campo da aprendizagem e da memória. O professor da Universidade da Califórnia, em Irvine, dedicou a carreira a estudar por que algumas memórias são vívidas e permanentes, enquanto outras são facilmente esquecidas.

McGaugh perguntou a Alda: "Você se lembra do seu primeiro beijo?".[7] Alda certamente se lembrava. A maioria das pessoas lembra. Na verdade, você provavelmente se lembra de onde estava, dos detalhes do lugar, até dos aromas no ar. "Lembramos coisas que estão ligadas à emoção", diz McGaugh. "Todos os ganhadores do Prêmio Nobel sabem exatamente onde estavam e o que estavam fazendo quando receberam a ligação. Dizem que ficou 'gravado' na mente. Ficou 'inscrito' no cérebro. As memórias, sejam elas muito felizes ou aterrorizantes, ficam gravadas porque despertam nossas emoções."

A emoção é o antigo mecanismo do cérebro que nos ajuda a lembrar de eventos importantes e esquecer um pouco do resto, porque, afinal, nem tudo é igualmente importante. Se você se lembrasse de tudo com a mesma intensidade, tudo seria mais difícil. Algumas memórias são feitas para ficarem guardadas. Outras, nem tanto.

McGaugh diz que a emoção nos ajuda a lembrar das coisas, mas um "pouco de estresse" pode gravar a memória em nosso cérebro.

Um pouco de estresse. Onde podemos encontrar isso? Acontece que a chave é explorar algo que já temos naturalmente. É natural porque está profundamente imbuído no nosso DNA. É uma ferramenta que desencadeia uma onda de substâncias químicas no cérebro que foram cruciais para criar vínculos sociais na sociedade primitiva e continuam formando laços entre as pessoas até hoje.

Estou me referindo ao storytelling, e, ao incluir tensão, conflito e obstáculos em uma história, você adiciona aquela pitada de estresse que prende a atenção dos ouvintes. As histórias são irresistíveis porque somos programados para pensar em termos de histórias, processar nosso mundo em termos de histórias e compartilhar ideias em termos de histórias. Domine a antiga arte de contar histórias e você se destacará no mundo moderno.

AS HISTÓRIAS ALINHAM CÉREBROS

"O STORYTELLING É incrível", diz Uri Hasson, o pesquisador da Universidade de Princeton que conhecemos no capítulo 3. Se há uma pessoa que pode dizer isso com autoridade é ele. Hasson dirige uma equipe de pesquisa na Universidade de Princeton que usa máquinas de (f)MRI para ver o que acontece no cérebro de pessoas que estão contando e ouvindo histórias.

Vamos imaginar por um momento que estou prestes a contar uma história real. É sobre meu pai, Francesco Gallo, que foi prisioneiro de guerra na Segunda Guerra Mundial. Ele passou cinco anos

O PRINCÍPIO DO PATHOS

em um campo de prisioneiros terrível na Etiópia, sobrevivendo só com arroz e água. As lições que ele me ensinou permanecem comigo até hoje: encare a vida com coragem, perseverança e esperança.

Agora, vamos imaginar por um momento que minúsculos eletrodos são colocados em nosso couro cabeludo. Você e eu estamos ligados à máquina de imagiologia cerebral de Hasson, com outras quatro pessoas. Todos nós — você, eu e as quatro pessoas — estamos conectados à máquina.

Hasson faz o exame de imagiologia no seu cérebro antes de eu começar a contar minha história. O exame mostra o movimento de suas ondas cerebrais porque o cérebro está sempre funcionando, mesmo quando você está no escuro sem fazer nada. As ondas cerebrais do seu cérebro estão fazendo coisas bem diferentes das ondas dos outros participantes, que também estão esperando o experimento começar. Nenhum cérebro está em sincronia com o de qualquer outro participante.

Eu começo a falar e, conforme minha história se desenrola, Hasson vê um movimento nas imagens — as suas ondas cerebrais e as dos outros participantes sobem e descem na região do cérebro que processa o som, o córtex auditivo. De repente, algo incrível começa a acontecer. "Os participantes se prendem à história", descreve Hasson. Em outras palavras, as suas ondas cerebrais e as dos outros participantes começam a subir e descer *juntas* e o sangue flui para as mesmas regiões do seu cérebro e do cérebro dos outros participantes. Você está em sincronia com os outros ouvintes e todos estão em sincronia comigo, a pessoa que está contando a história. Hasson chama isso de *"neural entrainment"* (algo como "arrastamento neural"), o alinhamento cerebral entre falante e ouvinte.

Para provar que é a história que está causando o alinhamento, Hasson grava minha história em russo e a reproduz para ouvintes que não entendem russo. Ele vê movimento no córtex auditivo porque os cérebros dos ouvintes estão processando sons, mas os exames

COMUNICAÇÃO CINCO ESTRELAS

não mostram alinhamento. Apenas uma história, uma narrativa compreensível, pode desencadear um alinhamento entre todos os ouvintes. Além disso, "somente quando usamos a história completa, envolvente e coerente é que as respostas se espalham mais profundamente no cérebro em áreas de maior complexidade, que incluem o córtex frontal e o córtex parietal, e fazem com que todos os participantes tenham reações bastante semelhantes".[8]

Recentemente, engenheiros biomédicos da Universidade de Drexel usaram uma ferramenta mais avançada chamada fNIRS (espectroscopia funcional em infravermelho próximo) para examinar o cérebro de duas pessoas conversando naturalmente em ambientes menos formais do que um laboratório. A técnica usa luz para medir a atividade neural e dar aos pesquisadores uma visão do fluxo sanguíneo indo a diferentes partes do cérebro. O estudo se baseou no trabalho de Hasson, mas tinha como objetivo fornecer uma medida mais precisa do que acontece quando duas pessoas contam histórias uma à outra. A conclusão dos pesquisadores confirmou os experimentos de Hasson — o cérebro de um ouvinte espelha o cérebro de um falante quando o falante está contando uma história sobre uma experiência da vida real.

Em estudo após estudo usando tecnologia de ponta, neurocientistas estão confirmando o que sabemos intuitivamente há séculos. O cérebro humano foi programado para contar e ouvir histórias. Contamos histórias desde que os humanos começaram a se comunicar uns com os outros. Os antropólogos acreditam que o domínio do fogo pelos nossos ancestrais foi um marco importante no desenvolvimento humano. A comida cozida no fogo nos deu proteína para ter cérebros maiores. As fogueiras prolongaram o dia. Em vez de caçar e coletar como faziam durante o dia, nossos ancestrais sentavam-se ao redor da luz para contar histórias. Por meio das histórias, a comunidade se informava de potenciais ameaças, ensinava novas maneiras de construir ferramentas e despertava a imaginação.

O PRINCÍPIO DO PATHOS

Certo, agora sabemos que o *pathos* — o apelo emocional — é um componente essencial da persuasão. Também sabemos que as histórias são a melhor ferramenta que temos para fazer esse apelo. Mas será que todas as histórias são iguais ou algumas têm mais peso do que outras?

De acordo com a pesquisa de Hasson, histórias que destacam os pontos em comum entre duas pessoas produzem mais alinhamento na atividade cerebral entre o falante e o ouvinte. Se eu conseguir encontrar algo em comum com você, meu ouvinte, aumentarei minhas chances de persuadi-lo a ver o mundo do meu ponto de vista.

ENCONTRANDO PONTOS EM COMUM

OS PAIS DE Jack eram artistas de *pingtan* na China. O *pingtan* é uma arte performática de 400 anos que é uma combinação de música e storytelling. É uma forma de arte oral na qual os artistas usam palavras e imagens vívidas para evocar emoções do público. Por crescer vendo os pais dominando o *pingtan,* Jack apaixonou-se pela arte do storytelling e seguiu a carreira de professor de inglês. Na China, Jack ganhava apenas US$ 12 por mês. Seu parco salário era seu único meio de pagar o aluguel do apartamento de um quarto onde morava, mas mesmo assim Jack deixou o emprego de professor para abrir uma empresa de comércio on-line para conectar pequenas empresas a clientes ao redor do mundo. Hoje, a empresa que ele fundou, a Alibaba, é o maior shopping virtual do mundo e Jack Ma é a pessoa mais rica da China e uma das 30 mais ricas do planeta.

Funcionários que trabalharam para Ma nos primeiros anos da Alibaba se lembram dele como "um orador cativante", capaz de empolgar os ouvintes. Sua visão era contagiante. O autor e ex-consultor da Alibaba, Duncan Clark, escreveu um livro sobre Jack Ma. Segundo Duncan, as habilidades de storytelling de Ma — sem dúvida influenciadas por seus pais — foram um componente crucial de seu sucesso.

COMUNICAÇÃO CINCO ESTRELAS

"Com histórias de superação de desafios mesmo sabendo que tinha poucas chances de conseguir, Jack leva algumas pessoas da plateia às lágrimas, inclusive executivos calejados", escreve Duncan.[9] No entanto, Ma não conta qualquer história. Ele adapta a história a seu público para criar uma conexão emocional. Ma cita filmes recentes populares em um determinado país e se baseia em heróis e histórias que seu público reconheceria. "Para o público chinês, Jack muitas vezes se baseia em histórias de seus romances favoritos de artes marciais ou na história revolucionária chinesa."[10] Quando um colega dos Estados Unidos perguntou a Ma como ele contaria a história nos Estados Unidos, Ma disse que contaria outra história. "Para motivar vocês, eu falaria sobre George Washington e a cerejeira", ele respondeu.

"Jack é um mestre em mobilizar as emoções das pessoas", escreve Duncan. "Ele tinha um estoque de histórias meticulosamente elaboradas, a maioria de sua infância ou dos primeiros anos da Alibaba. Uma análise detalhada de todos os seus discursos revela que ele passou dezessete anos dizendo basicamente a mesma coisa. No entanto, ao ajustar sutilmente sua mensagem de acordo com o estado de espírito e as expectativas da plateia, ele consegue fazer com que cada discurso pareça diferente."[11]

Ma conta as histórias das dificuldades que enfrentou com o intuito de inspirar as pessoas a perseguir seus sonhos, apesar dos obstáculos que poderão encontrar. Ele não tem vergonha de contar a história de ter sido reprovado no vestibular... duas vezes. Ele conta a história de ter tirado apenas 1 de uma nota máxima de 120 pontos na prova de matemática do vestibular. Ele conta a história de ter sido rejeitado pela Harvard... dez vezes. Ele conta a história de ter sido rejeitado a 30 vagas de emprego, incluindo uma na KFC. Conta a história de ter estado a 18 meses da falência. Suas histórias de fracasso transmitem uma lição importante: o valor da persistência. "Desistir é o maior fracasso", diz Ma. "Nunca desista. Hoje está difícil, amanhã será pior, mas depois de amanhã o sol vai brilhar."[12]

O PRINCÍPIO DO PATHOS

Origens humildes dão boas histórias. Se você superou adversidades na sua vida, na sua carreira ou na sua empresa, é importante contar essa história porque somos programados para adorar histórias de pessoas que subiram da pobreza à riqueza. E adoramos essas histórias porque *precisamos* ouvi-las. Psicólogos dizem que as dificuldades fazem parte da experiência humana, que somos programados para encontrar sentido nas adversidades. Histórias de superação das adversidades, ou de triunfo sobre a tragédia, nos empolgam porque superar obstáculos faz parte da natureza. Histórias de sucesso diante de desvantagens esmagadoras nos inspiram a dar o nosso melhor. Jack Ma diz que se inspirou em uma história e um personagem fictício: Forrest Gump. O personagem, interpretado por Tom Hanks no filme de 1994, não deixou que o baixo QI o impedisse de perseguir seus sonhos ou encarar desafios. Ele nunca se vitimizou. Gump era o exemplo de otimismo. Ma disse que tirou sua história, seu sonho, do filme. Sempre que se frustrava, Ma revia o filme. O filme o ensinou a nunca desistir. Esse é o poder da história. As histórias nos animam e nos dão esperança. Jack Ma tem tanto carisma que ganhou o apelido de "Jack Magic". Agora você sabe que a verdadeira magia é a habilidade de Jack de contar uma história capaz de instigar a imaginação das pessoas.

A CHAVE PARA O NOSSO CORAÇÃO

SE VOCÊ QUISER que alguém lhe entregue as chaves de seu coração, conte uma história. Se você quiser que alguém lhe entregue as chaves de um carro novo, as histórias também funcionam.

Em 1997, Phil Wall visitou um orfanato em Johanesburgo, na África do Sul, e conheceu uma bebê de 18 meses chamada Zodwa. A mãe de Zodwa, que sofria de HIV/Aids, havia abandonado a menina nove meses antes. Phil e sua esposa, Wendy, tentaram adotar a menina em um processo que se arrastou por oito meses, mas a adoção não foi adiante porque a avó de Zodwa se apresentou para cuidar dela.

COMUNICAÇÃO CINCO ESTRELAS

Phil e Wendy ficaram arrasados, mas se recuperaram e transformaram sua decepção em ação. Decididos a ajudar outras crianças, Phil e Wendy fundaram uma instituição de caridade para transformar a vida de órfãos. "Decidimos dedicar nossa vida a ajudar crianças órfãs na África", Phil Wall me contou em uma conversa por telefone falando em seu escritório em Wimbledon, na Inglaterra.[13] Hoje, a WeSeeHope ajuda 150.000 crianças por ano e já arrecadou US$ 20 milhões para a causa.

Phil Wall conta a história da tentativa do casal de adotar a bebê Zodwa porque essa história estabelece um ponto em comum com seu público — potenciais doadores. "As pessoas encontram algo em seu interior que ressoa com a história contada por outra pessoa", disse Wall. "Como um pai, converso com outros pais sobre a criança que senti ter decepcionado. Quando digo que quero mudar a vida de centenas de milhares de crianças que não têm uma mãe nem um pai, as pessoas encontram algo na minha história com o qual podem se identificar."

Wall não está no setor da caridade; ele está no setor dos relacionamentos.

Em 1998, Wall e sua esposa pegaram os US$ 7.000 que vinham poupando para comprar uma casa e tomaram de empréstimo mais outros milhares. Eles foram convidados a dar uma palestra sobre sua instituição a uma grande plateia. Depois da apresentação, distribuíram 1.300 envelopes para os ouvintes. Cada envelope continha uma nota de dez dólares. Eles lançaram um desafio. As pessoas poderiam devolver o dinheiro, ficar com ele ou pensar em ideias criativas usando seu talento, habilidades ou redes de relacionamento para transformar os dez dólares em cem. Nos cinco meses seguintes, os US$ 13.000 distribuídos a 1.300 pessoas se transformaram em US$ 2 milhões para a WeSeeHope.

Uma resposta específica ficou gravada na memória de Wall. Do nada ele recebeu uma ligação de uma pessoa que havia recebido o

O PRINCÍPIO DO PATHOS

envelope de dez dólares. A pessoa disse: "Decidi ficar com os seus dez dólares e, em troca, vou lhe dar as chaves de um dos meus carros". O carro era um Aston Martin DB7, um modelo esportivo de luxo que foi vendido por US$ 43.000 em um leilão.

"O espírito humano se baseia em histórias e propósito", disse-me Wall. "O que mais falta na sociedade ocidental é um sentido na vida. Quando as pessoas são cativadas por uma história e se veem nessa história, elas são muito generosas."

AS HISTÓRIAS DESPERTAM O ESPÍRITO HUMANO

DISCORDAR FAZ PARTE das pesquisas científicas, mas, no que diz respeito à persuasão, há um consenso quase unânime entre os neurocientistas: as histórias são o melhor veículo que temos para transferir nossas ideias uns aos outros. As histórias liberam substâncias no cérebro que nos forçam a prestar atenção em quem está falando, ter empatia com ele, entendê-lo e nos empolgar com suas ideias. Os humanos não apenas ansiamos por histórias, como *precisamos* ouvi-las. As histórias são irresistíveis e os contadores de histórias nos fascinam.

Um dia, em um curso de comunicação que eu estava ministrando para um grupo de executivos, conheci Ethan, gerente de uma empresa de médio porte.[14] Ethan queria avançar na carreira e passar de gerente de projeto a executivo de desenvolvimento de negócios, uma função que requer a habilidade de fazer apresentações com confiança. O chefe de Ethan sugeriu que ele fizesse o curso para melhorar sua capacidade de fechar mais e maiores negócios.

A empresa de Ethan estava diante de um desafio. Na região do país onde Ethan atuava, os concorrentes estavam conquistando clientes dando lances artificialmente baixos. O problema era que, em uma manobra que prejudicava a reputação de todas as empresas da região, esses concorrentes aumentavam os preços no meio do projeto para compensar o lance baixo que haviam dado para fechar o acordo. Os comitês de seleção passaram a desconfiar dos empreiteiros, mas também eram pressionados para contratar as empresas que dessem os lances mais baixos.

A empresa de Ethan se orgulhava de ter um processo aberto e transparente. A empresa apresentava evidências (*logos*) de que um lance inicial mais alto pouparia dinheiro aos clientes no futuro. Mas os fatos por si só muitas vezes não bastavam para persuadir os clientes potenciais.

Se olharmos para a tríade que, segundo Aristóteles, compõe a base da persuasão, Ethan tinha um excelente *logos*: evidências para sustentar seu argumento. Sua dificuldade estava em comunicar os outros dois terços da fórmula: o *ethos* e o *pathos*.

O *ethos* é o caráter de quem fala. Ethan tinha caráter. Ele era um homem íntegro e honesto. Mas ele era introvertido, quieto e tímido. Tinha caráter, mas as pessoas não sabiam disso. Também lhe faltava *pathos*: apelo emocional. No curso, ninguém sabia nada sobre Ethan além de seu cargo e as suas funções no trabalho. Ele respondia às perguntas com respostas de uma palavra. Os colegas tentavam fazer Ethan se abrir, mas era difícil arrancar mais do que algumas palavras dele.

Mas, depois de dois dias ouvindo os colegas contarem suas histórias, alguma coisa mudou em Ethan. Ele encontrou uma história pessoal com a qual pudesse construir um apelo emocional. Foi para a frente da classe e nos mostrou seu novo pitch. Ethan começou reconhecendo as preocupações dos clientes. Depois, contou uma história pessoal para encontrar um ponto em comum com eles. Ethan decidiu começar seu pitch assim:

A construção civil não é brincadeira. Além dos riscos financeiros, há riscos de segurança e saúde, bem como prazos que devem ser cumpridos. Vocês querem contratar a empresa certa para o seu projeto. Vocês

O PRINCÍPIO DO PATHOS

já receberam nosso material contendo nossos currículos, certificações, projetos anteriores e indicações. Estou aqui para contar a história por trás desse material, a lição que aprendi com meu pai. Minha outra paixão fora da construção civil é o iatismo. Eu praticamente cresci navegando barcos a vela. Meu pai também. Eu tinha 14 anos quando uma tempestade tropical atingiu a ilha onde morávamos. Fechamos a casa com tábuas e nos preparamos para o baque. A tempestade desviou-se da ilha e ficou no oceano. Nunca fomos atingidos diretamente. Mas eu me achava o melhor iatista do planeta. Eu competia desde os 8 anos, viajando pelo país, e era muito bom nisso. Na verdade, confesso que era até um pouco arrogante. Nós tínhamos um bote no porto. Um dia, eu disse aos meus pais que iria dar uma checada no bote. O vento uivava e as ondas estavam altas. Foi uma idiotice, mas convenci um amigo a sair comigo em um veleiro. Foi divertido por um tempo, até que pegamos uma onda gigante de frente e o veleiro afundou. Nossa única opção foi nadar. Alguém viu o acidente e chamou meu pai. Consegui chegar à praia, onde meu pai estava esperando com uma toalha. Ele me entregou a toalha e com seu forte sotaque francês disse: "Você pode vencer competições, mas ainda tem muito a aprender sobre o mar". Fiquei triste por ter decepcionado meu pai. O que eu não sabia na época — mas sei agora — foi a lição que ele me ensinou: todo talento, conhecimento e experiência que você tem devem se fundamentar em disciplina, capacidade de julgamento e comprometimento. Caso contrário, você pode ter muitos problemas.

Se você já viu o *The Voice* ou algum outro show de talentos, tem uma ideia de como a turma reagiu à história de Ethan. Quando uma apresentação é melhor do que o esperado, a câmera mostra a plateia e os jurados, que estão pasmos e com os olhos brilhando. Foi essa a reação da turma depois que Ethan contou sua história. Os alunos ficaram de queixo caído, se entreolharam, alguns bateram palmas no meio da apresentação e uma mulher apontou para o próprio braço, todo arrepiado. Ethan deixou cair a armadura, revelou um lado intrigante de sua personalidade e de seu passado e conquistou a admiração dos colegas. Todo mundo tem uma história.

Você pode ter notado que a história de Ethan tem "um pouco de estresse". Ele incluiu uma tensão dramática quando contou sobre sair de veleiro em águas tempestuosas. Essa pequena dose de estresse fará com que sua história seja mais memorável e o ajudará a tocar emocionalmente o público. O neurobiólogo Larry Cahill pode provar isso.

Cahill, da Universidade da Califórnia, em Irvine, estuda a memória com o doutor James McGaugh. Cahill é famoso por seu experimento da "água gelada". No experimento, os participantes viram uma série de slides enquanto um pesquisador media sua resposta emocional. Os slides mostravam fotografias de conteúdo emocional variado, como cobras, armas de foto ou flores. Depois que viam os slides, os participantes eram solicitados a colocar a mão em uma tigela de água gelada, uma técnica que os cientistas usam para desencadear a resposta do hormônio do estresse.

Cahill testou a memória dos participantes uma semana depois. Os que colocaram a mão na água gelada se lembraram dos slides emocionais com muito mais vividez do que os participantes do grupo de controle. Os hormônios do estresse ajudaram a gravar as memórias que estavam se consolidando no cérebro deles. A lição que podemos aprender com isso é adicionar uma pitada de estresse para despertar as emoções do público. Basta um pouco de emoção para aumentar o poder de uma história.

TRÊS TIPOS DE HISTÓRIAS QUE VOCÊ PODE CONTAR

HÁ TRÊS TIPOS de histórias que você pode — e deve — incorporar em qualquer conversa ou apresentação destinada a levar as pessoas à ação. São elas:

O PRINCÍPIO DO PATHOS

- histórias sobre experiências pessoais;
- histórias reais sobre clientes;
- histórias sobre eventos marcantes da vida de uma marca ou empresa.

Histórias de superação de obstáculos

Histórias pessoais sobre a superação de um evento adverso, uma vitória sobre uma tragédia, têm um enorme poder. Usar as dificuldades e o sucesso como ferramentas retóricas nos permite fazer conexões mais profundas e significativas uns com os outros.

Por exemplo, fui contratado por uma diretora sênior do Walmart. Ela estava diante do desafio de compartilhar a cultura do Walmart nas sessões mensais de orientação para novos colaboradores. Esses encontros eram enormes. O Walmart recebia 10.000 inscrições por mês e empregava mais de dois milhões de pessoas. Todos os novos contratados precisavam assistir à palestra dessa gerente — incluindo assistentes, gerentes e executivos da sede corporativa em Bentonville, no Arkansas.

A gerente tinha muitos fatos e números sobre o Walmart, mas decidimos que uma história pessoal a ajudaria a se conectar com os novos colaboradores. Durante a nossa conversa, a gerente virou para mim e disse:

"Sabe, Carmine, o nosso slogan — economize dinheiro, viva melhor — não é só para inglês ver."

"É mesmo? Como assim?", perguntei.

"Meu cunhado foi diagnosticado com ELA. Ajudei minha irmã a cuidar dele enquanto sua saúde se deteriorava. Os custos mensais para cuidar dele começaram a se acumular e sugeri à minha irmã que ela só fizesse compras no Walmart para economizar — e isso foi antes de eu vir trabalhar no Walmart. Economizamos US$ 300 por mês comprando exatamente as mesmas coisas. Com esses US$ 300 mensais, compramos uma van adaptada para cadeirantes, o que deu mais liberdade ao meu cunhado. Ele chegou a usar a van para ir à formatura do filho, algo que meu sobrinho nunca vai esquecer."

Depois que todos na sala enxugamos as lágrimas dos olhos, perguntei se ela tinha uma foto do cunhado. "Se você contar essa história e mostrar fotos do seu cunhado, ninguém jamais se esquecerá da missão da empresa e da importância disso na vida de cada um de seus clientes."

Na próxima sessão de orientação, ela mostrou fotos e contou a história. Logo depois, um novo funcionário se aproximou da gerente e disse: "Essa foi uma das apresentações mais inspiradoras que já ouvi".

"Eu só tenho uma reclamação", a gerente me disse algumas semanas depois. "Não estou conseguindo dar conta de todos os convites para almoçar. Meu próximo desafio de comunicação é aprender a recusar os convites sem ofender ninguém", ela brincou.

"Aqui no Walmart, nós adoramos histórias", disse o CEO do Walmart, Doug McMillon, em uma reunião de acionistas da empresa. "Tem algo de especial nas histórias. Nós adoramos contar histórias. E lembramos as histórias que ouvimos. Repetimos as histórias e as contamos aos outros. Também as escrevemos. Juntos, estamos escrevendo a história da nossa empresa."

Histórias reais sobre clientes

A KPMG, a empresa de auditoria que mais cresce entre as quatro maiores consultorias contábeis do mundo, descobriu que o storytelling dá um senso de propósito aos funcionários. A empresa fez um levantamento interno com milhares de gerentes e funcionários e descobriu que "uma força de trabalho motivada por um forte senso de propósito é essencial para o engajamento".[15] A KPMG incluiu o storytelling como um elemento central do treinamento de seus líderes para ajudar todos os funcionários a conhecer a longa história e a influência da empresa. "Percebemos que não basta os gestores

O PRINCÍPIO DO PATHOS

seniores falarem, de cima para baixo, sobre o propósito da empresa", disse Bruce Pfau, vice-presidente de recursos humanos da KMPG.[16] "Encorajamos todos — desde os nossos estagiários até o nosso presidente do conselho — a contar as próprias histórias sobre como seu trabalho está fazendo a diferença." Depois de criar uma cultura de storytelling na KPMG, a rotatividade de pessoal despencou, o moral decolou e os lucros dispararam.

Histórias sobre eventos marcantes da vida de uma marca ou empresa

Certa vez, tive a oportunidade de almoçar com a lenda do futebol americano Dwight Clark, que jogou no time San Francisco 49ers. "É engraçado, Carmine. Peguei 506 passes na minha carreira com os Niners, mas todo mundo só quer ouvir a história do The Catch", Clark me disse.[17]

O The Catch ganhou a própria página na Wikipédia. É uma das jogadas mais famosas da história do futebol americano profissional. A recepção de Clark, num passe do quarterback Joe Montana na partida da liga nacional de futebol americano NFC em 10 de janeiro de 1982, levou os 49ers ao Super Bowl, que acabaram vencendo. A partir daí, o time dominou os anos 1980 com quatro vitórias no Super Bowl. Hoje, Clark escreve "The Catch" quando seus fãs lhe pedem para autografar bolas de futebol. Dwight Clark é uma pessoa, mas também é uma marca. O "The Catch" é sua marca registrada, a história que o define.

E você? Qual é a história que o define? Todo mundo tem uma. Toda empresa, startup e marca também tem uma.

SETE ATRIBUTOS DAS HISTÓRIAS MARCANTES

"AS HISTÓRIAS MARCANTES representam um ativo crucial que pode ser mobilizado com o tempo e pode fornecer inspiração e direcionamento dentro e fora da empresa", escrevem David e Jennifer Aaker,

COMUNICAÇÃO CINCO ESTRELAS

professores de marketing da Faculdade de Administração da Berkeley-Hass e da Faculdade de Pós-graduação em Administração da Stanford.[18] "As histórias marcantes são uma maneira extremamente eficaz de aumentar a conscientização, comunicar, persuadir, mudar o comportamento e suscitar o diálogo. Elas quase sempre são muito mais eficientes e impactantes do que simplesmente comunicar fatos ou características de um produto."

Em um artigo sobre histórias marcantes, os Aakers usam o seguinte exemplo: "Em meados da década de 1970, um cliente da Nordstrom entrou na loja de Fairbanks, no Alasca, e pediu para 'devolver' dois pneus de neve usados. Foi uma situação constrangedora. A Nordstrom, que tinha evoluído de uma loja de sapatos para uma rede de lojas de departamentos de luxo, nunca vendeu pneus (embora outra empresa tenha feito isso no local onde aquela loja ficava). Apesar disso, o vendedor, que estava na Nordstrom havia apenas algumas semanas, orientado pela cultura de priorizar o cliente com uma generosa política de devolução, não teve dúvida do que fazer. Sem hesitar, ele recebeu os pneus usados e reembolsou o que o cliente disse ter pagado".

A Nordstrom é famosa por sua generosa política de devolução e empodera os funcionários a tomar as decisões certas para seus clientes. Os líderes da Nordstrom — assim como os executivos de muitas empresas como a Nike, Accenture, KPMG, Southwest e outras — usam histórias para reforçar os valores da cultura da empresa. Memorandos, e-mails, slides de PowerPoint ou pastas cheias de material de treinamento não têm como substituir uma história marcante e empolgante.

David e Jennifer Aaker dizem que uma história marcante e impactante inclui os sete elementos a seguir:[19]

1. **É uma história.** Uma história marcante é apenas uma história: uma narrativa com começo, meio e fim (ou seja, uma resolução).

O PRINCÍPIO DO PATHOS

2. **É intrigante.** De acordo com os Aakers, uma história intrigante é "instigante, original, informativa, interessante, divertida".

3. **É autêntica.** Os personagens, contextos e desafios devem parecer reais. Uma história que não soa verdadeira será considerada uma ficção e pode prejudicar a credibilidade de quem a conta.

4. **Inclui detalhes.** Detalhes pequenos, vívidos ou importantes aumentam a autenticidade da história. Na história do Walmart, forneci um detalhe importante: a gerente economizou US$ 300 por mês. O público não precisa saber de cada item da lista de compras nem o quanto ela poupou em cada produto. Informações irrelevantes para a narrativa central teriam diluído o impacto emocional da história.

5. **Revela uma surpresa.** Em um filme, a surpresa é a reviravolta. É o momento daquele filme do M. Night Shyamalan quando o espectador diz: "Caramba, por essa eu não esperava".

6. **Apresenta personagens com os quais o público pode se identificar.** Os ouvintes devem poder se ver na pele — ou no contexto — do herói.

7. **Tem conflito e tensão**. Todas as melhores narrativas incluem esses dois fatores. Sem dificuldade ou conflito, a história é desinteressante. Um herói com o qual o público se identifica enfrentando um grande obstáculo — e tendo sucesso no final — é irresistível.

Incorporar esses sete elementos em uma história não é tão difícil quanto pode parecer. Dá para fazer isso com uma ou duas palavras. Por exemplo, sou um grande fã das vinícolas da Califórnia por estarem cheias de histórias e contadores de histórias — rebeldes, pioneiros e empreendedores apaixonados e criativos. O vinho e o storytelling harmonizam perfeitamente. Veja uma história marcante da Stag's Leap Wine Cellars, da região vinícola do Vale de Napa, na Califórnia. Os elementos de uma história marcante estão entre colchetes:

COMUNICAÇÃO CINCO ESTRELAS

Em 1976, uma degustação de vinhos às cegas foi realizada em Paris. Na época, era inconcebível para a maioria dos críticos internacionais de vinhos que um vinho da Califórnia pudesse superar — ou mesmo igualar — a qualidade dos vinhos franceses [detalhes, intrigante].

Por ser uma degustação às cegas, os jurados não sabiam o que estavam degustando. No fim da degustação, as notas foram calculadas [a tensão aumenta]. Para a surpresa de todos, o vencedor foi um Cabernet Sauvignon 1973 da Stag's Leap Wine Cellars do Vale de Napa [surpresa, reviravolta].

Alguns juízes não acreditaram. Eles ficaram furiosos. Só podia ter sido um truque. Eles exigiram ver as notas dos outros juízes [conflito]. O evento poderia ter sido enterrado e ficado perdido na história se não fosse por um repórter da revista *TIME* que presenciou tudo [reviravolta]. George Taber foi o único jornalista a comparecer ao concurso porque "todo mundo já sabia que os vinhos franceses iriam ganhar, então para que me dar ao trabalho?" A certa altura, um juiz francês — um chef famoso — provou um vinho branco e exclamou: "Ah, de volta à França!" O juiz não sabia, mas estava provando um chardonnay da Califórnia. Taber sabia e percebeu que a história abalaria o mundo dos vinhos. Ele escreveu um artigo sobre os resultados surpreendentes. O evento — conhecido como "O Julgamento de Paris" — deu reconhecimento internacional à vinícola, seus pioneiros e ao Vale de Napa, ajudando-o a alcançar seu status de região vinícola de alta categoria [personagens empáticos e uma história completa, com começo, meio e final feliz].

A história pode ser contada em cerca de 60 segundos. Um dos desafios de contar histórias é prender a atenção do público sem entediá-lo com uma história longa e chata. Os detalhes são cruciais, mas é preciso prática e feedback para manter suas histórias convincentes e curtas.

A Stag's Leap Wine Cellars treina os membros de sua equipe para contar a história. A empresa também recriou sua sala de degus-

O PRINCÍPIO DO PATHOS

tação para atuar como um complemento visual da história. A sala tem uma parede de histórias com datas importantes, garrafas do vinho premiado, as tabelas de notas reais da degustação de Paris e o artigo da revista *TIME*, entre outros itens. É claro que nem toda história terá uma sala para acompanhá-la. Se você for contar uma história em uma apresentação, basta incluir fotos ou vídeos para complementar a narrativa.

Uma história marcante ajudará você, seu produto e sua marca a se destacar. É um diferencial porque nenhuma história é igual a outra. Qual é a sua história?

Princípios cinco estrelas

- É impossível persuadir na ausência do *pathos*, um apelo à emoção do público.
- As histórias são a melhor ferramenta linguística que temos para criar o *pathos* porque os humanos são configurados para isso.
- Há três tipos de histórias que você pode usar em sua próxima apresentação: 1) histórias sobre experiências pessoais, 2) histórias sobre clientes ou outras pessoas e 3) histórias marcantes sobre sua empresa ou marca.

11

A ESTRUTURA NARRATIVA EM TRÊS ATOS

Os grandes contadores de histórias têm uma vantagem competitiva injusta.

— BILL GURLEY, capitalista de risco

Brian perdeu dez quilos. Ele só comia macarrão instantâneo e cereais matinais a seco. Sua mãe implorou para o filho comprar leite. Ele disse que seguiria a dieta porque um dia "daria uma história melhor". Ele tinha razão. Hoje, Brian Chesky é o CEO do Airbnb, a empresa de compartilhamento de casas e apartamentos que vale US$ 30 bilhões. Chesky e seus cofundadores foram pioneiros na economia do compartilhamento. Chesky também é um contador de histórias que usa o poder da narrativa como uma vantagem competitiva.

O autor Brad Stone caracteriza o Airbnb como uma "upstart": uma pessoa ou empresa que acabou de fazer sucesso e contraria a maneira tradicional de fazer as coisas. Stone tem vinte anos de experiência cobrindo o setor da tecnologia. Ele acredita que os novatos inovadores de hoje têm uma habilidade crucial que os distingue da geração anterior de empreendedores — eles sabem contar histórias melhores.

217

COMUNICAÇÃO CINCO ESTRELAS

Falei com Stone após o lançamento de seu livro *As upstarts: como a Uber, o Airbnb e as killer companies do novo Vale do Silício estão mudando o mundo*. Stone argumenta que Chesky, como muitos fundadores de startups de sucesso de hoje, não é como os empreendedores "esquisitões e introvertidos" que Stone cobriu no passado. "Eles são contadores de histórias extrovertidos, capazes de posicionar suas empresas no contexto de um grande progresso para a humanidade e recrutar à sua causa exércitos não apenas de programadores, mas também de motoristas, anfitriões, lobistas e políticos."[1]

O mercado está mudando e o mesmo pode ser dito das habilidades em alta demanda. De acordo com Stone, "No passado, as empresas de tecnologia até conseguiam — em grande medida — ignorar o mundo ao seu redor, além de seus clientes, é claro. E ainda podiam passar muitos anos sem se envolver na política".[2] Stone lembra que startups como o Airbnb e a Uber foram alvo de controvérsias ininterruptas em seus primeiros anos e até hoje continuam tendo de conquistar espaço em embates com municípios, políticos e clientes. "Elas [as upstarts] tiveram de se envolver na política desde muito cedo", diz Stone.

Além de desafiar o mercado regulatório nas cidades onde abriam operações, o Airbnb teve de superar um enorme obstáculo — um que continua a impor dificuldades a seu crescimento em alguns países: a confiança. "Eles [o Airbnb, a Uber] queriam que fizéssemos algo que nossos pais nos ensinaram que nunca deveríamos fazer... entrar no carro de um desconhecido ou ficar na casa de um desconhecido", diz Stone.[3] "Eles tiveram de persuadir as pessoas a ficar à vontade com algo que parecia antinatural."

Brian Chesky usa um método comprovado de storytelling para construir confiança. Ele segue uma estrutura que quase todos os melhores filmes de Hollywood têm em comum: a estrutura de três atos.

O consagrado roteirista Syd Field popularizou a estrutura em seu livro de 1979, *Manual do roteiro*. Os diretores James Cameron,

A ESTRUTURA NARRATIVA EM TRÊS ATOS

Judd Apatow e muitos outros usaram o livro de Field, considerado a bíblia dos roteiros cinematográficos. Uma roteirista do *Saturday Night Live* estava quebrando a cabeça para escrever um roteiro e já tinha feito, em suas palavras, "um milhão de rascunhos". Ela leu o livro de Field e tirou a sorte grande quando seguiu a fórmula. A comédia de 2004 de Tina Fey, *Meninas malvadas,* faturou mais de US$ 130 milhões.

Field não inventou o modelo. Ele analisou centenas de filmes de sucesso e notou que todos seguem uma estrutura dramática, uma que nosso amigo Aristóteles já havia identificado milhares de anos atrás. De acordo com Field, "Para contar uma boa história, você precisa criar os personagens, introduzir a premissa dramática (sobre o que é a história) e a situação dramática (as circunstâncias que cercam a ação), criar obstáculos para seus personagens enfrentarem e superarem e dar uma resolução à história".[4] O melhor de tudo, segundo Field, é que criar uma história é uma arte que pode ser aprendida e aplicada a qualquer contexto, incluindo o mundo dos negócios.

A tecnologia melhora a forma como os filmes são feitos, a estética dos filmes e a maneira como são entregues em sua casa ou no cinema, mas a tecnologia por si só não tem o poder de consertar um roteiro ruim. A arte de contar histórias nunca muda. O mesmo princípio se aplica à comunicação no trabalho. Você pode criar slides usando ferramentas avançadas de apresentação, conversar cara a cara com colegas a milhares de quilômetros de distância, realizar um webinar e convidar pessoas para assistir de qualquer lugar do mundo ou fazer uma apresentação em San Jose, na Califórnia, e aparecer na forma de um holograma na Índia (vi isso acontecer em uma apresentação da Cisco Systems). Mas, como nos filmes de Hollywood, a tecnologia sozinha não tem como consertar um roteiro ruim.

De acordo com Syd Field, as melhores histórias usam a seguinte estrutura, um paradigma que também se aplica às melhores apresentações no trabalho:[5]

COMUNICAÇÃO CINCO ESTRELAS

TABELA 11.1 – A estrutura narrativa em três atos

	ATO I	ATO II	ATO III
	A PREPARAÇÃO	*O CONFLITO*	*A RESOLUÇÃO*
ROTEIRO DE HOLLYWOOD	Os personagens são apresentados e aprendemos sobre o mundo do herói antes de a aventura começar.	O mundo do herói vira de cabeça para baixo e aprendemos sobre os obstáculos que o herói deve superar.	O problema é resolvido. O mundo do herói é transformado e todos vivem felizes para sempre.
APRESENTAÇÃO DE NEGÓCIOS	O status quo — ou seja, a situação atual da empresa ou do setor — é descrito.	Os obstáculos são delineados e as soluções para superá-los são discutidas.	O produto, serviço ou estratégia da empresa resolve o problema, e a empresa ou setor prospera.

Os produtores de Hollywood adoram a estrutura de três atos e vão direto a páginas específicas dos roteiros para ver como os atos se desenrolam. O roteiro de um filme de duas horas tem cerca de 110 páginas. As dez primeiras páginas apresentam a história. O segundo ato começa por volta da página 25, e o terceiro ato vai mais ou menos da página 85 até o fim. A estrutura não engessa a criatividade; pelo contrário, você tem mais liberdade para ser mais criativo. Afinal, usamos essa estrutura desde que os humanos começaram a contar histórias e a desenhar nas paredes das cavernas. Uma estrutura faz com que uma narrativa seja mais fácil de acompanhar e seja mais prazerosa e ainda deixa muito espaço para surpreender, encantar e inspirar.

O roteirista Blake Snyder levou a estrutura de três atos ainda mais longe, demonstrando que todos os melhores filmes são divididos em atos que, por sua vez, são compostos de "batidas" — ou *beats* —, 15 batidas no total. Essas 15 sequências mantêm a história em movimento e dão à narrativa sua ressonância emocional. Uma batida é uma unidade narrativa. Para os nossos fins, não é necessário dissecar cada batida. Uma excelente apresentação de negócios segue a estrutura de três atos e inclui pelo menos duas batidas cruciais: *o catalisador* e *tudo está perdido*.

A ESTRUTURA NARRATIVA EM TRÊS ATOS

No modelo de batidas de Snyder, o *catalisador* surge perto do fim do primeiro ato e desencadeia a aventura do herói. É neste ponto que o herói decide que a situação precisa mudar. É quando, em *Star Wars*, Luke Skywalker descobre que sua família foi assassinada e decide entrar na Resistência. É quando o namorado de Elle Woods termina o namoro com ela em *Legalmente loira*. É quando *Moana* decide navegar pelos mares em busca de uma solução para a maldição que está causando problemas em sua ilha. O *catalisador* prepara a transição para o segundo ato.

O segundo ato inclui uma cena na qual *tudo parece perdido*. Ela aparece por volta da página 75 em um roteiro bem escrito. A vida do herói é sombria e uma conclusão satisfatória parece improvável. Em *Star Wars*, as paredes estão literalmente se fechando sobre Luke Skywalker e seus amigos enquanto o compactador de lixo está prestes a esmagar os heróis. Por sorte, R2-D2 desliga o compactador a tempo e Luke, Leia, Han Solo e Chewbacca ficam livres para lutar.

A maioria das comédias românticas segue a estrutura ao pé da letra: o garoto conhece a garota, o garoto perde a garota, o garoto e a garota se reconciliam depois de vários desencontros e vivem felizes para sempre. Não é coincidência que Richard Curtis, o roteirista de *Notting Hill*, também tenha escrito *Quatro casamentos e um funeral*, *O diário de Bridget Jones* e *Simplesmente amor*. Ele dominou a estrutura, assim como a maioria dos roteiristas de sucesso.

O livro de Joseph Campbell, de 1949, *O herói de mil faces* "talvez seja o que mais se aproxima do que qualquer teórico chegou de uma fórmula universal para contar histórias", escreve Derek Thompson em *Hit makers: como nascem as tendências*.[6] "Campbell voltou milhares de anos na história para mostrar que, desde antes de os seres humanos terem desenvolvido a capacidade de escrever, temos contado a mesma história heroica vez após vez", escreve Thompson.

De acordo com a teoria de Campbell, o mito universal é quase idêntico em todas as histórias heroicas épicas: um herói parte em uma jornada, sobrevive a grandes provações e sai da aventura melhor do que era antes — o herói é transformado. "É a história de Harry Potter e Luke Skywalker, Moisés e Maomé, Neo em *Matrix* e Frodo em *O Senhor dos Anéis*", escreve Thompson. A Jornada do Herói nos inspira porque nos vemos nos defeitos, na coragem e na transformação do herói. Os contratempos e as vitórias do herói fornecem o suspense e mantêm o público alerta. Se nos identificamos com o herói, participamos da jornada com ele e somos inspirados por suas conquistas.

Vamos voltar à arte da comunicação no contexto dos negócios. Um líder "inspirador" é, por definição, um contador de histórias que conta histórias de heróis e aventuras épicas. Brian Chesky é um desses contadores de histórias; ele sempre conta a história do Airbnb usando a estrutura de três atos.

O AIRBNB E A ESTRUTURA DE TRÊS ATOS

Ato I: a preparação

Dois amigos dividem um apartamento em São Francisco e não estão conseguindo pagar o aluguel. Brian e Joe colocam três colchões de ar no chão e os alugam por US$ 80 cada. Os dois empreendedores decidem transformar a ideia em um negócio. Eles contratam um ex-colega de quarto (Nathan) para criar um site simples chamado air-bedandbreakfast.com (algo como "colchão de ar com café da manhã"). Os três amigos lançam sua startup na popular conferência South by Southwest. Longe de ser um enorme sucesso logo de cara, eles só conseguem duas reservas.

O catalisador: a cidade vai sediar a Convenção Nacional do Partido Democrata e os empreendedores têm uma ideia. Os cofundadores criam um design especial para duas caixas de cereais matinais: o *Obama O's* e o *Cap'n McCains* — em referência aos candidatos Barack Obama e John McCain. Eles cobram US$ 40 por caixa e arrecadam US$ 30.000. É dinheiro suficiente para continuar a aventura.

A ESTRUTURA NARRATIVA EM TRÊS ATOS

Ato II: o conflito

O dinheiro dos cofundadores está acabando. Tudo parece perdido. Quando Chesky chega a esta cena em suas apresentações, ele intensifica a tensão. "Eu acordava em pânico. Todo mundo dizia que era loucura. Ninguém investia em nós. Estávamos duros. Foi a melhor dieta para perder peso que já fiz. Perdi dez quilos. Eu não tinha dinheiro nem para comprar comida. Acordava de manhã com o coração acelerado. Ao longo do dia, me convencia de que daria tudo certo. Eu ia dormir à noite todo confiante. E, como se alguém tivesse apertado um botão reset, eu acordava no outro dia de manhã com o coração batendo forte."[7]

Chesky lembra a plateia que muitas pessoas desacreditaram do serviço nos primeiros anos. E elas se arrependeram. Segundo Chesky, "Vinte investidores foram apresentados ao Airbnb. Qualquer um deles poderia ter 20% da empresa por US$ 100.000. Quinze deles nem se deram ao trabalho de responder ao meu e-mail. Fui conversar com um investidor em um café. Enquanto tomava sua bebida, ele simplesmente se levantou, foi embora e nunca mais o vi".

Ato III: a resolução

Quando tudo parece perdido, o Airbnb tenta entrar na altamente seletiva Y Combinator, uma aceleradora do Vale do Silício que fornece financiamento inicial e orientação para startups. É o canto do cisne de Chesky, mas, em outro momento do tipo "já era", Chesky perde o prazo de inscrição. A tensão aumenta. "Se não conseguíssemos entrar, o Airbnb não existiria hoje", conta o cofundador da Chesky, Joe Gebbia, em suas apresentações. Mas, no último instante, eles conseguem se inscrever e são chamados para uma entrevista. A tensão volta a aumentar. Paul Graham, cofundador da Y Combinator, não acreditou muito na ideia. "As pessoas fazem mesmo isso?", ele perguntou aos fundadores. "Eu jamais me hospedaria na casa de um desconhecido." A tensão se dissipa quando Graham decide comprar

COMUNICAÇÃO CINCO ESTRELAS

a ideia. Ele acha que vale a pena arriscar em qualquer um capaz de convencer pessoas a pagar US$ 40 por uma caixa de cereal de US$ 2.

Graças ao investimento de US$ 20.000 e do coaching oferecidos pela Y Combinator, as reservas do Airbnb começam a crescer de forma constante, aumentando entre 40% e 50% ao mês. Investidores como a Andreessen Horowitz, Sequoia Capital e a estrela do cinema Ashton Kutcher também querem investir. Em 2014, o Airbnb atinge um valor de US$ 10 bilhões. Depois de seis anos alugando colchões de ar no chão, Brian, Joe e Nathan valem US$ 1,5 bilhão cada. Hoje, o Airbnb está avaliado em US$ 30 bilhões e vale mais do que qualquer rede hoteleira do mundo. Apresentação, conflito, resolução e 30 bilhões de razões para viverem felizes para sempre.

O Airbnb não criou a economia do compartilhamento, mas, ao criar confiança entre anfitriões e hóspedes, forneceu o combustível para o crescimento do mercado. "Tanto a Uber quanto o Airbnb tiveram de criar confiança em um contexto de desconfiança", me disse Brad Stone.[8] Sem confiança, argumenta Stone, empresas como o Airbnb e a Uber não existiriam. A maioria das pessoas não ficava à vontade dormindo na cama de um total desconhecido e muitas ainda não ficam. O Airbnb continua enfrentando leis restritivas de zoneamento, negócios entrincheirados e sindicatos. Estabelecer uma marca confiável é a arma secreta de Chesky e o storytelling é a ferramenta para construir essa arma.

"Passei vinte anos cobrindo o setor da tecnologia. Entrevistei pessoas como Mark Zuckerberg e os fundadores do Google no início de suas carreiras. Eles não precisaram ser bons contadores de histórias porque o negócio deles viralizou e seus produtos se vendiam sozinhos", Stone me explicou. "A Uber e o Airbnb são diferentes. Essas empresas exigiam um tipo diferente de CEO — um bom e carismático contador de histórias capaz de atrair clientes para a causa."

A cada lançamento de produto e a cada apresentação em público, Chesky mostra que domina a arte do storytelling.

A ESTRUTURA NARRATIVA EM TRÊS ATOS

Em março de 2017, o Airbnb lançou o "Experiências", um serviço que permite que seus clientes reservem passeios e experiências. Colher trufas na região italiana da Toscana, conhecer os melhores pontos de surfe do sul da Califórnia ou explorar o cenário musical de Havana na companhia de um vocalista premiado são exemplos de experiências.

Inspirados nos filmes de Hollywood, os anúncios do novo serviço foram pensados para lembrar pôsteres de filmes. "Viagens espetaculares são muito parecidas com a experiência dos personagens de filmes espetaculares", disse Chesky a uma plateia reunida no histórico Teatro Orpheum, em Los Angeles.[9] Ele explicou que o novo serviço foi inspirado na Jornada do Herói do mitólogo Joseph Campbell. De acordo com Chesky, "Um personagem começa vivendo sua vida normal. Ele cruza o limiar — pense no Mágico de Oz — para um novo mundo mágico, onde conhece pessoas [...]. Ele tem um momento de transformação e retorna à vida normal". Enquanto a equipe do Airbnb explorava a Jornada do Herói, uma lâmpada se acendeu: compartilhar casas e quartos é apenas uma pequena parte de uma grande jornada de viagem. O que fica gravado na memória das pessoas é a magia de uma experiência".

Em sua apresentação, Chesky conduziu o público em sua própria jornada, contando histórias pessoais para explicar *o porquê* do produto antes de revelar *como* o serviço funcionava. "Quero que vocês pensem em suas memórias mais antigas. Pensem na primeira grande viagem que fizeram", Brian Chesky começou.[10] "Eu me lembro bem da minha. Cresci em Niskayuna, no estado de Nova York, uma cidadezinha perto de Albany. A primeira viagem que fizemos foi para Saint Louis. Foi a primeira vez que viajei de avião. Foi absolutamente mágico."

Jeff Jordan, ex-CEO da Open Table e um sócio da Andreessen Horowitz, atua no conselho de administração do Airbnb. Em uma entrevista para a *Business Insider*, Jordan disse que sua experiência

225

com os fundadores do Airbnb o convenceu de que todo empreende-dor precisa ter uma habilidade especial. "Todo grande fundador sabe contar uma grande história", disse.[11] "Se um fundador não tiver essa habilidade, terá mais dificuldade de obter financiamento, atrair fun-cionários ou ganhar visibilidade."

Chesky é o CEO certo para os dias de hoje, e os dias de hoje re-compensam os grandes contadores de histórias.

Por que a estrutura de três atos funciona tão bem? Como ela cria confiança e aprofunda os vínculos entre as pessoas? Os neuro-cientistas encontraram uma possível resposta. E tudo começa com a molécula do amor.

LIBERANDO A MOLÉCULA DO AMOR

CENTO E QUARENTA e cinco estudantes universitários entraram em um laboratório em 2009 para assistir a um vídeo curto. "Ben está mor-rendo", um pai diz para a câmera. Ben, seu filhinho de dois anos, está brincando ao fundo, em um hospital. Ben tem um tumor no cérebro e não sabe que vai morrer. É uma história triste e verdadeira. Metade dos participantes do estudo viu o vídeo de dois minutos. A outra me-tade assistiu a um vídeo diferente. O pai de Ben também narra o se-gundo vídeo, mas não há menção à doença do menino. Em vez de mostrar a criança em um hospital, o vídeo mostra o pai e o filho em um zoológico.

Os pesquisadores fizeram uma série de perguntas aos partici-pantes para avaliar sua reação emocional aos vídeos que tinham aca-bado de ver. Antes de irem embora, os estudantes receberam a chance de fazer uma pequena doação para uma instituição de carida-de para crianças com câncer. Eles não precisavam doar, mas, caso decidissem doar, o valor seria retirado da pequena taxa que recebe-riam por sua participação no estudo. Havia mais um detalhe neste estudo. Amostras de sangue foram coletadas dos participantes antes

A ESTRUTURA NARRATIVA EM TRÊS ATOS

e depois dos vídeos, primeiro para testar os níveis basais de oxitocina, o neuromodulador que reforça os laços sociais e cria confiança, e depois para ver como os níveis aumentaram em resposta às duas histórias diferentes.

O estudo, conduzido por Paul Zak e Jorge Barraza na Universidade de Claremont, chegou a três importantes conclusões que nos ajudam a entender melhor a persuasão.[12] Em primeiro lugar, o vídeo mais emotivo sobre o menino que estava morrendo de câncer aumentou os níveis de oxitocina no plasma sanguíneo dos participantes em 47% em relação ao vídeo "neutro" do pai e do menino no zoológico. Em segundo lugar, houve uma forte correlação entre o grau de empatia que os participantes disseram ter sentido e a alteração dos níveis de oxitocina em sua corrente sanguínea. Em terceiro lugar, os participantes que sentiram mais empatia doaram mais dinheiro para a caridade. Muito mais. O experimento de Zak e Barraza foi o primeiro a mostrar evidências diretas de que vídeos e histórias emotivas desencadeiam a liberação de oxitocina. Zak chama a oxitocina de "molécula do amor" devido a suas propriedades de criação de vínculos sociais. Sua pesquisa mostra como o vínculo pode ser forte e o fator exato que o desencadeia.

Depois disso, Zak conduziu vários estudos importantes sobre a oxitocina e a generosidade e começou a teorizar sobre os tipos de histórias que podem ter mais chances de produzir o efeito. Ele explica que a história do pai e do filho no zoológico tinha uma estrutura plana, sem tensão narrativa. Os participantes não sabiam o que fazer com a informação, se é que tinham de fazer alguma coisa. A maioria perdeu o interesse em um minuto. Já a história sobre a doença de Ben tem um arco dramático. Inclui tensão dramática, conflito e a resolução do pai de que optará por ser feliz e otimista na frente do filho. De acordo com Zak, a história emotiva é mais eficaz na tarefa de "sustentar a atenção e transmitir empatia". Em outros experimentos, Zak administrou oxitocina sintética via intranasal (pelo nariz, para chegar ao cérebro mais rápido). Os participantes que receberam oxitocina doaram 56% mais dinheiro para instituições de caridade do que os que receberam o placebo.

A conclusão de Zak é que algumas histórias são melhores do que outras. Histórias que têm um gatilho emocional alteram a química do nosso cérebro, aumentando nossa confiança nas pessoas e tornando-nos mais compreensivos e abertos a ideias.

A ESTRUTURA DE APRESENTAÇÃO EM TRÊS ATOS DA MCKINSEY

COMO VIMOS NO capítulo 7, a McKinsey é a empresa de consultoria mais seletiva do planeta. É um verdadeiro trampolim para aspirantes a líder. Uma pesquisa descobriu que mais de 70 ex-CEOs e CEOs atuais de empresas da Fortune 500 passaram pela McKinsey. Não é à toa que a McKinsey foi apelidada de "fábrica de CEOs". Quando participei de uma reunião da McKinsey no exterior, o diretor regional disse às 700 pessoas reunidas na sala que 50 delas se tornariam CEOs.

A cobiçada potência das consultorias recebe mais de 200.000 inscrições por ano e aceita apenas 1% dos candidatos, tornando a McKinsey mais seletiva do que as faculdades de administração da Harvard ou da Stanford. Os que são aceitos geralmente têm um MBA ou uma especialização de uma universidade de elite, mas essas são as qualificações mínimas. Eles também precisam demonstrar ressonância emocional e fortes habilidades de comunicação interpessoal. Os clientes pagam à McKinsey milhões de dólares para identificar e analisar problemas e apresentar soluções para esses problemas de uma maneira que seja fácil de entender, digerir e executar. O principal ativo da McKinsey é a confiança. Se eles perderem a confiança de um cliente, eles perdem o cliente. Os grandes contadores de histórias criam confiança.

A ESTRUTURA NARRATIVA EM TRÊS ATOS

Os líderes da McKinsey conhecem o poder do storytelling para conquistar novos clientes e aprofundar os relacionamentos com os clientes existentes. Eles ensinam aos novos consultores um método de storytelling quase idêntico à estrutura de três atos empregada pelos roteiristas de Hollywood. A estrutura narrativa da McKinsey é conhecida pela sigla SCR: situação, complicação e resolução.[13]

Em uma apresentação da McKinsey, a situação é, basicamente, uma preparação; descreve o contexto atual dos negócios do cliente. A complicação é o desafio que o cliente está enfrentando agora ou enfrentará no futuro. A resolução é a resposta da McKinsey para o problema e um final feliz.

Embora os consultores da McKinsey usem o PowerPoint para apresentar uma proposta, eles aprendem a começar com a estrutura de três partes para organizar as ideias e levar o cliente em uma jornada. O PowerPoint é o método de transmissão, mas a história vem primeiro. O gancho para uma peça de teatro cativante, um bom filme ou um negócio fechado sempre começa com a história.

CONTAR HISTÓRIAS PRENDE A ATENÇÃO DO PÚBLICO

UMA GRANDE HISTÓRIA prende a atenção do público da mesma forma que uma excelente música pop prende a atenção dos ouvintes. No mundo da música pop, o "ponto de felicidade" — os versos e as batidas que transformam uma canção em um sucesso — é chamado de "*hook*" ("gancho", em inglês). Alguns poucos compositores/produtores dominaram a fórmula vencedora e são responsáveis pela maior parte daquelas músicas de sucesso que "grudam" na nossa cabeça.

Se já cantarolou "I Want It That Way", dos Backstreet Boys, "Baby One More Time", da Britney Spears, ou "Shake It Off", da Taylor Swift, você pode agradecer (ou culpar) o produtor sueco Max Martin. Martin tem mais singles no top 10 do que Madonna, Elvis ou os Beatles. De acordo com John Seabrook em *The Song Machine*,

"Noventa por cento da receita da indústria fonográfica provém de 10% das músicas", e a maioria desses 10% é escrita por Martin e um pequeno punhado de outros compositores/produtores.[14]

As músicas de Martin são irresistíveis porque seguem uma estrutura que Seabrook chama de *"track and hook"*. Um produtor inicia o processo definindo algumas faixas (*"tracks"*, em inglês) — acordes, batidas, instrumentos. O produtor envia a faixa para "escritores de ganchos" que adicionam os chamados *earworms* (literalmente "vermes que entram pelo ouvido"), aquelas melodias curtas que grudam na nossa cabeça.

Os ganchos seguem uma estrutura. Seabrook a chama de matemática melódica. A colaboração de Max Martin com Katy Perry é um excelente exemplo de como essa fórmula transforma canções em sucessos. Por exemplo, muitos versos dos álbuns de sucesso de Perry têm duas partes e cada metade tem o mesmo número de sílabas. Em "Chained to the Rhythm", Perry canta: "Turn it up, it's your fav-rite song/Dance, dance, dance to the dis-tor-tion". Do jeito que Perry canta, cada metade tem oito sílabas.

Alguns leitores podem estar achando que a fórmula é mecânica e engessada demais. Bem, as fórmulas existem porque funcionam. As pessoas gostam de ouvir coisas que soam como algo que já ouviram antes — tanto na música quanto em conversas. O jornalista Derek Thompson revela em seu livro *Hit makers* por que algumas peças de arte, música ou design "pegam". Os "fazedores de hits", ele argumenta, combinam o original com o familiar. Os psicólogos da estética chegaram a criar um nome para o momento entre a ansiedade de enfrentar algo novo e o alívio que sentimos quando a ficha cai. Esse momento é chamado de "momento eureca estético". A música pop e os melhores discursos usam o ritmo e a repetição para explorar isso.

Por exemplo, se eu pedir para qualquer americano recitar uma frase do discurso de posse de John F. Kennedy — considerado um dos melhores discursos do século 20 —, de qual frase você acha que ele se

A ESTRUTURA NARRATIVA EM TRÊS ATOS

lembraria? Aposto que seria: "Ask not what your country can do for you; ask what you can do for your country" ("Não pergunte o que seu país pode fazer por você; pergunte o que você pode fazer pelo seu país").

A frase ressoa porque é um gancho discursivo. É um *earworm*. Cada metade da frase é uma imagem espelhada da outra. Kennedy empregou um método discursivo popular chamado antítese — justapor duas ideias opostas na mesma frase, mantendo mais ou menos o mesmo número de sílabas. Ele também usou outra fórmula discursiva, muito usada na poesia, chamada aliteração: "Whether it wishes us well or ill" ("Quer nos deseje o bem ou o mal"). O discurso de posse de Kennedy incluiu nada menos que 21 casos de aliteração.

De qual frase você se lembra do famoso discurso de Martin Luther King Jr. nos degraus do Lincoln Memorial? Você provavelmente responderia: "Eu tenho um sonho...". A sequência de frases que começam com "Eu tenho um sonho..." é um exemplo de anáfora, um recurso retórico muito usado no qual frases sucessivas começam com a mesma palavra ou expressão. Essas estruturas dão ritmo à fala.

Os melhores escritores e oradores empregam uma estrutura porque ela funciona. "A arquitetura da mente humana é antiga, e as necessidades humanas mais básicas — pertencer, escapar, aspirar, entender, ser compreendido — são eternas", escreve Thompson.[15] As histórias são irresistíveis porque o cérebro está configurado para a narrativa. Se você sabe que o cérebro dos seus ouvintes está configurado para uma narrativa de três atos, por que não dar isso a eles? Se quer que as pessoas prestem atenção ao que você tem a dizer, envolva sua ideia em uma história. Uma história fornece o "ponto de felicidade", aquele momento em que seu público se apaixona. Até os investidores mais frios adoram uma boa história.

Os concursos de pitch estão se popularizando ao redor do mundo e o mais famoso é o *Shark Tank*. No programa de TV, cinco investidores assistem a pitches de produtos ou ideias de empreendedores e decidem investir ou não. Os investidores tiram dinheiro do próprio bolso para investir nos empreendedores. Em 2016, uma especialista em comportamento humano analisou todos os 495 pitches das sete primeiras temporadas do programa. Os resultados dos pitches foram divididos quase igualmente: 253 empreendedores conseguiram financiamento e 242 não. A diferença entre os dois grupos, de acordo com Vanessa Van Edwards, é que os empreendedores cativantes incluíram "faíscas conversacionais" em seus pitches. Uma "faísca" muitas vezes vem na forma de uma história. Cinquenta e oito por cento dos pitches de sucesso incluíram uma história. Cerca de 30% dos pitches de sucesso seguiram especificamente a Jornada do Herói em três atos.

"Todo mundo adora uma boa história", diz Van Edwards.[16] "Algum tipo de narrativa cativante — uma experiência ou anedota pessoal — contada pelo empreendedor fornece contexto e interesse e, se bem executada, pode humanizar o pitch. Tente enquadrar sua história pessoal como uma Jornada do Herói — uma fórmula testada pelo tempo na qual você foi inspirado a tentar algo difícil, superou obstáculos até finalmente ter sucesso."

Como me disse o investidor bilionário Vinod Khosla: "Os fatos por si só não bastam. Você tem que contar histórias". As histórias informam, entretêm, inspiram, criam confiança e, por fim, estimulam nossa imaginação coletiva. Conte grandes histórias e estruture-as bem.

> **Princípios cinco estrelas**
> - Siga a fórmula clássica de storytelling em três atos em seu próximo pitch ou apresentação: preparação, conflito e resolução. É uma fórmula tão antiga quanto a própria contação de histórias... e funciona.
> - Mantenha seu público em suspense (e em alerta) incluindo alguns obstáculos que o herói deve superar antes de cumprir a missão com sucesso.
> - Aplique uma dose de oxitocina no cérebro de seus ouvintes contando histórias com um arco dramático que inclua tensão, dificuldades e um final feliz.

12

APRESENTE O QUADRO GERAL

Você tem cinco segundos para prender minha atenção.
— GEOFF RALSTON, investidor da Y Combinator

Um filme ou programa de TV de sucesso começa com uma logline vencedora. Sem uma logline, nada feito. A logline é uma frase que vende a ideia. Nas reuniões de pitch em Hollywood, todo mundo ouve uma e todo mundo chega preparado com uma. A logline é o gancho. Uma boa logline fisga as pessoas, que vão querer ver o resto do roteiro. Veja algumas loglines famosas que foram da reunião de pitch ao sucesso nas bilheterias:

- O patriarca idoso de uma dinastia do crime organizado transfere o controle de seu império clandestino a seu filho relutante. — *O poderoso chefão*
- Um enfermeiro conhece os pais de sua namorada antes de pedi-la em casamento, mas o pai, desconfiado da garota, se revela o pior pesadelo de qualquer pretendente. — *Entrando numa fria*

233

COMUNICAÇÃO CINCO ESTRELAS

- Um policial infiltrado precisa prender fugitivos responsáveis por roubar equipamentos eletrônicos, mas acaba se envolvendo demais e tem dificuldade em prendê-los. — *Velozes e furiosos*

No menor número de palavras possível, uma logline vencedora apresenta o personagem principal, os objetivos do personagem e um conflito. Você vai adivinhar o título deste próximo filme com base em uma das melhores loglines já escritas:

Um xerife com fobia de mar aberto luta contra um tubarão gigante com um enorme apetite por banhistas, apesar de políticos gananciosos exigirem que a praia permaneça aberta. — *Tubarão*

Todo mundo em Hollywood sabe que a grande maioria dos roteiros — 95% — são terríveis ou, na melhor das hipóteses, apenas decentes. Cerca de 4% são bons, enquanto 1% ou menos é considerado ótimo ou espetacular. E uma excelente logline costuma ser uma indicação de algo excelente.

As loglines são eficazes porque entregam o que o cérebro deseja: o quadro geral. De acordo com John Medina, um biólogo da Universidade de Washington, o cérebro humano não registra todos os detalhes de um evento. O cérebro é melhor em ver padrões e entender o sentido geral de uma experiência — ou seja, sua essência. Medina gosta de usar a analogia de nossos ancestrais primitivos dando de cara com um tigre. Nesse encontro, nossos ancestrais não paravam para se perguntar: "Quantos dentes o tigre tem?". Eles perguntavam: "Esse tigre vai me comer? Será que é melhor eu correr?". E eles tinham uma fração de segundo para tomar uma decisão. O mais memorável para nós são os componentes emocionais de uma experiência e o quadro geral. Os grandes persuasores usam esse conhecimento sobre a nossa herança evolutiva para criar mensagens que prendem a nossa atenção.

APRESENTE O QUADRO GERAL

NÃO TENTE ENFIAR TUDO EM UM ÚNICO SLIDE

NA SEMANA DA conferência anual do TED em 2017, tive a chance de conversar diretamente com alguns dos palestrantes mais importantes daquele ano. Um professor universitário, Adam Alter, é autor de *Irresistível*, um best-seller do *The New York Times* que acompanha a ascensão de tecnologias viciantes: smartphones, videogames, apps. Alter é um psicólogo social e professor associado de marketing na Faculdade de Administração Stern da Universidade de Nova York. Apesar de o livro de Alter ter nada menos que 80.000 palavras, a palestra que ele foi solicitado a fazer no TED não poderia ter mais que nove minutos. Para dificultar ainda mais as coisas, o livro está repleto de histórias interessantes e explicações detalhadas da neurociência por trás do vício comportamental.

Alter me contou que, se fosse detalhar os principais conceitos do livro, teria de fazer uma apresentação de 90 minutos. E isso era claramente inaceitável no TED. Por sorte, por ser um psicólogo e um professor, Alter sabia como resolver esse dilema. "O mais importante é não tentar enfiar tudo o que você sabe em uma apresentação", ele me disse.[1] "E não tem como condensar suas ideias e botar tudo em uma fala de nove minutos."

A estratégia de Alter foi se concentrar em uma única ideia. O resto da apresentação seria usado para sustentar a ideia com histórias, exemplos e dados. É uma abordagem que parece fácil na teoria, mas é muito difícil de colocar em prática. "Cada ideia é como um filho", diz Alter. "Você quer incluir todos os seus filhos na conversa, mas, no fim das contas, precisa escolher seus favoritos. *Sua reação instintiva é incluir o maior número de ideias que puder, mas isso seria um erro*".

Alter decidiu se concentrar em uma mensagem que constitui apenas uma breve seção de seu livro: os *stopping cues* (algo como "sinais de que já deu", em tradução livre). De acordo com Alter, "Uma das principais razões pelas quais não conseguimos parar de usar a tecnologia é que as empresas de tecnologia apagaram nossos *stopping cues,* os sinais de que deveríamos passar para algo novo".

Os organizadores da conferência TED dão instruções semelhantes a todos os palestrantes: escolha uma única ideia e torne-a a mais clara, concreta e vívida possível. O curador do TED, Chris Anderson, diz que muitas palestras e apresentações são divagantes e não têm um direcionamento claro. Anderson sugere que os palestrantes passem um tempo desenvolvendo o tema geral, o arco narrativo. Em vez de uma "logline", Anderson fala em termos de um "throughline" — um tema que amarra todos os elementos da narrativa. "Pense no *throughline* como uma corda forte na qual você prenderá todos os elementos que fazem parte da ideia que está elaborando",[2] escreve Anderson.

Alter encarou o exercício como um desafio interessante. Ele já conhecia a importância de focar apenas uma coisa dos tempos em que trabalhou em um escritório de advocacia, antes da carreira como professor universitário. Na época, os advogados acreditavam que a melhor estratégia era bombardear um juiz com vários argumentos. Se um advogado tivesse doze maneiras de apresentar um argumento específico, ele usaria essas doze maneiras na esperança de alguma delas "colar". As pessoas que estudam a persuasão no campo jurídico descobriram que apresentar muitos argumentos e dar a cada um o mesmo peso dilui a força de cada ideia. O que acontece é que todos os argumentos acabam parecendo menos convincentes.

Os melhores advogados concentram o fogo. Em um linguajar claro e conciso, eles apresentam ao juiz seu único argumento mais forte, seguido das evidências para apoiar o ponto. "O maior erro que um advogado pode cometer em um briefing ou em uma argumentação oral é só revelar o argumento ao tribunal depois de discorrer longamente", disse o juiz Luke M. McAmis.[3] "Sempre comece apresentando o ponto principal antes de entrar nos fatos."

APRESENTE O QUADRO GERAL

A REGRA DOS CINCO SEGUNDOS DE UM INVESTIDOR

NÃO IMPORTA SE você estiver vendendo uma ideia para produtores de Hollywood, apresentando um argumento a um juiz ou fazendo uma proposta para investidores, use o conceito do logline. Geoff Ralston, um sócio da icônica empresa de investimentos Y Combinator, é sucinto em sua explicação: "Se uma história for complicada demais, ela não 'cola'. Quanto mais simples for uma história, mais facilidade teremos de entrar nessa narrativa".[4]

Ralston diz que você tem cinco segundos para prender a atenção de alguém. Todo investidor em uma reunião de pitch vai pegar o celular para checar os e-mails assim que você terminar sua apresentação. "É muito rápido para perder a atenção deles. Você precisa de um gancho forte", diz Ralston. "O melhor gancho para uma startup é articular rapidamente *por que* o que você faz é importante. É assim que nosso cérebro funciona. Quanto mais simples for o conceito, mais facilidade teremos de encaixá-lo no mundo."

Geoff Ralston dá cinco segundos para um empreendedor impressionar. Ele não é o único. Os neurocientistas que estudam as primeiras impressões dizem que realmente formamos impressões sobre um falante com muita rapidez, em apenas 5 a 15 segundos.

Os pesquisadores usam a expressão "julgamentos imediatos" para descrever esse fenômeno, o que faz muito sentido. Alguns estudos descobriram que os alunos formam uma primeira impressão de um professor em dois segundos depois de conhecê-lo — e esse julgamento imediato se mantém pelo semestre inteiro. Pesquisas sobre apresentações de negócios descobriram que o público geralmente dá um pouco mais de tempo ao palestrante, mas não muito. Vários estudos abrangentes mostraram que as pessoas se decidem sobre a mensagem de um orador entre 7 e 15 segundos depois de começarem a assistir a um pitch ou apresentação.

237

COMUNICAÇÃO CINCO ESTRELAS

Os julgamentos imediatos são a maneira que o cérebro tem de avaliar se alguém é um amigo ou inimigo. Gostemos ou não, não temos como escapar dessas avaliações rápidas. Em um contexto de negócios, os primeiros segundos de uma interação podem não ativar nossa resposta de lutar ou fugir, mas decidiremos rapidamente se queremos ou não ouvir mais. Não dê ao seu público uma desculpa para se distrair. Crie uma logline irresistível para prender a atenção das pessoas.

Princípios cinco estrelas

- As melhores apresentações têm um único tema. Todo o resto sustenta essa mensagem principal.
- Pense em seu próximo pitch ou apresentação como o logline de um filme de Hollywood. Se tivesse apenas uma frase para apresentar sua ideia, o que você diria?
- Apresente sua grande ideia dentro de no máximo 15 segundos depois do início da apresentação.

13

FAÇA BOM USO DAS PALAVRAS

Ele jamais usou uma palavra que pudesse levar um leitor a
consultar o dicionário.

— WILLIAM FAULKNER, autor ganhador do
Prêmio Nobel sobre Ernest Hemingway

Três minutos depois de decolar do Aeroporto LaGuardia em Nova
York, o voo 1549 da U.S. Airways foi atingido por um bando de gansos.
Os passageiros ouviram o baque e viram os motores pegando fogo. O
avião perdeu toda a potência do motor. Depois de ponderar suas opções, o capitão "Sully" Sullenberger decidiu pousar no Rio Hudson.
Sully deu a seguinte instrução pelo sistema de alto-falantes da cabi-
ne, as únicas palavras que os passageiros ouviriam dele: "Aqui quem
fala é o capitão. Preparem-se para o impacto".

Preparem-se para o impacto: quatro palavras que colocaram os
comissários de bordo em ação. Eles ensinaram os passageiros como
se preparar para o pouso inesperado. Todas as 155 pessoas a bordo
sobreviveram ao "Milagre no Rio Hudson".

"Preparem-se para o impacto" é uma frase perfeita. Em quatro
palavras, aciona centenas de horas de treinamento que têm o poder

COMUNICAÇÃO CINCO ESTRELAS

de salvar vidas. A frase não contém advérbios nem voz passiva e é o jeito mais fácil de passar a mensagem. Na verdade, uma criança de 8 anos consegue entender a mensagem.

Cerca de 60 segundos antes de se dirigir aos passageiros, Sully disse à torre de controle que havia uma emergência: "Mayday. Mayday. Mayday". Mayday é um código de emergência universal para navios e aeronaves. Os pilotos aprendem que uma palavra curta repetida três vezes não deixa espaço para falhas de comunicação. Quando os operadores em terra sugeriram a possibilidade de Sully voltar para LaGuardia ou ir para um aeroporto próximo, Sully respondeu: "Impossível. Vamos para o Hudson". Simples. Direto. Sem espaço para mal-entendidos.

"A simplicidade é um dos conceitos mais difíceis de dominar", escreve Ken Segall, que liderou algumas das icônicas campanhas de marketing da Apple e colocou o "i" minúsculo no iMac.[1] Palavras e frases simples, argumenta Segall, são "a arma mais poderosa nos negócios — para atrair clientes, motivar funcionários, superar concorrentes e criar novas eficiências. Mas raramente é tão simples quanto parece. A simplicidade dá trabalho".

O ex-chefe de Segall, Steve Jobs, concordava com ele. "O simples pode ser mais difícil do que o complexo", disse Jobs. "Mas no fim vale a pena porque, quando você chega lá, é capaz de mover montanhas."

O professor de biologia da Stanford, Robert Sapolsky, é um dos neurocientistas mais proeminentes do mundo. Ele estuda a biologia dos seres humanos no seu melhor e no seu pior. Oliver Sacks, o famoso neurocientista que o ator Robin Williams interpretou no filme *Tempo de despertar*, chamou Sapolsky de "um dos melhores cientistas-escritores da atualidade".

No TED de 2017, Sapolsky foi convidado para apresentar uma única grande ideia de seu novo livro, *Comporte-se*. No livro, Sapolsky explora os fatores biológicos da violência e da agressão pelo olhar de várias disciplinas científicas: neurociência, antropologia, psicologia,

240

FAÇA BOM USO DAS PALAVRAS

genética, biologia evolutiva, ciência política e teoria da comunicação. É um livro robusto, de mais de 800 páginas.

Poucos minutos depois de sair do icônico círculo vermelho que se tornou sinônimo do TED e deixar o palco, Sapolsky conversou comigo sobre como ele simplifica informações complexas. Optar por apenas um tópico, como vimos no capítulo anterior, é o primeiro passo para criar uma apresentação simples e envolvente. Para condensar 800 páginas em uma apresentação de 14 minutos, Sapolsky seguiu o mesmo conselho que dá a seus alunos de pós-graduação. Antes de eles apresentarem sua pesquisa, Sapolsky lhes pede um parágrafo descrevendo a principal descoberta. Em seguida, pede aos alunos que condensem ainda mais a descoberta, desta vez em uma frase. Uma frase curta diz muito. Palavras curtas também.

EXPLIQUE SUAS IDEIAS COMO SE FOSSE PARA UMA CRIANÇA

VOCÊ PODE SE lembrar da seguradora do capítulo 6 que escreveu seu panfleto usando palavras que uma criança de 8 anos seria capaz de entender. Vale a pena expandir a lição porque pouquíssimas empresas, instrutores, líderes e empreendedores prestam atenção ao nível de escolaridade das palavras que usam. Palavras compridas não são melhores; elas são confusas.

Se você quer que suas ideias prendam a atenção das pessoas, o conceito do Índice de Legibilidade é uma ferramenta obrigatória. É um algoritmo confiável que os editores de livros didáticos dos Estados Unidos usam para avaliar o nível de escolaridade do conteúdo. Um livro escrito na linguagem do terceiro ano do ensino médio pode ser apropriado para alunos de 17 anos, mas confuso demais para alunos de séries inferiores. Estudos mostraram que um americano lê e entende melhor o conteúdo quando é escrito em média no nível do nono ano do fundamental 2 (alunos de cerca de 14 anos) ou um pouco abaixo.

COMUNICAÇÃO CINCO ESTRELAS

Antes de começar a reclamar, mantenha em mente que, conforme os níveis de leitura aumentam, a clareza pode ser prejudicada. Por exemplo, este capítulo pode ser lido por um aluno de 12 anos da sétima série do fundamental 2. Uma legibilidade de sétima série é considerada uma boa pontuação. Pontuações mais altas não significam necessariamente que o texto é melhor. Se eu escrevesse frases longas e complicadas e enchesse os parágrafos de jargões científicos, este capítulo teria uma pontuação muito mais alta devido à sua densidade. Eu até posso ficar me achando mais inteligente, mas não estaria ajudando o leitor. Para você ter uma ideia, quando o famoso neurobiólogo Robert Sapolsky fala para o público geral, ele usa palavras da sexta série do fundamental 2, isto é, de uma criança de 11 anos.

Inseri o texto dos trabalhos acadêmicos de Sapolsky em uma ferramenta popular para medir a legibilidade. O app é chamado de Hemingway, em homenagem ao autor cuja prosa muitas vezes atingia a "baixa" pontuação de uma criança da quarta série do fundamental 1, de 9 anos, apesar de escrever para adultos. Os artigos científicos de Sapolsky geraram uma legibilidade média de 16, ou seja, um nível de pós-graduação. Já sua palestra no TED gerou um nível de legibilidade de grau 7. Uma análise das 2.400 palavras que compuseram sua apresentação no TED constatou que apenas 18% de suas frases foram "muito difíceis de ler". Nos trabalhos acadêmicos de Sapolsky, 83% eram muito difíceis de ler.

Sapolsky é um dos neurobiólogos mais inteligentes do planeta, mas, quando quer alcançar o maior número de pessoas, usa palavras simples e curtas para que as pessoas o entendam.

UM FAMOSO DISCURSO DO SÉCULO 20 QUE É QUATRO MINUTOS MAIS CURTO DO QUE UMA PALESTRA DO TED

NO CAPÍTULO 1, falamos sobre John F. Kennedy e como o poder de suas palavras inspirou toda uma geração a olhar para a Lua. Uma das

FAÇA BOM USO DAS PALAVRAS

razões pelas quais as palavras de Kennedy continuam a ressoar até hoje é que ele foi um excelente editor.

Em uma visita à biblioteca John F. Kennedy em Boston, fiquei impressionado com o grande número de edições que Kennedy fez para seu discurso inaugural, também em exibição no museu. O discurso, proferido no dia 20 de janeiro de 1961, foi o quarto discurso de posse mais curto da história presidencial americana. E era assim que Kennedy queria que fosse. "Não quero que as pessoas pensem que sou um tagarela", disse Kennedy a seu redator de discursos, Ted Sorensen. "Quero um discurso curto." Pense nisso. O discurso de Kennedy durou 13 minutos e 42 segundos. Um dos maiores discursos da história americana foi quatro minutos mais curto do que uma palestra do TED.

Sorensen tinha anos de experiência trabalhando em estreita colaboração com Kennedy e sabia como articular suas ideias. Mas, apesar da bela prosa de Sorensen, Kennedy fez 31 mudanças nas últimas horas e a maioria foi para simplificar a linguagem. Dá para ver as edições em vermelho. Até o último minuto, Kennedy estava excluindo palavras, substituindo palavras longas por curtas e eliminando frases inteiras. Por exemplo, Kennedy cortou a seguinte frase: "O mundo é muito diferente agora, empoderado para banir toda forma de pobreza humana e toda forma de vida humana". Kennedy removeu as palavras "empoderado" e "banir" e escreveu uma frase mais simples e forte e que soa melhor: "Pois o homem tem em suas mãos mortais o poder de abolir toda forma de pobreza humana e abolir toda forma de vida humana".

Até a frase mais famosa passou por edições. Kennedy substituiu "fará" por "pode fazer". Ele eliminou três palavras da frase. A versão final da frase dizia: "Não pergunte o que seu país pode fazer por você; pergunte o que você pode fazer pelo seu país". Como já vimos, embora o conceito seja profundo, a frase é composta de palavras curtas que um aluno da terceira série do fundamental 1, de 8 anos, seria capaz de ler.

COMUNICAÇÃO CINCO ESTRELAS

Outra frase famosa tem um nível de legibilidade equivalente à segunda série do fundamental 1 — ou de uma criança de 7 anos — por ser composta, em inglês, principalmente de palavras de uma sílaba: "We shall pay any price, bear any burden, meet any hardship, support any friend, oppose any foe..." ("Vamos pagar qualquer preço, suportar qualquer fardo, enfrentar qualquer dificuldade, apoiar qualquer amigo, nos opor a qualquer inimigo...").

Imagine se Kennedy tivesse falado na linguagem dos políticos contemporâneos. Ele poderia ter dito algo como: "É imperativo levar em consideração se o esforço valeria qualquer custo ou ônus associado à iniciativa...". Se ele tivesse feito isso, seu discurso com certeza não teria sido tão memorável. Menos palavras e palavras mais curtas são mais memoráveis.

Kennedy estudou dois mestres da oratória para aprimorar suas habilidades de escrita: Abraham Lincoln e Winston Churchill. Lincoln, como já vimos, foi um contador de histórias magnífico. Dizem que multidões de pessoas vinham de longe e se aglomeravam em seus comícios quando ele estava concorrendo à presidência. Os grandes oradores agitam a alma, e Lincoln foi um dos melhores.

Lincoln, é claro, também é conhecido por escrever um dos discursos curtos mais famosos da história: o Discurso de Gettysburg. Kennedy e Sorensen analisaram o discurso e concluíram que Lincoln usou o menor número de palavras possível para transmitir sua ideia. Ele escolheu palavras de uma sílaba quando poderia ter usado alternativas de duas e três sílabas. Em outras palavras, Lincoln fez com que o discurso fosse simples de apresentar, ouvir e entender. E fez um discurso curto. O orador Edward Everett falou por duas horas antes de Lincoln subir ao palco para inaugurar um cemitério militar em Gettysburg, na Pensilvânia, durante a Guerra Civil. Lincoln precisou de apenas dois minutos para ler seu discurso de 272 palavras. Quando Lincoln terminou e colocou as notas no bolso, ninguém disse uma palavra. O público estava paralisado, impressionado com a forma como

244

FAÇA BOM USO DAS PALAVRAS

um orador conseguiu articular os valores da América em tão pouco tempo. Por alguns segundos, Lincoln achou que o público não tinha gostado. Então eles irromperam em aplausos. No YouTube, você encontrará centenas de milhares de vídeos mostrando estudantes dos Estados Unidos e do mundo todo recitando o discurso. Lincoln nunca teria previsto o advento do streaming de vídeo, mas estava ciente da magnitude do evento. Na hora de garantir que suas ideias fossem lembradas pelas gerações futuras, ele manteve suas palavras curtas e sucintas.

Churchill também é famoso por substituir palavras longas por curtas. "As palavras curtas são as melhores", ele disse uma vez. "As palavras mais curtas de uma língua geralmente são as mais antigas."

Depois que a Força Aérea Real Britânica conquistou uma vitória impressionante na Batalha da Grã-Bretanha, Churchill, referindo-se às ações dos pilotos britânicos, escreveu: "Never in the field of human conflict has so much been owed by so many to so few." ("Nunca, no campo do conflito humano, tanto se deveu por muitos a tão poucos.") *Tanto, muitos, tão poucos.* Em pouquíssimas palavras, Churchill condensou muito sobre heroísmo e sacrifício.

Em seu livro revolucionário, *Rápido e devagar*, Daniel Kahneman, psicólogo ganhador do Prêmio Nobel, escreve: "Se você quer que as pessoas o considerem confiável e inteligente, não use uma linguagem complexa quando pode usar uma linguagem mais simples".[2] Os melhores líderes usam uma linguagem simples.

É bom celebrar líderes inspiradores. Suas histórias trazem à tona o que temos de melhor em nós. Como disse John F. Kennedy: "Um homem pode morrer. Nações podem se erguer e cair, mas uma ideia vive para sempre". É verdade, mas ideias intricadas nunca sobreviverão porque não "pegam". Os grandes comunicadores também são grandes editores, e John F. Kennedy, Winston Churchill e Abraham Lincoln estiveram entre os melhores.

Se você estiver tendo dificuldade em condensar suas palavras, tente o método do cientista Neil deGrasse Tyson. O astrofísico usa

COMUNICAÇÃO CINCO ESTRELAS

uma ferramenta antiga para ajudá-lo a escrever para o público geral: pena e tinta. Tyson diz que gosta de escrever à luz de velas, mergulhando uma pena em um tinteiro. É quase como se ele estivesse atuando como um médium dos pensadores brilhantes que o precederam, que escreveram usando as ferramentas de outrora. Mas, além do âmbito metafísico, o método de Tyson tem uma base prática. "Se você olhar para os discursos memoráveis do passado, os ritmos são de cinco a sete pulsos de palavras. Acontece que um mergulho da pena na tinta rende em média cinco ou sete palavras. Pode ser que esse ritmo tenha sido influenciado pela quantidade de tinta que pode ficar em uma pena. Enquanto escrevo, sou muito ciente disso. Ao fazer uma palestra, você não quer que suas frases sejam muito longas."[3]

VENDA A SUA IDEIA EM 10 MINUTOS

VENDER UMA IDEIA em 10 minutos é uma habilidade muito valiosa no mundo do trabalho. Enquanto eu escrevia este livro, visitei uma turma de oficiais militares de elite que passam treze meses treinando nas questões de segurança nacional mais confidenciais da atualidade. Meus livros *TED: falar, convencer, emocionar* e *Storytelling: aprenda a contar histórias com Steve Jobs, Papa Francisco, Churchill* e *outras lendas da liderança* são leituras obrigatórias no curso porque criar e fazer uma apresentação persuasiva é uma habilidade crucial que eles precisam dominar. Para serem eficazes, eles devem aprender a vender suas ideias com emoção e em pouquíssimo tempo... 10 minutos ou menos.

"Por que só 10 minutos?", perguntei a um dos instrutores.

"Os generais, líderes e políticos a quem esses oficiais farão apresentações terão uma cascata de informações vindas de todas as direções. Eles precisam de informações rapidamente. Eles não têm tempo para percorrer centenas de páginas de documentos ou infinitos slides do PowerPoint. Nossos oficiais precisarão analisar uma

FAÇA BOM USO DAS PALAVRAS

ameaça potencial, criar uma breve apresentação, apresentar três possíveis planos de ação e defender o plano que eles consideram o melhor. Condensar o argumento em 10 minutos faz com que ele seja mais preciso, mais forte e mais fácil de absorver."

Em geral, as pessoas parecem gostar de apresentações de 10 minutos. Conheci um executivo da Intel que me contou sobre uma de suas primeiras reuniões com o lendário CEO Andy Grove.

"Quanto tempo vai durar essa apresentação?", Grove perguntou ao executivo.

"Vinte minutos", o executivo respondeu.

"Vou querer a versão de dez minutos", Grove disse.

O executivo deve ter deixado uma boa impressão porque acabou subindo na empresa, mas nunca esqueceu o medo que sentiu quando teve de improvisar para cortar sua apresentação pela metade.

Um concurso incomum de pitch é realizado na casa de Richard Branson na Ilha Necker, a ilha particular de Branson nas Ilhas Virgens Britânicas. Chama-se The Extreme Tech Challenge (algo como "O desafio tecnológico extremo"). O concurso começa meses antes, quando 2.000 empreendedores se inscrevem. Das inscrições, dez finalistas são escolhidos para apresentar suas ideias de startup no palco do gigantesco Consumer Electronics Show de Las Vegas, uma conferência anual de produtos e tecnologias da indústria de eletrônicos de consumo. Os três melhores são convidados a apresentar seu pitch a Branson e um painel de juízes na Ilha Necker. Você pode achar que a brisa tropical dá um ar de descontração aos participantes, mas a competição é intensa para os finalistas, que têm a chance de conseguir fundos e o apoio do empresário bilionário.

Cada palestrante tem 10 minutos para apresentar sua ideia. Um finalista — que acabou vencendo um concurso — me contou que uma proposição de valor coerente deve ser apresentada com clareza e rapidez. "Você precisa explicar com clareza por que criou o produto, qual problema ele resolve e por que Branson deveria querer participar da jornada. Se não ficar tudo mais do que claro em dez minutos, você perdeu a atenção do público."

Mas o que tem de tão especial em 10 minutos? John Medina, o biólogo da Universidade de Washington, tem uma das melhores respostas. Em seu livro *Aumente o poder do seu cérebro*, Medina observa que, em uma aula de interesse médio (não muito empolgante e não muito chata), a maioria dos alunos desliga a mente em exatamente 10 minutos.

De acordo com Medina, estudos revisados por pares confirmam que, em uma apresentação, as pessoas desligam a mente antes dos primeiros quinze minutos. "O cérebro parece fazer escolhas de acordo com um padrão fixo de tempo, sem dúvida influenciado tanto pela cultura quanto pela genética. Esse fato sugere um imperativo tanto no ensino quanto nos negócios: encontre uma maneira de chamar e depois prender a atenção de seu público por um período específico de tempo."[4]

O executivo da Intel, o vencedor do concurso de pitch de Branson e os oficiais militares em treinamento nos lembram que a arte de vender uma ideia em 10 minutos ou menos é uma enorme vantagem na carreira. Se você tiver 20 ou 30 minutos para fazer uma apresentação, tudo bem. Mas chegue ao ponto nos primeiros 10 minutos, antes que a mente dos seus ouvintes comece a divagar.

Vamos colocar isso em perspectiva. Abraham Lincoln inspirou gerações em um discurso de dois minutos. John F. Kennedy levou 15 minutos para inspirar toda uma nação a levar o homem à Lua. Martin Luther King Jr. articulou seu sonho de unidade racial em 17 minutos. Steve Jobs fez um dos discursos de formatura mais famosos da atualidade, na Universidade de Stanford, em 15 minutos. Se você não conseguir vender sua ideia ou seu sonho em 10 a 15 minutos, continue editando até conseguir.

As ideias não se vendem sozinhas. Seja seletivo com as palavras que usar. Se elas não ajudarem a contar a história, corte-as. Condense,

FAÇA BOM USO DAS PALAVRAS

simplifique e seja o mais breve possível. Tenha a coragem de falar na linguagem de uma criança. Longe de enfraquecer seu argumento, essas dicas darão mais força às suas ideias, aumentando as chances de você ser ouvido.

Princípios cinco estrelas

- Use um software de legibilidade de texto, como o Hemingway.[1] Essas ferramentas usam algoritmos confiáveis que avaliam o nível de escolaridade de seu texto. Elas mostrarão o nível de escolaridade mais baixo necessário para ler e entender qualquer texto que você colar no software para analisar. Se você usar jargões demais, o nível de escolaridade para entender o texto será mais alto. Palavras e expressões mais simples — o nosso objetivo — retornarão níveis de escolaridade mais baixos. Lembre-se de que, neste caso, quanto mais baixo, melhor.
- Edite seu trabalho, edite de novo e edite um pouco mais. John F. Kennedy teve um dos maiores redatores de discursos do mundo a seu lado e ainda assim melhorou o texto editando e reeditando. Os grandes comunicadores fazem seu trabalho parecer fácil porque se esforçam muito para fazer dar certo.
- Lembre-se de que seu público começará a divagar depois de mais ou menos 10 minutos. Alguns estudos neurocientíficos descobriram que a capacidade de concentração mental de uma pessoa dura um pouco mais, mas não muito... até 15 minutos. Parece haver uma razão evolutiva para as pessoas perderem o interesse depois de um determinado tempo. Em termos simples, o cérebro fica entediado. Vá direto ao que interessa e chegue lá rapidamente.

---

1 A ferramenta on-line legibilidade.com promete adaptar vários algoritmos de legibilidade para o português e apresenta as pontuações para cada índice, mas não em termos de níveis de escolaridade. (N.T.)

14

COMO DAR ÀS SUAS IDEIAS UMA "BELEZA VERBAL"

O computador é uma bicicleta para nossa mente.

— STEVE JOBS

Em 1967, um investidor do mercado de ações, que na época tinha 37 anos, acompanhou sua esposa para ouvir um pregador carismático. Cinquenta anos depois, o investidor — Warren Buffett, hoje o homem mais rico do mundo — ainda se lembra das palavras exatas que "não me deixaram continuar sentado". Quando Martin Luther King Jr. citou o poeta James Russell Lowell perto do final de seu discurso, a vida de Buffett mudou. King disse: "A verdade para sempre na forca, o erro para sempre no trono. Mas na forca oscila o futuro".[1]

Naquele dia, Buffett ouviu "um dos discursos mais inspiradores" de sua vida, que despertou seu interesse pelos direitos civis e, mais tarde, pela filantropia. Na época em que Buffett viu King falar pessoalmente, o líder dos direitos civis usava versos poéticos em discursos que ultrapassavam as 7.500 palavras. Mas foi a analogia da forca e do trono que ficou gravada na memória de Buffett a ponto de

251

COMUNICAÇÃO CINCO ESTRELAS

ele conseguir recitá-la de cabeça 50 anos depois. Por quê? Também neste caso, Aristóteles nos deu a resposta mais de 2 mil anos atrás e, também neste caso, a ciência moderna prova que ele estava certo.

Em *Retórica*, Aristóteles observa que as pessoas mais persuasivas salpicam seu discurso com metáforas e analogias. Ele diz que esses recursos retóricos energizam os ouvintes e os levam à ação. Eles embelezam a linguagem e lhe dão clareza. E "tornam a aprendizagem agradável", segundo Aristóteles. As metáforas, diz ele, têm "qualidades do exótico e do fascinante" e dão "beleza verbal" a uma ideia.

Uma breve lição sobre a beleza verbal. "Analogia" é um termo abrangente que se refere a uma comparação de duas coisas diferentes para mostrar como elas são semelhantes. Força o ouvinte a pensar de outra maneira sobre uma ideia. Na linguagem cotidiana, existem várias formas de analogia. A metáfora é uma delas. Uma metáfora é um recurso literário que usamos para descrever uma coisa em termos de outra, substituindo o significado de uma palavra por outra. Por exemplo, quando William Shakespeare escreveu "Julieta é o sol", ele estava usando uma metáfora. Julieta não é realmente o Sol, mas em quatro palavras aprendemos muito sobre ela. Julieta é a luz do mundo de Romeu e o centro de seu universo. Romeu diz essas palavras à noite, mas o brilho de Julieta transforma a escuridão. Shakespeare foi um mestre no uso de recursos literários.

"Em muitas discussões, quem tiver a melhor analogia vence", escreve John Pollack, ex-redator de discursos do presidente americano Bill Clinton.[2] "Evidências sugerem que pessoas que tendem a ignorar ou subestimar a influência da analogia podem ter dificuldade de apresentar seus argumentos ou alcançar seus objetivos. A recíproca também é verdadeira. Os que criam as analogias mais claras, mais ressonantes e apropriadas geralmente têm mais sucesso em alcançar os resultados desejados."

Como já vimos, Warren Buffett é um grande defensor de melhorar as habilidades de falar em público. Ele diz que as habilidades de

COMO DAR ÀS SUAS IDEIAS UMA "BELEZA VERBAL"

comunicação aumentam instantaneamente o valor de uma pessoa em 50%. Buffett ficou cativado pela capacidade de oratória de Martin Luther King Jr. e adotou um dos recursos linguísticos mais poderosos de King para despertar a emoção das pessoas: a analogia.

Em maio de 2017, mais de 40.000 acionistas da Berkshire Hathaway foram a Omaha, no estado do Nebraska, para assistir a uma apresentação de Buffett e seu sócio de longa data, Charlie Munger. De acordo com um repórter da revista *Fortune* que compareceu ao evento, "O mais incrível do encontro anual de acionistas é a maneira como Buffett e Munger condensam suas respostas a perguntas técnicas e complexas em pérolas de sabedoria eloquentes e concisas que até os investidores iniciantes conseguem entender".[3]

Buffett usa analogias para transformar o complexo em simples. As analogias são repetíveis porque nos ajudam a entender um conteúdo sobre o qual sabemos pouco. Ao comparar o abstrato com o conhecido, as analogias nos dão uma base para explicar e entender temas complexos.

No documentário da HBO *Como ser Warren Buffett*, a maestria de Buffett no uso de analogias é vista com frequência. Em um exemplo, Buffet cita um livro da lenda do beisebol Ted Williams intitulado *The Science of Hitting*. Williams, um dos melhores rebatedores da história do beisebol, dividia a zona de strike em quadrados. A zona de strike é uma área imaginária que cobre a largura do *home plate* e a altura do joelho até o meio do peito do rebatedor. "Se esperasse pelo arremesso que passaria em seu ponto ideal, ele teria uma média espetacular de rebatidas de 0,400", explicou Buffett.[4] "Se tivesse que rebater perto do canto inferior, ele provavelmente rebateria 0,235. Nos investimentos, o truque é observar cada arremesso passar e esperar o que estiver no seu ponto ideal." Em outras palavras, invista apenas em empresas no seu "círculo de competência", o ponto ideal onde uma oportunidade se cruza com seu conhecimento na área.

253

COMUNICAÇÃO CINCO ESTRELAS

Buffett gosta especialmente de analogias medievais. Ele procura empresas que sejam como "um castelo econômico", com um fosso forte que impeça os concorrentes de tomar o castelo. Buffett leva a analogia ainda mais longe, colocando um cavaleiro — um líder forte — protegendo o castelo. "No capitalismo, vão tentar tirar esse castelo de você. O ideal é ter um fosso ao redor dele e um cavaleiro que seja muito bom em afastar invasores."[5]

Buffett fez outra analogia no documentário, comparando sua estratégia inicial de investimento a uma bituca de um charuto. Ele procurava uma empresa que fosse como "uma bituca de charuto descartada e que ainda tinha um pouco de tabaco nela". Buffett disse que o objetivo era comprar a empresa no momento certo para se beneficiar da última baforada.

De acordo com o *Financial Times*, Buffett "mal consegue terminar uma frase" sem usar uma analogia ou metáfora. "Até quando Buffett fala de algo tão complexo, impessoal e abstrato como as finanças, as analogias lhe permitem fazer o tema parecer simples, humanizado e concreto".[6]

Dominar a antiga arte da persuasão requer conhecer a arte e a ciência da analogia. A persuasão não pode existir na ausência da analogia. As analogias forçam as pessoas a sair do pensamento convencional. Quando uma ideia ou conceito é muito diferente de tudo o que já existiu, as pessoas precisam adotar um pensamento não convencional para se convencer de seu valor. "As analogias são eficazes porque transformam o desconhecido em conhecido", escreve Pollack.[7] "Elas ajudam a mente a navegar por territórios novos, tornando-os parecidos com territórios que já conhecemos."

A ANALOGIA É "A BASE DA NOSSA VIDA MENTAL"

QUANDO A FILHA de Doug Hofstadter tinha cerca de 2 anos, ela disse que queria "tirar a roupa" de uma banana. Como ela não conhecia o verbo

COMO DAR ÀS SUAS IDEIAS UMA "BELEZA VERBAL"

correto — descascar —, seu cérebro vinculou a experiência a algo que conhecia — tirar a roupa de uma boneca. Hofstadter prestou atenção ao comentário da menina porque ninguém estudou analogias mais do que ele. "A analogia é o mecanismo fundamental para todo o nosso pensamento", afirmou.[8] "É a base da nossa vida mental."

Hofstadter é um cientista cognitivo vencedor do prêmio Pulitzer. Ele contesta a ideia de que a inteligência artificial dá aos computadores uma inteligência parecida com a humana. Se um computador pifa e vai para o lixão do céu, não sentimos falta dele. Quando uma pessoa morre, sentimos muito a falta dela. Em uma bela passagem de seu livro premiado, Hofstadter escreve: "Depois da morte de um ser humano, o que sobrevive é uma série de pós-luminescências, algumas mais fulgurantes e outras menos brilhantes, no cérebro coletivo das pessoas que mais o amavam [...]. Embora o cérebro primário tenha sido eclipsado, há naqueles que ficam [...] uma aura coletiva que ainda brilha".[9]

A diferença entre um ser humano e um computador, argumenta Hofstader, é a analogia. Os humanos são programados para processar o mundo por meio da analogia, que é uma maneira de pensar muito diferente dos sistemas cognitivos criados artificialmente.

Leia a situação a seguir e diga quantas vezes aconteceu com você. Você conta a alguém sobre uma experiência que teve e a pessoa responde: "A mesma coisa aconteceu comigo!" e conta sobre um incidente que não tem nada a ver com o seu. Pode até parecer que a pessoa está querendo contar uma história melhor que a sua, mas o cérebro dela está simplesmente tentando encontrar uma situação análoga para categorizar o evento que aconteceu com você. O cérebro humano está sempre buscando poupar energia. As analogias são uma maneira muito eficiente de fazer isso. Elas nos ajudam a entender um conceito enquanto conservam poder de processamento do cérebro.

Fazemos analogias o dia todo. A maioria são pequenas comparações como a casca de banana, enquanto outras mudam o mundo. "As

255

analogias estão no centro da cognição humana, desde as mais humildes atividades cotidianas até as mais exaltadas descobertas da ciência", escreve Hofstadter.[10]

No campo da física, uma famosa analogia ficou conhecida como "O navio e a torre". Em 1624, o astrônomo Galileu Galilei fez experimentos para refutar a crença popular de que o Sol girava em torno da Terra. Os críticos de Galileu diziam que, se a Terra realmente estivesse se movendo, uma pedra lançada do alto de uma torre não cairia na base da torre, como sempre acontecia. A pedra cairia pelo menos um pouco distante da torre. Galileu usou uma analogia simples para provar que eles estavam errados. Ele deixou cair uma pedra do alto do mastro de um navio em movimento. A pedra caiu na base do mastro. A torre está para a Terra como o mastro está para o navio. A analogia se revelou verdadeira, é claro, mas nem todo mundo gostou. Galileu foi considerado culpado de heresia e passou o resto da vida em prisão domiciliar.

A analogia de Galileu funcionou bem demais. No século 17, destacar-se da multidão muitas vezes implicava uma sentença de morte. No século 21, destacar-se coloca você no mapa. Destacar-se é essencial para ter sucesso em um mundo em rápida mudança.

A ANALOGIA QUE COLOCOU O LINKEDIN NO MAPA

EM 2004, O cofundador do LinkedIn, Reid Hoffman, saiu em uma busca por uma rodada de financiamento de US$ 10 milhões. Na ocasião, o site de games sociais Friendster tinha 10,5 milhões de usuários e o MySpace tinha 2 milhões de usuários. A empresa de Hoffman — o LinkedIn — tinha apenas 900.000 usuários, nenhuma liderança no mercado e nenhum centavo em receita. Hoffman não tinha como contar a história dos dados porque os dados eram fracos, mas podia vender uma história conceitual. Como ele contou mais tarde, o conceito girava em torno de uma analogia.

COMO DAR ÀS SUAS IDEIAS UMA "BELEZA VERBAL"

"Se tivéssemos enquadrado o LinkedIn apenas como um site de 'empregos/classificados', a maioria dos capitalistas de risco inteligentes não teria investido", disse Hoffman em um post de blogue no qual disseca o pitch original do LinkedIn.[11] "A maioria das revoluções tecnológicas se baseia em um ou dois conceitos simples. Nosso conceito simples era: a rede fornece a plataforma para um novo tipo de busca de pessoas, que pode ser uma plataforma para muitos outros negócios."

A ideia podia soar simples, mas Hoffman teria de persuadir os investidores de que fazer a mudança de diretórios a redes produziria um valor real. Ele precisava de uma analogia, e foi exatamente o que mostrou no quinto slide de sua apresentação.

O slide continha dois logotipos. À esquerda, Hoffman colocou o logo de um jornal que tinha colocado seus anúncios classificados on-line. Os anúncios tinham sido um fracasso. À direita, um logo do eBay, um enorme sucesso na época. Hoffman explicou aos investidores: "O eBay tem uma rede. Tem um sistema de reputação. Tem históricos das transações. O valor do eBay está em incluir uma rede aos classificados on-line".[12]

A comparação de Hoffman funcionou e o LinkedIn se tornou o principal site de networking profissional do mundo. Em 2016, avaliado em US$ 26 bilhões, se tornaria a maior aquisição da história da Microsoft.

Hoje um bilionário, Hoffman é um sócio da Greylock's Partners, onde ele incentiva os empreendedores a usar a mesma estratégia que colocou o LinkedIn no mapa: usar a analogia nos pitches. Ele diz que os investidores não têm muito tempo e os empreendedores muitas vezes não têm muito o que mostrar. Associe sua ideia a uma empresa que os investidores já conhecem.

A Greylock's Partners vê 5.000 pitches por ano. Eles decidem dar uma olhada em não mais que 800. E investem em apenas duas startups anualmente, ou 0,04% dos pitches do ano. O que faz um investidor se destacar? Para começar, se os investidores da Greylock não entenderem as implicações de longo prazo da ideia do empreendedor, ele não tem nenhuma chance de estar entre os vencedores. As analogias aumentam as chances de um empreendedor chegar ao círculo dos vencedores.

O PAPA FRANCISCO E A ANALOGIA DE BEBER GIM DE ESTÔMAGO VAZIO

EM SUA APRESENTAÇÃO-SURPRESA no TED de 2017, o Papa Francisco fez uma analogia que gerou mais de 6.000 compartilhamentos no Twitter e apareceu em mais de 1.000 manchetes: "Ter poder é como beber gim de estômago vazio", disse Francisco.[13] "Você fica tonto, fica bêbado, perde o equilíbrio e acaba se machucando e machucando os que estão por perto se não vincular seu poder à humildade e à ternura."

O Papa Francisco usa o recurso da analogia em quase todos os seus discursos. "Para Madre Teresa, a misericórdia era o sal que dava sabor a seu trabalho", ele disse. A Igreja, costuma dizer, é como um "hospital de campanha", que trabalha à margem da sociedade e vai em busca dos "feridos".

Em um importante artigo sobre o casamento e a família, o Papa Francisco citou os Salmos e escreveu: "Seus filhos são como os brotos de uma oliveira".[14] Ele faz comparações entre o planeta Terra e a família. "Nosso lar compartilhado [a Terra] é como uma irmã com quem dividimos nossa vida e uma linda mãe que abre os braços para nos acolher. Esta irmã agora clama a nós por causa do mal que lhe infligimos [...]. Ela implora, grita [...] nossa casa compartilhada está caindo em ruínas. A Terra, nosso lar, está cada vez mais se parecendo com uma imensa montanha de destroços."

O Papa Francisco credita seu estilo de escrita e oratória a seu treinamento jesuíta em homilética (a arte de pregar sermões religiosos). Hoje, ele aconselha jovens seminaristas a desenvolver suas

COMO DAR ÀS SUAS IDEIAS UMA "BELEZA VERBAL"

habilidades de oratória. Usando uma série de analogias para descrever a importância de falar em público, diz que o evangelismo deve ser "animado pelo fogo do espírito" para "inflamar o coração dos fiéis".

O empreendedorismo está repleto da linguagem metafórica usada na Bíblia. Dizem que os empreendedores são *evangelistas* em uma *missão* para criar *fiéis*. Os investidores procuram empreendedores que tenham *paixão* e *ambição*. Os grandes comunicadores *inspiram* o público (em termos religiosos, "inspirar" significa ser infundido com o espírito).

Não é por acaso que as startups usam as mesmas analogias que os líderes espirituais. Fé é saber que algo é real, mesmo sem vê-lo. Os investidores precisam de muita fé para investir seu dinheiro em um empreendedor que tem pouco a mostrar além de uma ideia. A maneira como a ideia é apresentada pode fazer toda a diferença. E ninguém sabia apresentar melhor uma ideia do que o mestre da metáfora, Steve Jobs.

O MESTRE DA METÁFORA

O REDATOR DE discursos John Pollack, que conhecemos no início deste capítulo, diz que Steve Jobs é o mestre da analogia. Pollack argumenta que a obsessão de Jobs pelo design amigável ao usuário era "essencialmente analógica". Por exemplo, em 1983, poucas pessoas fora do centro de pesquisa da Xerox tinham ouvido falar do termo "interface gráfica do usuário". Jobs também não usava esse termo, pelo menos quando falava com leigos. Em vez disso, ele falava em termos da "área de trabalho" de um computador. Os documentos poderiam ser organizados em pastas, que você poderia mover de um lado ao outro na mesa ou jogar fora na lixeira. Jobs precisava tornar acessível o desconhecido. Ele precisava transformar o complexo em simples. Precisava tornar o abstrato em algo tangível. E, para isso, usou a analogia.

COMUNICAÇÃO CINCO ESTRELAS

Certa vez, Jobs leu um estudo na *Scientific American* que media a energia necessária para diferentes espécies se moverem a uma determinada distância. O instrutor de engenharia da Universidade de Oxford, S. S. Wilson, escreveu o artigo de onze páginas em 1973. O condor era o animal mais eficiente; os seres humanos ficaram no último terço da lista, muito atrás do cavalo, mas à frente de um salmão ou de uma abelha. Mas, colocado sobre uma bicicleta, o ser humano ultrapassava todos, tornando-se a espécie mais eficiente em termos de energia. Mais tarde, Jobs usou a comparação para descrever a essência de seu negócio: "Para mim, o computador é a ferramenta mais incrível que já inventamos. É o equivalente a uma bicicleta para a nossa mente".[15]

Jobs explicava as ideias usando muitas figuras de linguagem, mas as principais eram a analogia e a metáfora. "Queremos fazer um produto como o primeiro telefone. Queremos fazer dispositivos para todos", disse Jobs sobre o primeiro Macintosh em 1984. Ele explicou a analogia dizendo que, em 1844, a maioria das pessoas achava que o telégrafo estaria em todos os lares da América. Isso não aconteceu porque a maioria das pessoas não conseguiu aprender a usá-lo. O código morse (pontos e traços) era simplesmente intimidante demais. O telefone de Alexander Graham Bell era muito mais simples. Jobs desafiou a equipe do Macintosh a fazer o primeiro "telefone da indústria de computadores", um computador fácil o suficiente para uma pessoa comum aprender, usar e desfrutar.

Certa vez perguntaram a Jobs por que ele fazia questão de criar conflito e tensão entre suas equipes. Jobs respondeu usando uma metáfora:

Quando eu era um moleque, tinha um senhor viúvo que morava na minha rua. Eu o conheci um pouco. Um dia, ele me convidou para ir a sua garagem e me mostrou um polidor de rochas empoeirado. Era basicamente um tambor que girava movido por um motor. Pegamos umas

COMO DAR ÀS SUAS IDEIAS UMA "BELEZA VERBAL"

pedras velhas e feias no jardim. Colocamos no tambor com um pouco de líquido e areia e ligamos o motor. Quando voltei no dia seguinte, tiramos as pedras, que estavam polidas, lindas. Com um pouco de atrito, um pouco de barulho, as pedras comuns se transformaram em pedras lindas e polidas. Essa é a minha metáfora para uma equipe trabalhando duro em uma paixão. É uma equipe de pessoas incrivelmente talentosas se enfrentando, discutindo, às vezes até brigando, fazendo barulho. Trabalhando juntos, eles lapidam suas ideias e o resultado são pedras belíssimas.

"Ser um mestre da metáfora é, de longe, a melhor coisa [...] e também um sinal de genialidade", escreveu Aristóteles. Os comunicadores medianos falam em prosa direta. Um comunicador genial usa analogias para se destacar.

Princípios cinco estrelas

- Analogias e metáforas dão "beleza verbal" à sua linguagem.
- Fique de olhos atentos para analogias e metáforas. Você as encontrará por toda parte.
- Para se inspirar, leia o newsletter anual de Warren Buffett e o livro de John Pollack, *Shortcut: How Analogies Reveal Connections, Spark Innovation, and Sell Our Greatest Ideas* (algo como "Atalhos: como as analogias revelam conexões, estimulam a inovação e vendem nossas maiores ideias", ainda sem tradução no Brasil).

15

LEONARDO, PICASSO E VOCÊ

É raro uma nova ideia surgir do nada. É muito mais comum
juntarmos ideias díspares que ninguém tinha juntado ainda.

— JAMES PATTERSON

Em uma visita a um aquário no parque de diversões Six Flags Marine
World em 1992, Andrew, um jovem escritor e diretor, começou a
imaginar como seria legal capturar um mundo submarino em animação por computador. Seria um projeto intrigante, pensou ele, e o
qual só se concretizou cinco anos depois. Andrew tinha levado seu
filho ao parque e percebeu que estava sendo um pai superprotetor.
"Não mexa nisso, não vá para lá, largue isso", ele se lembra de ter dito
ao filho. De repente, as duas experiências se juntaram para criar algo
mágico.

De volta ao trabalho, Andrew convocou uma reunião para
apresentar sua ideia. Queria fazer um filme sobre peixes, mas não
um peixe qualquer. Essa história tocaria um ponto emocional que
todos nós temos. Por uma hora, Andrew hipnotizou seus colegas
contando uma história sobre um pai que sai em uma jornada épica

263

para encontrar seu filho sequestrado. Era a história de um embate — um filho em busca de independência e um pai lutando para manter o controle. O pitch apaixonado de Andrew foi contagiante porque se baseou em uma experiência intensamente pessoal. Ele usou o oceano como uma metáfora para a vida — um lugar empolgante e intrigante com riscos e incertezas. Andrew delineou a narrativa inteira e dublou os personagens.

Quando terminou o pitch, a sala ficou em silêncio. O chefe de Andrew — John Lasseter — evocou aplausos e gritos de aprovação quando simplesmente disse: "Você já me fisgou quando falou em peixe". Andrew Stanton recebeu a carta branca para escrever e dirigir *Procurando Nemo*. O filme da Pixar se tornou o filme de animação de maior bilheteria da época.

O presidente da Pixar, Ed Catmull, contou sobre o pitch de Stanton em seu livro *Criatividade S.A.* Catmull chamou o pitch de "uma verdadeira obra de arte... nada menos que magnífico".

QUATRO TRUQUES MENTAIS SIMPLES PARA TER IDEIAS ORIGINAIS

IDEIAS QUE SÃO comunicadas de maneiras únicas e inusitadas prendem a atenção das pessoas e as inspiram a ver o mundo de uma maneira diferente. Mas, antes de poder apresentar uma ideia original, você precisa ter uma ideia original. Graças à neurociência, aprendemos muito sobre os criadores de ideias mais prolíficos da história. Suas lições podem nos ajudar a gerar nossas melhores ideias.

1. Conecte ideias de todos os lugares

O bilionário fundador da Oracle, Larry Ellison, foi o melhor amigo de Steve Jobs por 25 anos. "Ele foi brilhante", Ellison lembra após a morte de Jobs. "Ele foi o nosso Thomas Edison. Foi o nosso Picasso."

LEONARDO, PICASSO E VOCÊ

A comparação de Ellison faz sentido — Edison, Picasso e Jobs foram inventores e inovadores. "Picasso é uma metáfora apropriada para Steve Jobs porque ele foi inovador de várias maneiras, sendo que uma delas foi sua capacidade de ver a realidade de uma forma diferente. Ele olhou para a linguagem artística de uma maneira diferente", diz Enrique Mallen, diretor do Projeto Picasso da Universidade Estadual Sam Houston.[1] "Picasso poderia ter adotado a abordagem convencional de sua época e poderia ter feito isso muito bem pelo resto da vida, mas, como Jobs, ele quis mudar as coisas."

Entrei em contato com Mallen porque ele é uma das principais autoridades em Pablo Picasso. Seu projeto on-line representa o catálogo mais detalhado da vida e da obra de Picasso. Especificamente, eu queria saber por que Ellison escolheu comparar Jobs com Picasso e por que o próprio Steve Jobs gostava de uma das citações mais famosas de Picasso: "Os bons artistas copiam; os grandes artistas roubam".

Segundo Mallen, "copiar" é fazer algo exatamente como alguma outra pessoa. Um bom pintor é capaz de copiar outra obra ou estilo, mas isso não se qualifica como uma inovação. Picasso e Jobs foram inovadores porque não copiaram; eles buscaram as melhores ideias fora de suas áreas ou experiências para criar inovações que o mundo nunca tinha visto.

Por exemplo, a famosa pintura de 1907 de Picasso *Les Demoiselles d'Avignon* (As moças de Avignon) e o Macintosh de Steve Jobs são exemplos de "roubar" ideias para criar algo inteiramente novo. Eles representaram afastamentos radicais do que era normal na época.

A pintura a óleo de Picasso escandalizou o mundo da arte porque violou as "regras" da arte em vários níveis. Para começar, a representação de prostitutas por Picasso como personagens não era um tema "apropriado" na época. Depois, Picasso ainda misturou duas influências na mesma tela, o que representava um afastamento radical do status quo. Procure uma foto da pintura na internet e você

COMUNICAÇÃO CINCO ESTRELAS

verá dois tipos de rostos. As três mulheres da esquerda são pintadas em estilo ibérico antigo (olhos delineados, orelhas grandes, narizes de perfil) e as duas mulheres da direita são influenciadas por um estilo africano caracterizado por aspectos de máscaras coloridas. Ao aplicar duas técnicas e dois estilos à mesma tela, Picasso desafiou o status quo e, com isso, preparou o terreno para uma forma de arte inteiramente nova: o cubismo.

Avançando para 1984, encontramos Steve Jobs aplicando o mesmo processo criativo para revolucionar outro campo: a computação. Curiosamente, Jobs também foi influenciado pela arte. Ele fez um curso de caligrafia na Faculdade Reed só por achar interessante. Em 1971, a caligrafia não tinha qualquer aplicação prática em sua vida, mas, anos depois ele combinaria as duas influências — computadores e arte — em um único produto.

"Na época, a Faculdade Reed oferecia um dos melhores cursos de caligrafia do país", disse Jobs aos formandos da Stanford em 2005.[2] "Aprendi sobre fontes com serifa e sem serifa, sobre o espaçamento entre letras, sobre o que faz com que uma tipografia seja excelente. Foi um curso lindo, histórico, artisticamente sutil de uma forma que a ciência não tem como capturar e fiquei fascinado. [...] Dez anos depois, quando estávamos projetando o primeiro computador Macintosh, me lembrei de tudo o que aprendi no curso. E incluímos tudo no design do Mac. Foi o primeiro computador com uma tipografia bonita."

Jobs foi criativo justamente porque se abria a novas experiências — estudar caligrafia e zen budismo, visitar um ashram na Índia, passear pela seção de utensílios de cozinha de uma loja de departamentos (o design do Apple II se inspirou em um eletrodoméstico da Cuisinart) ou copiar os passos do atendimento dos hotéis Ritz-Carlton na Apple Store (embora o Genius Bar forneça orientações, não álcool). Jobs vivenciou o mundo e se baseou em suas experiências para melhorar o que já foi feito. A criatividade, disse Jobs, "Se

LEONARDO, PICASSO E VOCÊ

resume a se expor às melhores coisas que os seres humanos fizeram e tentar trazer essas coisas para o que você está fazendo".[3]

Quando Jobs disse que "não tinha vergonha de roubar grandes ideias", ele estava falando no contexto de Picasso. Qualquer um pode copiar um concorrente. A verdadeira inovação ocorre quando você desenvolve as ideias que vieram antes.

"Steve Jobs me ensinou a importância de 'dar menos zoom', olhando além dos limites do nosso setor de atuação", diz o ex-CEO da Apple John Sculley.[4] "Steve sempre foi um designer. Ele adorava caligrafia. A caligrafia deixou uma profunda impressão nele. Então, quando foi à Xerox para ver o que eles estavam fazendo e viu computadores experimentais que usavam a primeira interface gráfica do usuário, ele ligou os pontos."

Sculley chama isso de "dar menos zoom" ou "ligar os pontos". Você pode conhecer como uma "epifania" ou um "momento eureca no banho". As suas melhores ideias nem sempre surgem quando você quer. Eles nem sempre chegam na hora que você agendou ou enquanto você está olhando fixamente para a tela do computador. Por sorte, sabemos como as ideias originais são formadas, de onde vêm e quando são entregues na nossa caixa de correio mental.

Um dos slides mais comentados da história corporativa surgiu pela primeira vez em 2011, durante o lançamento do iPad 2 por Steve Jobs. O slide mostrava a interseção de duas placas de rua. Uma placa dizia "Tecnologia". A outra dizia "Arte". Jobs disse que a tecnologia por si só não bastava para criar grandes produtos. É a interseção — o casamento — da tecnologia com a arte que nos eleva. O biógrafo de Jobs, Walter Isaacson, comentou sobre o slide em um livro sobre outro gênio criativo, Leonardo da Vinci.

"Hoje vivemos em um mundo que incentiva a especialização para alunos, acadêmicos, operários ou executivos. Também tendemos a exaltar o treinamento em tecnologia e engenharia, acreditando que os empregos do futuro vão para os que sabem codificar e

COMUNICAÇÃO CINCO ESTRELAS

construir e não para os que podem ser criativos", escreve Isaacson.[5] Os inovadores do futuro, argumenta Isaacson, são aqueles que, como Leonardo e Jobs, estudam a arte da ciência e a ciência da arte.

Mais de 7.000 páginas das extensas notas de Leonardo sobreviveram ao tempo. Elas nos ensinam que Leonardo era implacavelmente curioso sobre o mundo. Ele deixava sua mente vagar pelas artes, engenharia, ciências exatas e humanas. Não fazia distinção entre ciência e arte. O gênio mais criativo da história tornou-se um gênio porque viu que tudo se conecta. Leonardo se via como um cientista, engenheiro, artista, inventor, anatomista, filósofo, pintor e contador de histórias. Ele estudou matemática e desenvolveu um sistema para medir tamanho, espaço e perspectiva. Estudou as propriedades científicas da luz. Em Florença, estudou a arte da pintura com os mestres de sua época. Ele conectou todos esses pontos para criar a *Mona Lisa* e *A última ceia*.

Leonardo é considerado o maior gênio da história porque conectou diferentes campos de conhecimento para chegar a ideias originais. Quando Andrew Stanton conectou várias ideias de suas experiências pessoais para criar *Procurando Nemo*, ele estava simplesmente seguindo os passos dos artistas do passado. E você também pode.

Em 2015, um grupo de pesquisadores da Áustria e da Dinamarca fez um experimento notável. Eles descobriram que, quando as pessoas eram muito familiarizadas com um domínio específico, isso bloqueava sua criatividade, porque elas paravam de procurar ideias fora de sua área de especialização. Os pesquisadores entrevistaram centenas de instaladores de telhado, carpinteiros e patinadores. As três categorias foram escolhidas porque, embora sejam campos completamente diferentes, compartilham um problema análogo: incentivar o uso de equipamentos de segurança para prevenir lesões. Os instaladores de telhado usam cintos de segurança, os carpinteiros usam máscaras de segurança e os patinadores usam protetores de joelho e cotovelo.

268

LEONARDO, PICASSO E VOCÊ

Os pesquisadores realizaram 306 entrevistas. Os participantes foram convidados a apresentar suas melhores ideias sobre o seguinte tema: melhorar os equipamentos de segurança para o mercado de sua especialidade e para as outras duas categorias. Um painel de especialistas em equipamentos de segurança avaliou as respostas. As descobertas foram extraordinárias: quanto mais distante era o campo, mais inovadora foi a solução encontrada pelos participantes. Em outras palavras, os integrantes de cada grupo foram melhores em apresentar uma solução inovadora para um campo diferente do seu.

O experimento nos dá uma ideia de como funciona a mente dos gênios criativos. Eles não são gênios porque são mais inteligentes; eles são gênios porque estão abertos a conectar ideias de diferentes áreas. Quando lhe perguntaram sobre o que fez do Macintosh um computador revolucionário, Steve Jobs respondeu: "Parte do que fez do Macintosh um produto espetacular foi que as pessoas que trabalharam nele eram músicos, poetas e artistas, zoólogos e historiadores". Só que eles também conheciam ciência da computação, acrescentou Jobs. O objetivo de Jobs não era ser mediano. Seu objetivo era ser grande. E a grandeza, disse ele, vem de conectar ideias.

2. Encontre a sua música tema

Enquanto escrevia meu primeiro livro sobre Steve Jobs e suas habilidades de apresentação, usei uma trilha sonora. Como Jobs era fã de Bob Dylan, eu colocava músicas de Dylan para me inspirar. Isso me colocava em um estado de espírito criativo. Mas, se você tivesse que escolher apenas um estilo musical para escrever, pensar e criar melhor, qual seria? Redatores de discursos e cientistas opinaram sobre o assunto. A resposta: trilhas sonoras de filmes. Faz sentido. Bono, o vocalista do U2, certa vez disse que uma grande melodia é como uma grande ideia; as duas são instantaneamente memoráveis. Todas as

269

COMUNICAÇÃO CINCO ESTRELAS

grandes apresentações devem começar com a palavra escrita, palavras que fluem e refluem como uma melodia prazerosa. Os grandes comunicadores não abrem um PowerPoint e inserem fotos aleatoriamente ou saem digitando *bullet points*. Eles refletem sobre o que querem dizer e como querem dizer. Uma apresentação memorável é construída como um grande filme — tem tensão, conflito e um final empolgante.

Já que uma apresentação conta uma história com heróis e vilões, por que não ouvir um estilo musical que complementa histórias heroicas nas telas do cinema? A redatora de discursos de Ronald Reagan, Peggy Noonan, gosta de ouvir trilhas sonoras de filmes enquanto trabalha. Em um artigo intitulado "Music in the Key of America" (algo como "Músicas no tom da América"), Noonan fala sobre as trilhas sonoras que a lembram da América e seus valores. Noonan diz que a trilha de Leonard Bernstein para o filme *Sindicato de ladrões* é "dramática, estrondosa, terna [...] me lembra da importância da empreitada humana diária — de que, mesmo se achar que não é ninguém, que nunca vai sair da mediocridade, você pode encontrar dentro de si uma nobreza que nunca imaginou que pudesse ter".[6] É muito insight para uma música.

Em *Score,* um documentário sobre trilhas sonoras de filmes, a professora de psicologia Siu-Lan Tan diz que trilhas sonoras de filmes acionam muitas estruturas do cérebro simultaneamente. Melodia e tom são processados por um sistema específico do cérebro, o tempo e o ritmo são processados em outras partes do cérebro. Ela diz que certos tipos de música acionam substâncias químicas nos centros de recompensa do cérebro — o estriado ventral e o núcleo accumbens. Em linguagem não científica, a música faz você se sentir bem.

A música de um filme pode evocar uma grande variedade de emoções. Pode fazer você chorar (*A lista de Schindler*), correr para a batalha (*Coração valente*) ou apenas correr (*Rocky*). As trilhas sonoras de filmes e a oratória às vezes se combinam para fazer mágica.

LEONARDO, PICASSO E VOCÊ

Em *Score*, o compositor Trevor Rabin conta sobre a noite em que Barack Obama aceitou a indicação para concorrer à presidência pelo Partido Democrata em Chicago. A música de Rabin para *Duelo de titãs* foi ficando cada vez mais alta até que Obama terminou seu discurso e acenou para a multidão. A plateia estava delirante de alegria, muitos estavam chorando e gritando. Palavras, música e emoção se encontraram naquela noite. "Se eu fico arrepiado, é bem provável que outras pessoas também fiquem",[7] disse Rabin. Com certeza.

As trilhas sonoras de filmes conduzem a narrativa. Os filmes não seriam os mesmos sem elas. Talvez ouvir trilhas sonoras imbua sua próxima apresentação de um pouco da magia do cinema. Vale a pena tentar. O pior que pode acontecer é você ficar dominado pela vontade de conquistar o mundo.

3. Leia mais livros para se tornar um orador melhor

James Stavridis, um almirante aposentado da Marinha dos Estados Unidos, tem 4.000 livros na biblioteca de sua casa. Em seu cartão de visita, seu cargo diz: Reitor, Faculdade Fletcher de Direito e Diplomacia, Universidade Tufts. E, no verso, lê-se sua citação favorita de Thomas Jefferson: "Não consigo viver sem livros".

Stavridis passou mais de 37 anos servindo a Marinha dos Estados Unidos, comandando destróieres e um grupo de ataque de porta-aviões em combate. Ele passou quatro anos como comandante supremo aliado da Otan e escreveu livros que são leitura obrigatória na Academia Naval dos Estados Unidos. Seu amor pelos livros é profundo. Conversei com Stavridis para falar sobre seu livro *The Leader's Bookshelf*. "Uma estante de livros pessoal é fundamental para desenvolver a capacidade de inspirar as pessoas para atingir objetivos dignos", ele me disse.[8] Em nossa conversa, Stavridis apresentou três razões pelas quais os livros ajudam os líderes a se tornarem comunicadores mais eficazes, claros e inspiradores.

COMUNICAÇÃO CINCO ESTRELAS

1. São poucos os problemas que nunca foram resolvidos antes

"Quase sempre é possível voltar na história (ficção, memórias, biografias) e encontrar um problema parecido ao que você está enfrentando hoje", diz ele. Quando Stavridis se preparava para assumir o comando de um destróier da marinha vinte anos atrás, ele leu os vinte romances marítimos clássicos de Patrick O'Brian. Enquanto acompanhava as experiências do capitão Jack Aubrey em *Mestre dos mares*, Stavridis se perguntava: "O que eu faria nessa situação?"

2. A leitura aumenta a capacidade de um líder de criar uma retórica emocional e poderosa para galvanizar uma equipe

A comunicação, diz Stavridis, está no centro do kit de ferramentas de qualquer líder. O livro que está sempre em sua mesa é uma antologia de grandes discursos. "Quando não estou conseguindo transmitir uma ideia, leio um discurso de Sócrates, Churchill, Roosevelt ou Kennedy. Ler esses discursos o ajudará a desbloquear a sua própria retórica", diz Stavridis. "Liderar é criar uma ideia e convencer as pessoas de que ela é importante e resolverá um problema. Para fazer isso, você precisa comunicar qual é o desafio, por que ele é importante e uma maneira coerente de enfrentá-lo."

3. Ler uma prosa boa, clara e bem escrita faz de você um escritor melhor

"Com o tempo, tornei-me um escritor razoavelmente bom porque fui um leitor inveterado quando criança", diz Stavridis. "É muito difícil ensinar alguém a escrever, mas lendo você se torna um escritor melhor. Bons líderes devem ser bons comunicadores, e a melhor maneira de afiar sua escrita é na pedra de amolar da leitura."

O almirante Stavridis não é o único grande líder que é um leitor voraz. Enquanto um americano passa em média 19 minutos por dia lendo, o bilionário Warren Buffett passa 80% de seu tempo no escritório — cerca de seis horas — lendo jornais, revistas e livros. Elon

LEONARDO, PICASSO E VOCÊ

Musk é um leitor prodigioso, chegando a ler dois livros em um dia. Bill Gates lê cerca de 50 livros por ano. O bilionário Mark Cuban lê três horas por dia, enquanto Mark Zuckerberg lê um livro a cada duas semanas. Sim, o sucesso deixa pistas.

Em 2009, pesquisadores da Carnegie Mellon foram os primeiros cientistas a descobrir que a leitura realmente reconfigura o cérebro, especialmente em crianças, cujo tecido cerebral está em processo de formação.[9] Escrevendo na revista *Neuron,* os cientistas relataram a descoberta de que a leitura aumentava a qualidade da matéria branca, o tecido cerebral que transporta sinais entre áreas de matéria cinzenta, onde a informação é processada. Ao melhorar a "integridade" da substância branca, as crianças podem se comunicar melhor e expressar suas ideias com mais eloquência. Embora a pesquisa tenha sido realizada em crianças de 8 a 10 anos, pesquisas recentes sobre a plasticidade cerebral mostraram que nosso cérebro pode formar novas conexões mesmo na idade adulta. Parece que ler livros manterá sua mente jovem e suas habilidades de comunicação afiadas.

4. Faça uma viagem ao desconhecido

Assim como Steve Jobs teve suas melhores ideias enquanto estudava produtos fora de seu setor, Lin-Manuel Miranda teve sua melhor ideia a mais de 6.000 quilômetros de distância da Broadway. "Não é por acaso que a melhor ideia que já tive na vida — talvez a melhor que jamais terei — me veio enquanto estava de férias", disse Miranda a Arianna Huffington.[10] "Assim que meu cérebro teve um momento de descanso, *Hamilton* entrou nele."

Miranda e sua esposa estavam de férias em Playa del Carmen, no México. Miranda, outro leitor voraz, entrou em uma livraria e encontrou uma biografia de 800 páginas de Alexander Hamilton. Enquanto relaxava na piscina do hotel, ele abriu o livro e começou a ler. No segundo capítulo, já estava pensando em quem poderia interpretar George Washington no musical.

Esses momentos de insight não surpreendem o neurocientista Gregory Berns, da Universidade Emory. "Para ver as coisas de uma maneira diferente das outras pessoas, a solução mais eficaz é bombardear o cérebro com coisas que ele nunca encontrou antes. As novidades liberam o processo perceptivo dos grilhões das experiências do passado e forçam o cérebro a fazer novos julgamentos", escreve Berns em seu livro *O iconoclasta*.[11]

De acordo com Berns, as epifanias raramente ocorrem em lugares familiares. Segundo ele, uma simples mudança de ambiente pode ser muito eficaz. Viajar para outro país é ainda mais eficaz, principalmente quando a constituição física e a cultura do outro país são radicalmente diferentes das do seu. "Diante de lugares nunca vistos antes, o cérebro é forçado a criar novas categorias. É nesse processo que o cérebro mistura ideias conhecidas com novas imagens para criar novas sínteses. [...] O segredo para pensar como um iconoclasta é olhar para coisas que você nunca viu antes. Mudanças revolucionárias na percepção não resultam de simplesmente olhar fixamente para um objeto e pensar mais sobre ele. As revoluções resultam de um sistema perceptivo que é confrontado com algo que ele não sabe interpretar. O desconhecido força o cérebro a descartar suas categorias usuais de percepção e criar novas categorias. Às vezes, o cérebro precisa de um empurrãozinho."[12]

"Para ter um momento eureca, você precisa estar profundamente mergulhado em um problema. Mas você tem que deixar o problema de lado", escreve Olivia Fox Cabane em *The Net and the Butterfly*.[13] De acordo com Cabane, a neurociência descobriu recentemente o segredo para desencadear ideias originais. Ideias originais acontecem quando o cérebro antigo alterna entre dois modos: a rede executiva e a rede padrão.

Usando uma excelente analogia, Cabane descreve a rede padrão como um conselho de gênios dentro do seu cérebro, conversando e trocando ideias. É a fonte da criatividade. Já a rede

LEONARDO, PICASSO E VOCÊ

executiva está focada em realizar tarefas específicas. É como se fosse o pessoal do escritório. Quando o pessoal do escritório faz uma pausa, eles vão para a sala de estar dos gênios, onde podem fazer um brainstorming com os gênios em um ambiente descontraído. É onde você verá "Leonardo da Vinci sentado em um canto rabiscando em seu bloco de desenho. Napoleão brincando com soldadinhos de brinquedo [...] e Steve Jobs dizendo a Einstein que ele não está pensando grande o suficiente".[14] Para simplificar, a rede executiva do cérebro entra na sala dos gênios e define o objetivo — precisamos de um sucesso! Depois, ele faz uma pausa e sai para dar uma volta enquanto os gênios se põem a trabalhar.

Um tema comum ao longo deste livro é que as ideias não se vendem sozinhas. Mas às vezes precisamos de uma ajudinha para ter essas novas ideias. Quando se trata de criatividade, Leonardo, Picasso e Jobs são bons amigos de se ter. Convoque-os quando precisar de uma faísca.

Princípios cinco estrelas

- Querer não é poder quando se trata de ter uma ideia original. Você deve *permitir* que a ideia surja criando condições ideais para as epifanias.
- Dê um empurrãozinho em seu cérebro conectando ideias de diferentes áreas, ouvindo trilhas sonoras de filmes, lendo livros ou dando um passeio. Melhor ainda, faça isso durante uma viagem para um local totalmente novo.
- Ao planejar uma apresentação para comunicar suas ideias originais, não comece com os slides. Coloque-se em um espaço criativo e reflita sobre os elementos da narrativa antes de criar slides ou documentos. Lembre que as pessoas não são movidas por slides; elas são movidas pelos componentes emocionais da sua história.

16

VENÇA O MEDO QUE O IMPEDE DE AGIR

É impossível fomentar o pensamento iconoclasta
quando se está mergulhado em medo.

— GREGORY BERNS

Um pastor internacionalmente famoso que cativa o público em estádios lotados certa vez admitiu que, em seu primeiro ano como ministro, suas mãos tremiam quando ele se aproximava do púlpito. As palmas de suas mãos suavam e seu coração disparava. Ele morria de medo do palco. O ministro me contou que, quando ouvia uma crítica sobre seu sermão, ela virava o foco de seus pensamentos e ficava se repetindo em sua cabeça.

"Como você superou isso?", perguntei a ele.

"Comecei a ser mais gentil comigo mesmo. Em vez de ficar me torturando, resolvi me fortalecer", falou.

O ministro também começou a praticar. Ele passava horas e horas ensaiando antes de cada sermão. As mais recentes pesquisas da neurociência concluem que, intuitivamente, o pastor fez duas coisas certas: reavaliação e ensaio.

COMUNICAÇÃO CINCO ESTRELAS

REAVALIAÇÃO: MUDANDO DE CANAL

O MINISTRO ME contou que superou o medo de falar em público "mudando seu canal interior". Em vez de se concentrar no que deu errado — ou nos comentários negativos que ouviu —, passou a se concentrar no que fez certo e em como as pessoas se emocionaram com sua mensagem.

O ministro estava fazendo o que psicólogos e neurocientistas chamam de "reavaliação cognitiva". Segundo o neurocientista Gregory Berns, "a reavaliação cognitiva é o ato de reinterpretar a informação emocional de forma a reduzir o componente emocional".[1]

Berns e outros pesquisadores descobriram que a "reavaliação" inibe a amígdala, a fonte da resposta de lutar ou fugir de nosso cérebro (que aumenta nossa frequência cardíaca ao falar em público). Transforme seus pensamentos internos e você domará a amígdala.

A observação de Berns foi validada por muitos experimentos de pesquisa acadêmica nos últimos anos. Em um artigo intitulado *Rethinking Feelings: An fMRI Study of the Cognitive Regulation of Emotions* (algo como "Repensando sentimentos: um estudo de fMRI sobre a regulação cognitiva das emoções"), os pesquisadores da Universidade Columbia concluem: "Podemos mudar a maneira como nos sentimos mudando a maneira como pensamos, reduzindo, assim, as consequências emocionais de uma experiência angustiante".[2]

Não há nada de novo na ideia de transformar a maneira como pensamos sobre eventos externos, é claro.

Essa observação foi feita muitas vezes ao longo da história. De Marco Aurélio a William Shakespeare, grandes líderes e grandes escritores sempre souberam que, embora não possamos controlar os eventos externos, podemos escolher como interpretar esses eventos e experiências. Como Shakespeare escreveu em *Hamlet*: "Não há nada bom ou ruim, mas o pensamento o torna assim".

VENÇA O MEDO QUE O IMPEDE DE AGIR

Sian Beilock é professora de psicologia do Human Performance Lab da Universidade de Chicago. Ela escreveu o livro *Deu branco* para explicar por que algumas pessoas tropeçam quando estão sob pressão, enquanto outras prosperam. Ela testou pessoas em situações de alta pressão, incluindo competições esportivas, provas importantes e discursos em público.

Parte da razão pela qual muitas pessoas têm um branco quando os riscos são altos é que nos impomos mais estresse, um estresse que podemos remover *se quisermos*. Por exemplo, Beilock diz que as pessoas têm mais chances de fracassar em uma apresentação "Quando seu cérebro é inundado de preocupações e dúvidas".[3] É muito difícil ter o máximo desempenho quando se está preocupado com o que as pessoas vão pensar. "A antecipação de um evento, e especificamente a antecipação da crítica dos outros, é suficiente para você ficar estressado antes mesmo de subir ao palco para fazer sua apresentação."

A reavaliação interrompe esse ciclo.

De acordo com Beilock, "O córtex pré-frontal também é a sede da nossa capacidade de reavaliar uma situação ou evento. A reavaliação é uma das principais ferramentas cognitivas que usamos para refletir sobre o que os outros fazem e mudar nossas próprias reações emocionais de acordo".[4]

ENSAIO: TREINAMENTO SOB PRESSÃO

ALÉM DA REAVALIAÇÃO, Beilock recomenda o "treinamento sob pressão" para superar o nervosismo e o estresse. Essa abordagem funciona para atletas e profissionais de negócios que estão se preparando para falar em público. "Praticar até em níveis leves de estresse pode evitar que você tenha um branco quando estiver muito estressado", escreve Beilock.[5]

Um exemplo de estresse leve seria reunir alguns amigos ou colegas para vê-lo praticar sua apresentação. Peça-lhes para assistir a um "ensaio geral", em uma sala de conferência, escritório ou até na sua casa. De acordo com Beilock, "Simular baixos níveis de estresse ajuda a evitar uma pane sob pressão aumentada, porque as pessoas que praticam dessa maneira aprendem a permanecer calmas, tranquilas e controladas diante de qualquer situação que surgir em seu caminho".[6]

Em seu livro *Social: Why Our Brains Are Wired to Connect* (algo como "Social: por que nosso cérebro é programado para nos conectar"), o professor de psicologia da Universidade da Califórnia, em Los Angeles, Matthew Lieberman, explica a diferença entre suprimir nosso nervosismo e reavaliar a maneira como vemos uma situação. No contexto de falar em público, reprimir suas emoções significa entrar no palco, abrir um grande sorriso e dizer a si mesmo: "Eu não estou nervoso. Eu não estou nervoso. Eu não estou nervoso". O problema é que... você *está* nervoso. Você pode não parecer tão nervoso para o seu público, e tudo bem, mas isso não o ajudará a melhorar na próxima vez.

O ensaio e a reavaliação o ajudarão a alcançar um estado mental de alta performance. Se você mudar sua perspectiva sobre falar em público e ensaiar sob estresse, poderá não ver a hora de fazer sua próxima apresentação em vez de perder o sono pensando em tudo o que pode dar errado.

Superar o medo de falar em público é mais importante para pessoas que não se contentam em ser medianas. Os persuasores cinco estrelas devem ter a coragem e a confiança para subir ao palco e se fazer ouvidos.

Se você tiver medo de falar em público, não seja muito duro consigo mesmo. Você está em boa companhia. Muitas das pessoas mais bem-sucedidas do mundo falaram abertamente sobre seu medo de falar em público. Esses homens e mulheres incluem: Shonda Rhimes, a criadora e megaprodutora de *Grey's Anatomy*, os bilionários Richard Branson e Warren Buffett, e cantoras como

VENÇA O MEDO QUE O IMPEDE DE AGIR

Barbra Streisand e Adele. A investidora do *Shark Tank* e magnata dos imóveis Barbara Corcoran conta que morria de medo de falar em público no início de sua carreira. Ela se ofereceu como voluntária para dar aulas de corretagem de imóveis para ajudar a vencer o nervosismo. Corcoran disse: "Se você quiser entrar no mundo dos negócios, a coisa mais importante é a capacidade de comunicar sua ideia a todas as pessoas que encontrar". Corcoran sabia que não teria desenvolvido essa capacidade se não tivesse tido a coragem de se fazer ouvir.

Ter uma ideia original não basta para garantir o sucesso. Os originais devem, por definição, defender essas ideias. Mas eles não conseguirão defender suas ideias se não conseguirem vencer o medo e a dúvida. A vantagem é que o medo e a dúvida muitas vezes vêm de dentro de nós mesmos. Se nós mesmos nos limitamos, também temos o poder de remover esses limites e nos elevar.

Lembre-se: você tem medo de falar em público porque é natural ter medo. Fomos programados para querermos desesperadamente ser aceitos nos nossos grupos sociais. Se nossos ancestrais primitivos fossem banidos da tribo, eles não sobreviveriam por conta própria. Hoje, o pior que pode acontecer é dar um branco durante o seu pitch, mas nosso corpo ainda reage como fazia centenas de milhares de anos atrás.

O medo de falar em público é tão arraigado em nossa psique quanto a aversão a aranhas. Em 1991, o psicólogo Graham Davey, da Universidade da Cidade de Londres, descobriu que cerca de 75% dos estudantes de graduação tinham um medo leve ou severo de aranhas, mesmo sem ter tido qualquer experiência negativa ou "trauma de aranhas". De acordo com Davey, nascemos com esse medo. É uma resposta adaptativa que está programada em nós desde o surgimento de nossa espécie.

Nos dois casos — medo de aranhas e medo de falar em público —, as pessoas raramente eliminam completamente sua reação de lutar

COMUNICAÇÃO CINCO ESTRELAS

ou fugir, mas aprendem a *administrá-la*. E como os psicoterapeutas recomendam que as pessoas administrem seu medo de aranhas ou de falar em público? Pela exposição repetida, começando com pequenos passos e incluindo um "pouco de estresse" a cada vez. No caso do medo de aranhas, você pode espalhar fotos de aranhas pela casa antes de ficar cara a cara com uma tarântula de verdade. No caso do medo de falar em público, como já vimos, você pode ensaiar na frente de outras pessoas.

Não temos como administrar o medo sem encará-lo. É assim que a cantora pop Adele administra seu medo do palco. Vários anos atrás, Adele contou que preferia se apresentar em locais menores e mais intimistas para lidar com seu nervosismo. Ela foi criando coragem aos poucos até se apresentar para 20.000 pessoas na arena O2 em Londres em 2016. Adele foi se expondo aos poucos a locais cada vez maiores — de fotos de aranhas até uma tarântula de verdade. Conforme ela recebia mais feedback positivo, suas dúvidas diminuíam e sua confiança crescia. Hoje, Adele diz que seu medo do palco está sendo substituído pela "energia de se apresentar ao público". É uma ótima maneira de dizer e um excelente exemplo de reavaliação. O medo do palco só nos limita, enquanto a energia de se apresentar ao público significa que nos importamos com o público.

Enfrente o medo. É a única maneira de administrá-lo e, eventualmente, conquistá-lo. Vença o medo e você o substituirá pela alegria de se conectar com o público. Deve ser uma enorme satisfação ter a chance de compartilhar suas ideias. Afinal, elas podem mudar o mundo, o que é muito empolgante.

VENÇA O MEDO QUE O IMPEDE DE AGIR

Princípios cinco estrelas

- Os grandes comunicadores não nasceram assim, mas tornaram-se. Muitos dos oradores mais inspiradores do mundo — de figuras históricas a líderes empresariais da atualidade — superaram a ansiedade, o nervosismo e o medo de falar em público. Você também consegue.

- Os neurocientistas identificaram duas técnicas que o ajudarão a brilhar quando você estiver sob pressão: a reavaliação e o ensaio.

- Reavaliar significa simplesmente rever a maneira como você pensa sobre si mesmo e os eventos de sua vida. Transformar pensamentos negativos em positivos é a chave para vencer. Depois de transformar seus pensamentos, você precisa praticar. Repetir uma apresentação várias vezes aumentará sua confiança para o grande dia.

CONCLUSÃO – ENCONTRE A MELODIA QUE FAZ O SEU CORAÇÃO VIBRAR

Palavras vindas do coração entram no coração.

— PROVÉRBIO JUDAICO

Em sua carreira de 36 anos como professor de economia e empreendedorismo na Universidade de Waterloo, Larry Smith teve mais de 23.000 conversas sobre carreira com seus alunos. Essas conversas o convenceram de que duas qualidades são necessárias para alcançar o sucesso em qualquer área: paixão e comunicação.

A paixão vem em primeiro lugar. "O elo entre a excelência e a paixão é a capacidade de inovar", Smith me disse em nossas conversas sobre o assunto.[1] "Eu desafio qualquer pessoa a ser inovadora em um campo ou assunto sobre o qual ela não tem muito interesse." De acordo com Smith, as pessoas podem até ganhar um bom salário, status e promoções, mas, se não se importarem com o que fazem, elas não vão se adaptar, aprender e encontrar maneiras melhores de resolver os problemas. A mente não consegue parar de pensar no que ama.

"A paixão ocupa o centro do sucesso profissional nos dias de hoje", explicou Smith. "Cinquenta anos atrás, até dava para dizer que a paixão era uma qualidade desejável mas não absolutamente necessária. Muitas vezes bastava ser esforçado e ter boas habilidades de vendas. Hoje, a economia é menos gentil e mais competitiva: uma parcela cada vez maior do trabalho será automatizada. Se você quiser ter uma grande carreira, precisa ser um inovador e não tem como inovar sem paixão. Essa é a diferença entre nós e os robôs. Coloque um solucionador de problemas apaixonado contra uma máquina e eu aposto no solucionador de problemas apaixonado em qualquer circunstância."

A paixão foi o bilhete para o sucesso de uma empreendedora britânica que construiu uma marca global em sua cozinha.

Quando Jo tinha 15 anos, um professor lhe disse que ela não faria nada da vida (Jo tinha dislexia, um distúrbio sobre o qual pouco se sabia na época). Ela abandonou os estudos, mas estava decidida a provar que o professor estava errado. Hoje, Jo Malone é o nome por trás de um império de fragrâncias. A perfumista e empreendedora britânica lançou a Jo Malone London na cozinha de sua casa e a vendeu para a Estée Lauder por milhões.

Conheci Jo Malone em uma conferência do setor editorial em Dubai, onde nós dois tínhamos sido convidados para falar. Sentados em almofadas no chão do deserto desfrutando de um banquete tradicional, Malone me explicou alguns detalhes da história que descreveu em sua autobiografia, *Jo Malone: My Story*.

A paixão, ela disse, é mais do que um interesse passageiro em um campo. É algo que é essencial para sua identidade — você pode abandoná-la, mas ela nunca abandona você. Malone descobriu que tinha um olfato apurado enquanto ajudava sua mãe, que trabalhava em uma clínica de cuidados com a pele. Malone não conseguia ler os frascos, mas memorizou cada ingrediente pelo cheiro. Malone lembra memórias da infância com base em aromas: "o amadeirado úmido do

CONCLUSÃO – ENCONTRE A MELODIA QUE FAZ O SEU CORAÇÃO VIBRAR

galpão do quintal" e "o cheiro de óleo de linhaça e solvente de terebintina das pinturas do meu pai".

Malone lançou sua marca própria em 1988. Ela começou a misturar ingredientes na mesa de sua cozinha usando quatro jarras de plástico e duas panelas. Começou com doze clientes. Logo os aromas criados por ela começaram a fazer sucesso. "As fragrâncias não apenas me enchiam de ideias como me faziam me sentir completa, alimentando um impulso quase obsessivo de ser criativa", disse Malone.[2]

Malone usa a palavra "obsessão" para descrever seu entusiasmo. Pelo jeito ela está usando a palavra certa. Certa vez, perguntei a Michael Moritz, um investidor que apostou no Google e que conhecemos anteriormente, o que ele procura em um empreendedor. "Paixão", ele respondeu. Mas, quando pedi a Moritz para definir paixão, ele disse: "As pessoas que fazem coisas extraordinárias são completamente tomadas por uma obsessão sem a qual elas simplesmente não conseguem imaginar viver [...] elas têm um chamado que mobiliza suas emoções".[3]

Quando ouvimos o chamado e somos puxados pela emoção, não resistimos. De acordo com Smith, a paixão é um ingrediente necessário para o sucesso na economia atual, na qual o vencedor leva tudo e que muda rapidamente — mas só ter paixão não basta. A segunda peça do quebra-cabeça é a capacidade de vender ideias de maneira persuasiva. "Na minha experiência, muitas grandes ideias se perdem porque não têm ninguém para defendê-las. As ideias, infelizmente, não se vendem sozinhas", diz Smith.[4] "O mundo precisa saber por que você é diferente e por que essa diferença o torna altamente valioso." Paixão e entusiasmo, criatividade e comunicação o ajudarão a deixar sua marca no mundo. Smith, juntamente com muitos outros, acredita que desenvolver grandes habilidades de comunicação é tão crucial para o sucesso na vida e no trabalho que essas habilidades deveriam ser ensinadas já na escola primária.

COMUNICAÇÃO CINCO ESTRELAS

Por ter sido um professor, o bilionário Jack Ma, que conhecemos no capítulo 10, acredita que não deveríamos ensinar as crianças a ser como máquinas. Em vez de ensinar as crianças a decorar números, datas e fatos, deveríamos ensinar os alunos a ser inovadores, criativos e empáticos. Segundo Ma, "Uma máquina não tem coração. Uma máquina não tem alma. Uma máquina não tem uma crença. Os seres humanos têm alma, crenças e valores".[5] Falando em uma conferência da Bloomberg em Nova York, Ma argumentou que os que sobreviverão e prosperarão na era da automação e da inteligência artificial não serão necessariamente as pessoas com um QI alto, mas as que têm um alto QE (quociente emocional) e um novo termo que ele cunhou: o QA. "Para ser respeitado, você precisa ter um alto QA: quociente de amor. É algo que as máquinas nunca terão."

A PERSUASÃO É UMA ARTE QUE DEVE SER ENSINADA DESDE A INFÂNCIA

"NO SÉCULO 21, as habilidades de apresentação deveriam ser ensinadas em todas as escolas", argumenta Chris Anderson, curador de palestras do TED.[6] "Se isso for bem feito, uma palestra terá o poder de eletrizar uma sala e transformar toda a visão de mundo de uma plateia [...]. [Q]uando olhamos nos olhos de um orador; ouvimos o tom de sua voz; sentimos sua vulnerabilidade, sua inteligência, sua paixão, estamos mobilizando habilidades inconscientes que foram aperfeiçoadas ao longo de centenas de milhares de anos. São habilidades que têm o poder de galvanizar, empoderar e inspirar."

Eu também, ao lado de Anderson, Smith, Warren Buffett, Richard Branson e outros sobre quem você leu neste livro, acredito que a comunicação é uma habilidade que pode ser aprendida. Os oradores inspiradores não nascem assim; eles se fazem. A educação pode e deve começar cedo.

CONCLUSÃO – ENCONTRE A MELODIA QUE FAZ O SEU CORAÇÃO VIBRAR

Alexa Cousin é uma menina de 12 anos que estuda na The Benjamin School em North Palm Beach, Flórida. A missão dessa escola de ensino médio é transformar os alunos em aprendizes independentes, colaborativos e destemidos. E o destemor requer superar o medo de falar em público.

Em 2017, a The Benjamin School ganhou o direito de realizar um evento TEDx, um evento independente e organizado localmente associado à conferência global TED. Alexa foi a primeira a falar. Em uma apresentação de quatro minutos, Alexa explicou como ela usou os princípios retóricos aristotélicos do *logos, pathos* e *ethos* para persuadir seus pais a fazer o que todas as crianças americanas querem que seus pais façam: adotar um cachorrinho.

"Meus pais não queriam nem saber de um cachorrinho em casa", Alexa começou.[7] "Então, como vocês acham que consegui um? Usando a retórica, a arte de persuadir um público", ela disse, com confiança.

Para o *logos*, eu apelei para a ciência. Usei evidências convincentes, como: "Mãe, um cachorrinho vai baixar sua pressão arterial quando você estiver estressada" e "Os cachorrinhos ajudam as crianças a desenvolver empatia, autoestima e participação em atividades sociais". O *ethos* é a ética. Eu expliquei como um cachorrinho faria de nós pessoas boas e nobres. Dois milhões e setecentos mil animais são sacrificados todos os anos. Podemos resgatar um cachorro.

E, para terminar, eu usei o *pathos*. Para isso, precisei da ajuda da minha irmãzinha. Ela entrou com um bichinho de pelúcia que parecia um Golden Doodle. Ela fez uma cara para a minha mãe que ela não resistia, olhou minha mãe nos olhos, fez um beicinho e disse: "Mamãe, você pode me dar um Golden Doodle?".

E foi assim que consegui meu Golden Doodle... o Tucker!

Tucker, o cachorrinho, juntou-se a Alexa no palco. Alexa encerrou sua apresentação com palavras que mostraram uma maturidade

COMUNICAÇÃO CINCO ESTRELAS

bem acima de seus 12 anos. Alexa disse: "A persuasão é uma arte que todos deveriam tentar dominar. Vai valer a pena".

Vai valer a pena. Vai valer a pena quando você tiver a vida com a qual sempre sonhou. Vai valer a pena quando você deixar sua marca no seu trabalho e neste mundo. Vai valer a pena quando você abrir uma empresa, criar um produto, vender um serviço ou liderar uma organização sem fins lucrativos que melhorará e dará mais sentido à vida das pessoas. Acima de tudo, vai valer a pena quando você inspirar as pessoas a sonhar mais alto e buscar suas próprias aventuras maravilhosas.

AGRADECIMENTOS

Eu gostaria de agradecer à equipe vencedora que possibilitou este livro. Minha esposa, Vanessa, ajudou com seu apoio, seu feedback e edições de texto de valor inestimável enquanto eu trabalhava no manuscrito. Certa vez, ouvi em um filme algo que acho que tem muito a ver com o que temos: "Um amor como o nosso é só uma vez na vida". Eu não poderia concordar mais.

O editor executivo da St. Martin's Press, Tim Bartlett, contribuiu com insights incríveis para esclarecer e reforçar minhas ideias. A assistente editorial Alice Pfeiffer e o editor-chefe Alan Bradshaw também garantiram que o processo ocorresse sem problemas. Também sou extremamente grato a Laura Clark, George Witte e Sally Richardson pelo apoio e entusiasmo.

Sou grato às pessoas da minha vida que me incentivam a sonhar grande: Roger Williams, meu extraordinário agente literário e

COMUNICAÇÃO CINCO ESTRELAS

amigo, e Tom Neilssen e Les Tuerk, meus entusiasmados agentes de palestras do BrightSight Group. Obrigado, senhores, por sua sabedoria e orientação.

Também sou grato pelos geradores de ideias do meu círculo próximo de amigos e familiares. A Carolyn Kilmer, por sua dedicação e profissionalismo no Gallo Communications Group. A meus sobrinhos, Francesco e Nick, que me mantêm informado sobre os desafios de comunicação enfrentados por sua geração. A meu irmão e minha cunhada, Tino e Donna Gallo, pela enorme sabedoria. Obrigado a Ken e Patty por terem criado a mulher maravilhosa que se tornou minha esposa, e a nossas duas filhas, Josephine e Lela, que são grandes comunicadoras em formação. Por fim, sou grato a minha mãe, Giuseppina, e a meu falecido pai, Francesco: foi preciso uma coragem incomum para deixar seu amado lar para dar a seus filhos uma oportunidade de crescer.

NOTAS

Introdução – Destaque-se da multidão!

1. Lin-Manuel Miranda e Jeremy McCarter, *Hamilton: The Revolution* (Nova York: Grand Central Publishing, 2016), 16.
2. Thomas L. Friedman, "Average Is Over", *The New York Times*, 24 jan. 2012, http://www.nytimes.com/2012/01/25/opinion/friedman-average-is-over.html?mcubz=0 (acessado em 17 jul. 2017).
3. Tyler Cowen, *Average Is Over: Powering America Past the Age of the Great Stagnation* (Nova York: Dutton, 2013), 5.
4. Anthony Goldbloom, fundador e CEO da Kaggle, em uma conversa com o autor, 18 ago. 2016.
5. *Ibid.*
6. *Ibid.*
7. Noriko Arai, "Can a Robot Pass a University Entrance Exam?", *TED. com*, abr. 2017, https://www.ted.com/talks/noriko_arai_can_a_robot_pass_a_university_entrance_exam (acessado em 2 out. 2017).

8. Carl Benedikt Frey e Michael A. Osborne, "The Future of Employment: How Susceptible Are Jobs to Computerisation?", *Oxford Martin*, University of Oxford, 17 set. 2013, http://www.oxfordmartin.ox.ac.uk/downloads/academic/The_Future_of_Employment.pdf (acessado em 11 jul. 2017).

9. "How AI Will Change Everything", *The Wall Street Journal*, 6 mar. 2017, https://www.wsj.com/articles/how-artificial-intelligence-will-change-everything-1488856320 (acessado em 18 jul. 2017).

10. Neil Jacobstein, diretor de inteligência artificial e robótica da Singularity University, em conversa com o autor, 17 mar. 2017.

11. Kate Davidson, "Employers Find 'Soft Skills' Like Critical Thinking in Short Supply", *The Wall Street Journal*, 30 ago. 2016, http://www.wsj.com/articles/employers-find-soft-skills-like-critical-thinking-in-short-supply-1472549400 (acessado em 11 jul. 2017).

12. *Ibid.*

13. Burning Glass Technologies, "The Human Factor: The Hard Time Employers Have Finding Soft Skills", *Burning-glass.com*, nov. 2015, http://burning-glass.com/wp-content/uploads/Human_Factor_Baseline_Skills_FINAL.pdf (acessado em 11 jul. 2017).

14. Hay Group, "Today's Graduates: Worth Their Weight in Gold?", *Haygroup.com*, http://www.haygroup.com/~/media/files/resources/documents/worth_their_weight_in_gold_final.ashx (acessado em 11 jul. 2017).

15. Anthony Goldbloom, fundador e CEO da Kaggle, em conversa com o autor, 18 ago. 2016.

16. Investors Archive, "Bill Gates and Warren Buffet: Student Q&A 2017", *Youtube.com*, 23 mar. 2017, https://www.youtube.com/watch?v=1CCcheNC1sw (acessado em 18 jul. 2017).

17. Alex Crippen, "Warren Buffett's $100,000 Offer and $500,000 Advice for Columbia Business School Students", *CNBC*, 12 nov. 2009, http://www.cnbc.com/id/33891448 (acessado em 18 jul. 2017).

18. Adam Grant, *Originals: How NonConformists Move the World* (Nova York: Penguin Books, 2016), 69.

NOTAS

Capítulo 1 – Poesia, poder e viagens à Lua

1. Ron Chernow, *Alexander Hamilton* (Nova York: Penguin Group, 2004), 56.
2. *Ibid.*, 4.
3. Andrew M. Carton, "I'm Not Mopping the Floor—I'm Putting a Man on the Moon: How NASA Leaders Enhanced the Meaningfulness of Work by Changing the Meaning of Work", The Wharton School, University of Pennsylvania, artigo a ser publicado na *Administrative Science Quarterly*, fornecido ao autor em abr. 2017.
4. *Ibid.*
5. Bill Gates, "Accelerating Innovation With Leadership", *Gatesnotes*, 6 out. 2016, https://www.gatesnotes.com/About-Bill-Gates/Accelerating-Innovation?WT.mc_id=10_06_2016_06_AcceleratingInnovation_BG-LI_&WT.tsrc=BGLI (acessado em 4 abr. 2017).
6. Eli Harari, cofundador da SanDisk, em conversa com o autor na época em que o autor trabalhou com a SanDisk em 2008.

Capítulo 2 – Vencendo a guerra de ideias

1. Cade Metz, "Inside Liberatus, the Poker AI That Out-Bluffed the Best Humans", *Wired.com*, 1 fev. 2017, https://www.wired.com/2017/02/libratus/ (acessado em 10 jul. 2017).
2. Haseeb Qureshi, engenheiro de software da Airbnb, em conversa com o autor, 22 set. 2016.
3. "New Research Finds CEOs Who Appear on CNBC Can See Their Pay Rise Over $200,000 Per Year", *Phys.org*, Home, Other Sciences, Economics and Business, 12 jun. 2017, https://phys.org/news/2017-06-ceos-cnbc-year.html (acessado em 18 jul. 2017).
4. Andrew Grove, *Only the Paranoid Survive: How to Exploit the Crisis Points That Challenge Every Company* (Nova York: Doubleday, 1999), 4.
5. Matt Ridley, *The Rational Optimist* (Nova York: HarperCollins, 2010).
6. Deirdre McCloskey, *Bourgeois Equality: How Ideas, Not Capital or Institutions, Enriched the World* (Chicago: University of Chicago Press, 2016), 21.

7. Ian Goldin e Chris Kutarna, *Age of Discovery: Navigating the Risks and Rewards of Our New Renaissance* (Nova York: St. Martin's Press, 2016), 139.
8. Johan Norberg, historiador e autor sueco, em conversa com o autor, 10 jan. 2017.
9. Goldin e Kutarna, *Age of Discovery*, 88.
10. Norberg, conversa com o autor.
11. Peter H. Diamandis e Steven Kotler, *Abundance: The Future Is Better Than You Think* (Nova York: Free Press, 2014), x.
12. McCloskey, *Bourgeois Equality*, 106-110.
13. *Ibid.*, 492.
14. Gerry Antioch, "Persuasion Is Now 30 Per Cent of US GDP", governo australiano, *Economic Roundup*, n. 1, 2013, https://treasury.gov.au/publication/economic-roundup-issue-1-2013/economic-roundup-issue-1-2013/persuasion-is-now-30-per-cent-of-us-gdp/ (acessado em 20 nov. 2017).
15. McCloskey, *Bourgeois Equality*, 490.

Capítulo 3 – Aristóteles estava certo e a neurociência confirma

1. Avinash Kaushik, evangelista de marketing digital do Google, em conversa com o autor, 9 set. 2016.
2. Chris Dixon, "How Aristotle Created the Computer: The Philosophers He Influenced Set the Stage for the Technological Revolution That Remade Our World", *The Atlantic*, 20 mar. 2017, https://www.theatlantic.com/technology/archive/2017/03/aristotle-computer/518697/ (acessado em 11 jul. 2017).
3. Scott F. Crider, *Aristotle's Rhetoric for Everybody* (exclusivamente para o Kindle: The Arts of Liberty Project, 2014), a paginação muda dependendo do tamanho da fonte escolhido por usuários individuais do Kindle.
4. *Ibid.*
5. John J. Medina, "Why Emotional Memories Are Unforgettable", *Psychiatric Times*, Molecules of the Mind, maio 2008, http://www.brainrules.net/pdf/JohnMedina_PsychTimes_May08.pdf (acessado em 11 jul. 2017).

NOTAS

6. *Ibid.*

7. Rohan Ayyar, "Why a Good Story Is the Most Important Thing You'll Ever Sell", *Fast Company*, 24 out. 2014, https://www.fastcompany.com/3037539/why-a-good-story-is-the-most-important-thing-youll-ever-sell (acessado em 18 jul. 2017).

8. Megan Beck e Barry Libert, "The Rise of AI Makes Emotional Intelligence More Important", *Harvard Business Review*, 15 fev. 2017, https://hbr.org/2017/02/the-rise-of-ai-makes-emotional-intelligence-more-important (acessado em 12 jul. 2017).

Capítulo 4 – A capacidade humana de sonhar grande

1. Big Jocko Willink e Leif Babin, *Extreme Ownership: How U.S. Navy SEALs Lead and Win* (Nova York: St. Martin's Press, 2015), 12.

2. *Ibid.*, 34.

3. *Ibid.*, 45.

4. *Ibid.*, 49.

5. Geoff Ralston, fundador e sócio da Imagine K12, em conversa com o autor, 23 mar. 2017.

6. Sam Altman, "2017 YC Annual Letter", blog Sam Altman, http://blog.samaltman.com/2017-yc-annual-letter (acessado em 11 jul. 2017).

7. *Ibid.*

8. Carmine Gallo, "The Apple Store's New Redesign Celebrates Steve Jobs' Legacy", *Forbes*, 26 abr. 2017, https://www.forbes.com/sites/carminegallo/2017/04/26/the-apple-stores-new-redesign-celebrates-steve-jobs-legacy/#7849c10f67f9.

9. CBS News, "Angela Ahrendts Talks Apple Store Makeover, Why Tim Cook Hired Her", *CBS This Morning*, 25 abr. 2017, http://www.cbsnews.com/news/angela-ahrendts-apple-svp-of-retail-redesign-today-at-apple/ (acessado em 11 jul. 2017).

10. *Ibid.*

11. *Ibid.*

12. *Ibid.*

13. "HCAHPS Survey", *HCAHPS online*, http://www.hcahpsonline.org/Files/V4%200%20Appendix%20A%20-%20HCAHPS%20Mail%20

Survey%20Materials%20%28English%29.pdf (acessado em 18 jul. 2019).

14. Halee Fischer-Wright, *Back to Balance: The Art, Science, and Business of Medicine* (Nova York: Disruption Books, 2017), paginação não conhecida no momento da escrita deste livro; o autor teve acesso a uma prova pré-publicação.

15. Adrienne Boissy e Timothy Gilligan, *Communication the Cleveland Clinic Way: How to Drive a RelationshipCentered Strategy for Exceptional Patient Experience* (Nova York: McGraw-Hill Education, 2016), xiii.

16. Cleveland Clinic, "Empathy: The Human Connection to Patient Care", *Youtube.com*, 21 fev. 2013, https://www.youtube.com/watch?v=cDDW vj_q-o8 (acessado em 18 jul. 2017).

17. Teresa Keller, diretora de treinamento e desenvolvimento, Kiawah Island Golf Resort, em conversa com o autor, 7 set. 2016.

18. Garry Kasparov, "Don't Fear Intelligent Machines. Work With Them", *TED.com*, abr. 2017, http://www.bostonmagazine.com/news/blog/2016/05/12/lola-travel-app/ (acessado em 11 jul. 2017).

Capítulo 5 – Os cientistas

1. Neil deGrasse Tyson, astrofísico americano, conversa por e-mail com o autor, 20 mar. 2017.

2. Neil deGrasse Tyson, *Astrophysics for People in a Hurry* (Nova York: W. W. Norton & Company, Inc., 2017), 1.

3. *Ibid*, 121.

4. *Ibid.*, 122.

5. *Ibid.*, 190.

6. deGrasse Tyson, conversa por e-mail com o autor.

7. *Ibid.*

8. deGrasse Tyson, *Astrophsics for People in a Hurry*, 192.

9. CBS, *The Late Show with Stephen Colbert*, 15 mar. 2017, visto ao vivo pelo autor.

10. deGrasse Tyson, conversa por e-mail com o autor.

11. Ann Roemer, gerente do programa de seleção de astronautas, NASA, em conversa com o autor, 26 ago. 2016.

12. *Ibid.*

NOTAS

13. NASA, "NASA Astronaut Talks With Cancer Patients About Cancer Research on the International Space Station", *Youtube.com*, 16 set. 2016, https://www.youtube.com/watch?v=gEUrPrDUMK0 (acessado em 11 jul. 2017).

14. NASA, "Astronauts Talk About Research in the ISS", *Youtube.com*, 13 jul. 2016, https://www.youtube.com/watch?v=nNsaQPy4bBY (acessado em 11 jul. 2017).

15. Angry Birds, "Angry Birds Space: NASA Announcement", *Youtube.com*, 8 mar. 2012, https://www.youtube.com/watch?v=lxI1L1RiSJQ (acessado em 11 jul. 2017); Roemer, conversa com o autor.

16. NASA Jet Propulsion Laboratory, "NASA TRAPPIST-1 News", *Youtube.com*, 22 fev. 2017, https://www.youtube.com/watch?v=cURfn6FH1Hs (acessado em 18 jul. 2017).

17. *Ibid.*

18. Anders Sahlman, fundador do Researchers' Grand Prix, em conversa com o autor, 18 jan. 2017.

19. *Ibid.*

20. Steven Sloman e Philip Fernbach, *The Knowledge Illusion: Why We Never Think Alone* (Nova York: Riverhead Books, 2017), 108.

21. Neil Jacobstein, diretor de inteligência artificial e robótica da Singularity University, em conversa com o autor, 17 mar. 2017.

22. *Ibid.*

23. *Ibid.*

24. *Ibid.*

25. *Ibid.*

Capítulo 6 – Os empreendedores

1. Scott Hartley, *The Fuzzy and the Techie: Why the Liberal Arts Will Rule the Digital World* (Nova York: Houghton Mifflin Harcourt Publishing Company, 2017), 1.

2. Scott Hartley, autor de *The Fuzzy and the Techie*, em conversa com o autor, 29 jan. 2017.

3. Rajaie Batniji, cofundador e diretor de saúde da Collective Health, em conversa com o autor, 6 jul. 2017.

4. Sarah Kliff, "Do You Understand Health Insurance? Most People Don't", *The Washington Post*, Wonkblog, 8 ago. 2013, https://www.washingtonpost.com/news/wonk/wp/2013/08/08/do-you-understand-health-insurance-most-people-dont/?utm_term=.88b38c920d94 (acessado em 10 jul. 2017).

5. Collective Health, panfleto "Your 2017 Health Benefits", fornecido ao autor em jul. 2017.

6. Batniji, conversa com o autor.

7. David Pakman, sócio da Venrock, em conversa com o autor, 22 jun. 2017.

8. John Patrick Pullen, "How a Dollar Shave Club's Ad Went Viral", *Entrepreneur.com*, 13 out. 2012, https://www.entrepreneur.com/article/224282 (acessado em 10 jul. 2017).

9. Pakman, conversa com o autor.

10. *Ibid.*

11. *Ibid.*

12. "The Top 20 Venture Capitalists Worldwide", *The New York Times*, 27 mar. 2017.

13. "In Defense of the Deck", *Above the Crowd.com*, 7 jul. 2015, http://abovethecrowd.com/2015/07/07/in-defense-of-the-deck/ (acessado em 18 jul. 2017).

14. Carmine Gallo, "7 Top VCs Say These Communication Skills Will Set You Apart", *Forbes.com*, 28 mar. 2017, https://www.forbes.com/sites/carminegallo/2017/03/28/7-top-vcs-say-these-communication-skills-will-set-you-apart/#6847266a65df (acessado em 20 nov. 2017).

15. *Ibid.*

16. *Ibid.*

17. *Ibid.*

18. Michael Jonathan Moritz KBE, capitalista de risco da Sequoia Capital, em conversa com o autor, 23 out. 2015.

19. Carmine Gallo, "7 Top VCs Say These Communication Skills Will Set You Apart".

20. *Ibid.*

NOTAS

21. Molly Rubin, "Full Transcript: Tim Cook Delivers MIT's 2017 Commencement Speech", *Quartz.com*, https://qz.com/1002570/watch-live-apple-ceo-tim-cook-delivers-mits-2017-commencement-speech/ (acessado em 12 jul. 2017).

22. Richard Branson, "Storytelling: What Does It Take to Master the Art?", *Virgin.com*, 1 mar. 2017, https://www.virgin.com/richard-branson/dream-0 (acessado em 12 jul. 2017).

23. Richard Branson, "5 Skills and Abilities That Successful Entrepreneurs Share", *Virgin.com*, 30 jan. 2017, https://www.virgin.com/richard-branson/5-skills-and-abilities-successful-entrepreneurs-share (acessado em 12 jul. 2017).

24. Caline Malek, "UAE Needs Generations of Engineers and Scientists", *The National*, 8 mar. 2017, https://www.thenational.ae/uae/education/uae-needs-generations-of-engineers-and-scientists-to-secure-post-oil-future-sheikh-mohammed-bin-zayed-tells-students-1.70436 (acessado em 20 nov. 2017).

25. Bill J. Bonnstetter, "New Research: The Skills That Make an Entrepreneur", *Harvard Business Review*, 7 dez. 2012, https://hbr.org/2012/12/new-research-the-skills-that-m (acessado em 12 jul. 2017).

26. Thomas L. Friedman, *Thank You for Being Late: An Optimist's Guide to Thriving in the Age of Accelerations* (Nova York: Farrar, Straus and Giroux, 2016), 87.

Capítulo 7 – Os profissionais

1. Sharon, um nome fictício para manter a confidencialidade, é uma executiva de uma empresa da Fortune 100, em conversa com o autor.

2. Adam Grant, *Originals: How NonConformists Move the World* (Nova York: Penguin Books, 2016), 3.

3. Gregory Berns, *Iconoclast: A Neuroscientist Reveals How to Think Different* (Boston: Harvard Business School Publishing Corporation, 2008), capa.

4. Matthew, um nome fictício para manter a confidencialidade, é um engenheiro civil, em conversa com o autor.

COMUNICAÇÃO CINCO ESTRELAS

5. Conversa por e-mail com o autor, 21 set. 2017.
6. Thomas L. Friedman, *Thank You for Being Late: An Optimist's Guide to Thriving in the Age of Accelerations* (Nova York: Farrar, Straus and Giroux, 2016), 87.
7. *Ibid.*, 211.
8. "It Takes More Than a Major: Employer Priorities for College Learning & Student Success", *The Association of American Colleges and Universities by Hart Research Associates*, 10 abr. 2013, https://www.aacu.org/sites/default/files/files/LEAP/2013_EmployerSurvey.pdf (acessado em 13 jul. 2017).
9. Susan Vitale, diretora de marketing da iCIMS, em conversa com o autor, 28 abr. 2017.
10. Craig, um nome fictício para manter a confidencialide, em conversa com o autor.
11. Anna Hensel, "The 1 Incredibly Detailed Job Interview Question Elon Musk Always Asks", *Inc.com*, 14 fev. 2017, https://www.inc.com/anna-hensel/the-1-incredibly-detailed-job-interview-question-elon-musk-always-asks.html (acessado em 13 jul. 2017).
12. James F. Peltz, "Headhunter James Citrin Tells Millennials How to Land Jobs and Keep Them", *Los Angeles Times,* 11 jun. 2015, http://www.latimes.com/business/la-fi-qa-citrin-20150611-story.html (acessado em 13 jul. 2017).
13. Slide Heroes, "The Advanced Guide to McKinsey-Style Business Presentations", *Slideheroes.com,* https://www.slideheroes.com/advanced-guide-to-writing-mckinsey-style-presentations/ (acessado em 13 jul. 2017).
14. Shu Hattori, *The McKinsey Edge: Success Principles From the World's Most Powerful Consulting Firm* (Nova York: McGraw-Hill Education, 2015), 66.
15. Claire, um nome fictício para manter a confidencialide, é uma profissional de serviços financeiros, em conversa com o autor.
16. Mike, um nome fictício para manter a confidencialide, é um professional de vendas corporativas, em conversa com o autor.

NOTAS

17. David J. Deming, "The Growing Importance of Social Skills in the Labor Market", 24 maio 2017, file:///C:/Users/Vanessa%20Gallo/AppData/Local/Microsoft/Windows/INetCache/Content.Outlook/03CQ1ZRH/David%20Deming_SkillsLaborMarket.pdf (acessado em 18 jul. 2017).

18. David Deming, professor da Faculdade de Pós-graduação em Educação da Harvard e pesquisador do National Bureau of Economic Research, em conversa com o autor, 14 jun. 2016.

19. "10 Soft Skills Every IT Professional Should Develop", *Harvard University*, Harvard Extension School, https://www.extension.harvard.edu/inside-extension/10-soft-skills-every-it-professional-should-develop (acessado em 13 jul. 2017).

20. "10 Soft Skills Every IT Professional Should Develop", *Harvard.edu*, https://www.extension.harvard.edu/inside-extension/10-soft-skills-every-it-professional-should-develop (acessado em 20 nov. 2017).

21. "The Human Factor: The Hard Time Employers Have Finding Soft Skills", *Burning-glass.com*, 2015, http://burning-glass.com/wp-content/uploads/Human_Factor_Baseline_Skills_FINAL.pdf (acessado em 13 jul. 2017).

22. "Andy Bryant Says CIOs Need Better Communication Skills: The Intel Chairman Offers Advice on How to Deal With Boards and Fellow Executives", *The Wall Street Journal,* 10 fev. 2016, https://www.wsj.com/articles/andy-bryant-says-cios-need-better-communications-skills-1455083007 (acessado em 13 jul. 2017).

23. Michael Jonathan Moritz KBE, capitalista de risco da Sequoia Capital, em conversa com o autor, 23 out. 2015.

Capítulo 8 – Os líderes

1. Sundar Pichai, "'AI First' Google I/O 2017, All About Artificial Intelligence Keynotes Full Presentation", *Youtube.com*, 2 maio 2017, https://www.youtube.com/watch?v=Y2VF8tmLFHw (acessado em 18 jul. 2017).

2. "The Brain Cannot Multitask", *blog Brain Rules*, 16 mar. 2008, http://brainrules.blogspot.com/2008/03/brain-cannot-multitask_16.html (acessado em 18 jul. 2017).

3. Nancy Duarte, "Do Your Slides Pass the Glance Test?", *Harvard Business Review*, 22 out. 2012, https://hbr.org/2012/10/do-your-slides-pass-the-glance-test (acessado em 18 jul. 2017).

4. Chris Anderson, *TED Talks: The Official TED Guide to Public Speaking* (Nova York: Houghton Mifflin Harcourt, 2017), 117.

5. "The Science of Storytelling: Prasad Setty, Google People Analytics", *Youtube.com*, 24 maio. 2016, https://www.youtube.com/watch?v=ncTXE7iLUnw (acessado em 18 jul. 2017).

6. *Ibid.*

7. Julia Rozovsky, "The Five Keys to a Successful Google Team", *re:work.com*, blog The Water Cooler, 17 nov. 2015, https://rework.withgoogle.com/blog/five-keys-to-a-successful-google-team/ (acessado em 18 jul. 2017).

8. Charles Duhigg, "What Google Learned From Its Quest to Build the Perfect Team", *The New York Times Magazine*, 25 fev. 2016, https://www.nytimes.com/2016/02/28/magazine/what-google-learned-from-its-quest-to-build-the-perfect-team.html?mcubz=0 (acessado em 18 jul. 2017).

9. David Feinberg, presidente e CEO da Geisinger Health, em conversa com o autor, 16 set. 2016.

10. David Feinberg, "One Patient at a Time", *YouTube.com*, 2 ago. 2011, https://www.youtube.com/watch?v=cZ5u7p-ZNuE (acessado em 20 nov. 2017).

11. Scott Simmons e Christie Fraser, "Why Hospitals Don't Deliver Great Service", *Gallup.com*, Business Journal, 21 ago. 2012, http://www.gallup.com/business journal/156701/why-hospitals-don-deliver-great-service.aspx (acessado em 18 jul. 2017).

12. David Rock, "Managing With the Brain in Mind", *Strategy+Business.com*, Organizations & People, 27 ago. 2009, https://www.strategy-business.com/article/09306?gko=5df7f (acessado em 18 jul. 2017).

13. Carmine Gallo, *The Storyteller's Secret: From TED Speakers to Business Legends, Why Some Ideas Catch On and Others Don't* (Nova York: St. Martin's Griffin, 2016), 160.

14. Respostas do levantamento do CME fornecidas ao autor durante uma visita em maio de 2016.

NOTAS

15. David Rock, "Managing With the Brain in Mind", *Strategy+Business.com*, Organizations & People, 27 ago. 2009, https://www.strategy-business.com/article/09306?gko=5df7f (acessado em 18 jul. 2017).

16. Gino Blefari, CEO da HSF Affiliates, em conversa com o autor, 3 mar. 2017.

17. Matthew D. Lieberman, *Social: Why Our Brains Are Wired to Connect* (Oxford, United Kingdom: Oxford University Press, 2014), 259.

18. PepsiCo, "'Following Your Dreams' With Indra Nooyi", *Youtube.com*, 31 ago. 2011, https://www.youtube.com/watch?v=WG9IUKhSMf0 (acessado em 18 jul. 2017).

19. Narrative: The Business of Stories, "Change Storytelling by Indra Nooyi", *Youtube.com*, 3 mar. 2017, https://www.youtube.com/watch?v=DsABAnILwj0 (acessado em 18 jul. 2017).

20. *Ibid.*

21. Maria Popova, "David Foster Wallace on Leadership", *Brain Pickings.org*, 17 fev. 2014, https://www.brainpickings.org/2014/02/17/dfw-leadership-debbie-millman/ (acessado em 18 jul. 2017).

Capítulo 9 – As estrelas do TED

1. Richard Turere, "My Invention That Made Peace With Lions", *TED.com*, fev. 2013, https://www.ted.com/talks/richard_turere_a_peace_treaty_with_the_lions (acessado em 2 out. 2017).

2. Chris Anderson, *TED Talks: The Official TED Guide to Public Speaking* (Nova York: Houghton Mifflin Harcourt, 2017), xiv.

3. Turere, "My Invention That Made Peace With Lions".

4. Shah Rukh Kahn, "Thoughts on Humanity, Fame and Love", *TED.com*, abr. 2017, https://www.ted.com/talks/shah_rukh_khan_thoughts_on_humanity_fame_and_love/transcript?language=en (acessado em 14 jul. 2017).

5. Ken Robinson, "Ken Robinson Says Schools Kill Creativity", *TED.com*, jun. 2006, http://www.ted.com/talks/ken_robinson_says_schools_kill_creativity.html?qsha=1&utm_expid=166907-20&utm_referrer=http%3A%2F%2Fwww.ted.com%2Fsearch%3Fcat%3Dss_all%26q%3Dken%2Brobinson (acessado em 14 jul. 2017).

COMUNICAÇÃO CINCO ESTRELAS

6. Anderson, *TED Talks*, 60.
7. Shonda Rhimes, "My Year of Saying Yes to Everything", *TED.com*, fev. 2016, https://www.ted.com/talks/shonda_rhimes_my_year_of_saying _yes_to_everything (acessado em 14 jul. 2017).
8. Anderson, *TED Talks*, 30.
9. Papa Francisco, "Why the Only Future Worth Building Includes Everyone", *TED.com*, abr. 2017, https://www.ted.com/talks/pope_ francis_why_the_only_future_worth_building_includes_everyone (acessado em 14 jul. 2017).
10. Robert Ballard, *Titanic* explorer, em conversa com o autor, 18 fev. 2013.

Capítulo 10 – O princípio do pathos

1. Phil Knight, *Shoe Dog: A Memoir by the Creator of Nike* (Nova York: Scribner, 2016), a paginação muda dependendo do tamanho da fonte escolhido por usuários individuais do Kindle.
2. Eric Ransdell, "The Nike Story?: Just Tell it!", *Fastcompany.com*, 31 dez. 1999, https://www.fastcompany.com/38979/nike-story-just-tell-it (acessado em 14 jul. 2017).
3. *Ibid.*
4. Knight, *Shoe Dog*.
5. Alan Alda, *If I Understood You, Would I Have This Look on My Face?: My Adventures in the Art and Science of Relating and Communicating* (Nova York: Random House, 2017), xvii.
6. *Ibid.*, introdução.
7. *Ibid.*, 158.
8. Uri Hasson, "This Is Your Brain on Communication", *TED.com*, fev. 2016, https://www.ted.com/talks/uri_hasson_this_is_your_brain_on_ communication?language=en (acessado em 19 jul. 2017).
9. Duncan Clark, "How Self-Made Billionaire Jack Ma Used Charisma and Masterful Speaking Skills to Build the Alibaba Empire", *Business Insider*, 14 abr. 2016, http://www.businessinsider.com/the-billionaire-founder-of-alibaba-has-been-giving-a-similar-speech-for-17-years-heres-how-he-always-engages-his-audience-2016-4 (acessado em 2 out. 2017).

NOTAS

10. *Ibid.*

11. *Ibid.*

12. La Logiciel, "Today Is Hard, Tomorrow Will Be Worse", *Youtube.com*, 17 abr. 2016, https://www.youtube.com/watch?v=kL41UMHBZpQ (acessado em 2 out. 2017).

13. Phil Wall, fundador da WeSeeHope, em conversa com o autor, 18 maio 2016.

14. Ethan, um nome fictício para manter a confidencialide, em conversa com o autor.

15. Bruce N. Pfau, "How an Accounting Firm Convinced Its Employees They Could Change the World", *Harvard Business Review*, 6 out. 2015, https://hbr.org/2015/10/how-an-accounting-firm-convinced-its-employees-they-could-change-the-world (acessado em 20 nov. 2017).

16. *Ibid.*

17. Dwight Clark, lenda do futebol americano como jogador do San Francisco 49ers, em conversa com o autor, 21 nov. 2016.

18. David Aaker e Jennifer Aaker, "What Are Your Signature Stories", *California Management Review*, primavera 2016, v. 58, n. 3, http://cmr.berkeley.edu/browse/articles/58_3/5818/ (acessado em 20 nov. 2017).

19. *Ibid.*

Capítulo 11 – A estrutura narrativa em três atos

1. Brad Stone, *The Upstarts: How Uber, Airbnb, and the Killer Companies of the New Silicon Valley Are Changing the World* (Nova York: Hachette Book Group, 2017), 11.

2. Brad Stone, editor-executivo sênior de tecnologia da Bloomberg News, em conversa com o autor, 23 fev. 2017.

3. *Ibid.*

4. Syd Field, *Screenplay. The Foundations of Screenwriting: A StepbyStep Guide From Concept to Finished Script*, edição revista (Nova York: Delta Trade Paperback, 2005), 3.

5. *Ibid.*, 21.

6. Derek Thompson, *Hit Makers: The Science of Popularity in an Age of Distraction* (Nova York: Penguin Press, 2017), 109.

7. Bruce N. Pfau, "How an Accounting Firm Convinced Its Employees They Could Change the World", *Harvard Business Review*, 6 out. 2015, https://hbr.org/2015/10/how-an-accounting-firm-convinced-its-employees-they-could-change-the-world (acessado em 19 jul. 2017).

8. Stone, em conversa com o autor.

9. "Welcome to a World of Trips: Airbnb Open Los Angeles", Airbnb, *Youtube.com*, 17 nov. 2016, https://www.youtube.com/watch?v=efNyRmTLbjQ (acessado em 15 jul. 2017).

10. *Ibid.*

11. Avery Hartmans, "This Is the One Quality Every Startup Founder Needs", *Business Insider*, 25 set. 2016, http://www.businessinsider.com/jeff-jordan-andreessen-horowitz-startup-founders-2016-9 (acessado em 15 jul. 2017).

12. Jorge A. Burraza e Paul J. Zak, "Empathy Toward Strangers Triggers Oxytocin Release and Subsequent Generosity", Values, Empathy and Fairness Across Social Barriers, *New York Academy of Sciences*, v. 1.167 (2009):182-189, http://www.neuroeconomicstudies.org/images/stories/documents/empathy-towards-strangers.pdf (acessado em 15 jul. 2017).

13. Ian Davis, David Keeling, Paul Schreier e Ashley Williams, "The McKinsey Approach to Problem Solving", *McKinsey Staff Paper*, n. 66, jul. 2017, publicado na *slideshare.net*, 6 out. 2016, https://www.slideshare.net/interviewcoach/the-mckinsey-approach-to-problem-solving-pdf (acessado em 19 jul. 2017).

14. John Seabrook, *The Song Machine: Inside the Hit Factory* (Nova York: W. W. Norton and Company, Inc., 2015), 12.

15. Thompson, *Hit Makers*, 6.

16. "The 10 Secrets to the Perfect Shark Tank Pitch", Scienceofpeople.com, 2016, *Science of People*, http://www.scienceofpeople.com/2016/09/the-10-secrets-to-the-perfect-shark-tank-pitch/ (acessado em 15 jul. 2017).

Capítulo 12 – Apresente o quadro geral

1. Adam Alter, professor associado de marketing da Faculdade de Administração Stern da Universidade de Nova York, em conversa com o autor, 10 maio 2017.

NOTAS

2. *Ibid.*
3. Bryan Garner, *Winning Oral Argument: Enduring Principles With Supporting Comments From the Literature,* livro do estudante, 2. ed. (St. Paul, MN: Thomson/West, 2009), 40.
4. Geoff Ralston, fundador e sócio da Imagine K12, em conversa com o autor, 23 mar. 2017.

Capítulo 13 – Faça bom uso das palavras

1. Ken Segal, *Think Simple: How Smart Leaders Defeat Complexity* (Nova York: Penguin Random House LLC, 2016), 1.
2. Daniel Kahneman, *Thinking, Fast and Slow* (Nova York: Farrar, Straus, and Giroux, 2011), 63.
3. Chris Kornelis, "Neil deGrasse Tyson on What Every Child Should Know About Science", *The Wall Street Journal,* 18 maio 2017, https://www.wsj.com/articles/neil-degrasse-tyson-1495122652 (acessado em 15 jul. 2017).
4. John Medina, *Brain Rules* (Seattle, WA: Pear Press, 2008), 106.

Capítulo 14 – Como dar às suas ideias uma "beleza verbal"

1. HBO, *Becoming Warren Buffett,* HBO.com, documentários, 2017.
2. John Pollack, *Shortcut: How Analogies Reveal Connections, Spark Innovations, and Sell Our Greatest Ideas* (Nova York: Avery, 2014), xv.
3. Jen Wieczner, "9 Best Warren Buffett Quotes From the Berkshire Hathaway Annual Meeting", *Fortune,* 18 maio 2017, http://fortune.com/2017/05/08/warren-buffett-berkshire-hathaway-annual-meeting-quotes/ (acessado em 19 jul. 2017).
4. *Ibid.*
5. *Ibid.*
6. Sam Leith, "How to Do Folksy Like Warren Buffett", *Financial Times,* 28 abr. 2014, https://www.ft.com/content/68afbbb8-ca14-11e3-ac050 0144feabdc0?mhq5j=el (acessado em 19 jul. 2017).
7. David Zax, "How Steve Jobs's Mastery of Analogies Sent Apple Skyrocketing", *Fast Company.com,* 14 out. 2014, https://www.

COMUNICAÇÃO CINCO ESTRELAS

fastcompany.com/3037014/my-creative-life/how-steve-jobss-mastery-of-analogies-sent-apple-sky-rocketing (acessado em 19 jul. 2017).

8. "Douglas Hofstadter: Analogies Are the Core of Thinking", *Youtube. com*, 4 jan. 2017, https://www.youtube.com/watch?v=vORB92BU7zk (acessado em 19 jul. 2017).

9. *Ibid.*

10. *Ibid.*

11. Reid Hoffman, "LinkedIn's Series B Pitch to Greylock: Pitch Advice for Entrepreneurs", *reidhoffman.org*, 9 fev. 2017, http://www.reidhoffman.org/485-business-and-entrepeneurship/2135-linkedin-s-series-b-pitch-to-greylock (acessado em 15 jul. 2017).

12. *Ibid.*

13. Papa Francisco, "Why the Only Future Worth Building Includes Everyone", *TED.com*, abr. 2017, https://www.ted.com/talks/pope_francis_why_the_only_future_worth_building_includes_everyone (acessado em 14 jul. 2017).

14. Papa Francisco, "Post-Synodal Apostolic Exhortation Amoris Laetitia of the Holy Father Francis to Bishops, Priests and Deacons, Consecrated Persons, Christian Married Couples and All the Lay Faithful on Love in the Family", PDF, https://www.youtube.com/watch?v=vORB92BU7zk (acessado em 19 jul. 2017).

15. Carlton Reid, "How the Bicycle Beats Evolution and Why Steve Jobs Was So Taken With the Fact", *bikebook.info*, 14 mar. 2015, http://www.bikeboom.info/efficiency/ (acessado em 17 jul. 2017).

Capítulo 15 – Leonardo, Picasso e você

1. Enrique Mallen, diretor do Picasso Project on-line da Universidade Estadual Sam Houston, em conversa com o autor, 13 set. 2013.

2. Stanford University, "'You've Got to Find What You Love,' Jobs Says", *Stanford Report*, 14 jun. 2005, discurso de formatura de Steve Jobs, 12 jun. 2005, http://news-service.stanford.edu/news/2005/june15/jobs-061505.html (acessado em 11 abr. 2013).

3. PBS, *Triumph of the Nerds: Starring Robert X. Cringely*, PBS.org, KQED, http://www.pbs.org/nerds/part3.html (acessado em 19 jul. 2017).

NOTAS

4. Natalie Walters, "Former Apple CEO John Sculley Shares the Most Important Thing He Learned From Steve Jobs", *Business Insider*, 12 jan. 2016, http://www.businessinsider.com/john-sculley-shares-lesson-from-steve-jobs-2016-1 (acessado em 19 jul. 2017).

5. Walter Isaacson, "The Lessons of Leonardo: How to Be a Creative Genius", *The Wall Street Journal*, 29 set. 2017, https://www.wsj.com/articles/the-lessons-of-leonardo-how-to-be-a-creative-genius-1506690180 (acessado em 2 out. 2017).

6. Peggy Noonan, "Music in the Key of America", *Wall Street Journal*, 26 nov. 2015, https://www.wsj.com/articles/music-in-the-key-of-america-1448575880.

7. *Score: A Film Music Documentary*, https://www.score-movie.com (acessado em 20 nov. 2017).

8. James Stavridis, reitor da Faculdade de Direito e Diplomacia Fletcher, em conversa com o autor, 31 mar. 2017.

9. Mario D. Garrett, "Brain Plasticity in Older Adults: Learning New Tricks in Older Age", *Psychology Today*, 27 abr. 2013, https://www.psychologytoday.com/blog/iage/201304/brain-plasticity-in-older-adults (acessado em 2 out. 2017).

10. Ana Almendrala, "Lin-Manuel Miranda: It's 'No Accident' Hamilton Came to Me on Vacation", *Huffington Post*, 23 jun. 2016, http://www.huffingtonpost.com/entry/lin-manuel-miranda-says-its-no-accident-hamilton-inspiration-struck-on-vacation_us_576c136ee4b0b489bb0ca7c2 (acessado em 17 jul. 2017).

11. Gregory Berns, *Iconoclast: A Neuroscientist Reveals How to Think Different* (Boston: Harvard Business School Publishing Corporation, 2008), 8.

12. *Ibid*, 33.

13. Olivia Fox Cabane e Judah Pollack, *The Net and the Butterfly: The Art and Practice of Breakthrough Thinking* (Nova York: Penguin Random House, LLC, 2017), 13.

14. *Ibid.*, 28.

COMUNICAÇÃO CINCO ESTRELAS

Capítulo 16 – Vença o medo que o impede de agir

1. Gregory Berns, *Iconoclast: A Neuroscientist Reveals How to Think Different* (Boston: Harvard Business School Publishing Corporation, 2008), 78.

2. Kevin N. Ochsner, Silvia A. Bunge, James J. Gross e John D. E. Gabrieli, "Rethinking Feelings: An fMRI Study of the Cognitive Regulation of Emotion", Massachusetts Institute of Technology, *Journal of Cognitive Neuroscience*, v. 14, n. 8 (2002): 1.215-1.229, https://pdfs. semanticscholar.org/51a0/83a0702159cddc803ce7126d52297e 94821b.pdf (acessado em 18 jul. 2017).

3. Sian Beilock, *Choke: What the Secrets of the Brain Reveal About Getting It Right When You Have To* (Nova York: Free Press, 2010), 123.

4. *Ibid.*, 249.

5. *Ibid.*, 34.

6. *Ibid.*

Conclusão – Encontre a melodia que faz o seu coração vibrar

1. Larry Smith, professor de economia, Universidade de Waterloo, em conversa com o autor, 12 abr. 2016.

2. Jo Malone, *Jo Malone: My Story* (Nova York: Simon and Schuster, 2016), 169.

3. Michael Jonathan Moritz KBE, capitalista de risco da Sequoia Capital, em conversa com o autor, 23 out. 2015.

4. Smith, conversa com o autor.

5. Lila MacLellan, "Alibaba Founder Jack Ma Says to Be a Successful Leader You Need EQ, IQ, and LQ", *Quartz Media*, 20 set. 2017, https:// qz.com/1095294/2017-nobel-laureate-jeffrey-hall-left-science-because-he-ran-out-of-funding/ (acessado em 6 out. 2017).

6. Chris Anderson, *TED Talks: The Official TED Guide to Public Speaking* (Nova York: Houghton Mifflin Harcourt, 2017), xii.

7. TEDx Talks, "Aristotelian Rhetoric and Golden Doodles: Alexa Cousin", *Youtube.com*, 19 abr. 2017, https://www.youtube.com/watch?v=MphqZ-phoGY (acessado em 18 jul. 2017).